高等院校传媒与影视艺术类专业精品规划教材

总顾问 仲呈祥 王丹彦 总主编 李跃森 总策划 游 浩

U0679723

电视节目主持

主 编 李 丹

副主编 王明辉

参 编 任云芳 宋 皓
　　　　何 苗

南京大学出版社

内 容 提 要

本书立足于当前播音主持专业的实际需要，结合当代电视节目主持的发展趋势及时代特点，以介绍电视节目主持人技巧训练方法为主，同时介绍了我国电视节目的发展历程及国内当下优秀的电视节目。具体内容包括我国电视节目的发展轨迹、主持人外部技巧训练、主持人内部能力训练、主持人综合技能训练、优秀电视频道及节目赏析、专业化节目主持训练等内容。全书层次分明，内容丰富，针对性强，参考价值大。

本书可作为高等院校播音与主持等相关专业的教学用书，也可作为自学者或其他从业人员的参考用书。

图书在版编目（CIP）数据

电视节目主持 / 李丹主编.—南京：南京大学出版社，2015.8

高等院校传媒与影视艺术类专业精品规划教材

ISBN 978-7-305-15644-1

Ⅰ.①电…　Ⅱ.①李…　Ⅲ.①电视节目－节目主持人－高等学校－教材　Ⅳ.①G222.2

中国版本图书馆CIP数据核字(2015)第178341号

出版发行　南京大学出版社
社　　址　南京市汉口路22号　　　　　邮　编　210093
出 版 人　金鑫荣

丛 书 名　高等院校传媒与影视艺术类专业精品规划教材
总 主 编　李跃森
总 策 划　游　浩
书　　名　电视节目主持
主　　编　李　丹
责任编辑　李建钊　　　　　　　编辑热线　010-82893902
审读编辑　官欣欣　谭　天

照　　排　广通图文设计中心
印　　刷　北京紫瑞利印刷有限公司
开　　本　787×1092　1/16　印张 18　字数 384千
版　　次　2015年8月第1版　2024年1月第7次印刷
ISBN　978-7-305-15644-1
定　　价　45.00元

网址：http://www.njupco.com
官方微博：http://weibo.com/njupco
官方微信号：njupress
销售咨询热线：（025）83594756

高等院校传媒与影视艺术类专业精品规划教材
专家委员会

出版说明
Publisher's Note

随着数字媒体技术的发展及其应用的不断深入，影视创作与审美进入了一个全新的时代，加之文化创意产业在全球范围内的快速增长，传媒与影视产业已然成为当今社会集中体现一个国家文化软实力的载体。产业的发展离不开专业人才的支撑。专业人才的培养植根于传媒与影视教育的培养目标和过程之中，建立在传媒与影视艺术知识传播、转化与应用的基础之上。

人才培养，知识传播，教材是重中之重。随着《国家中长期教育改革和发展规划纲要（2010—2020年）》（以下简称《纲要》）的出台，普通高等教育教材建设也取得了阶段性成果。为了进一步全面贯彻落实《纲要》精神，顺应文化大发展的社会需要，我们经过广泛征求教育领域重点院校和机构的领导及传媒业界权威专家、学者的建议和意见，特策划出版了本套高等院校传媒与影视艺术类专业精品规划教材。

本套教材力求系统、全面地反映大传媒时代传媒与影视艺术领域的整体面貌和最新发展趋势，吸纳当代传媒研究特别是新媒体研究领域的最新成果。本套教材特色如下：

一、编者水平过硬。本套教材的参编人员大都是来自相关研究机构的学者或高等院校的一线教师，有着很深的专业造诣，熟悉业界最新动态，资历高，业务熟，经验丰富，其中不乏成绩斐然者。

二、专家权威保障。为将本套教材打造成为一套高起点、高品质、高视野的精品教材，我们专门成立了由全国知名机构和院校权威专家组成的高等院校传媒与影视艺术类专业精品规划教材专家委员会。教材从选题策划到最终编辑成书，都经过专家委员会的讨论决议与严格审核。

三、强化专业融合。本套教材融传媒与影视艺术类专业的知识为一体，体现了大传媒时代人才培养模式和教学改革的最新趋势，形态新颖，类别全面。既有适用面广的基础课程教材，也有针对性较强的专业核心课程教材，还有操作性强的实践类教材，全面系统。同时，还根据教学需求，提供了部分数字化教学课件。

在此，由衷感谢本套教材总顾问仲呈祥先生和王丹彦女士给予的大力支持，感谢专家委员会为提升教材品质所作的努力，感谢《中国电视》理事会对本套教材出版给予的大力支持，感谢各大传媒、影视学院及机构给予的热心帮助，是他们的辛勤付出成就了本套教材。希望本套教材对培育新一代的传媒与影视艺术人才有所裨益，能在推动社会主义文化大发展、大繁荣中作出贡献。

南京大学出版社
《高等院校传媒与影视艺术类专业精品规划教材》编委会

前言
Foreword

　　电视节目主持人在电视节目传播过程中起着"桥梁"作用，是电视媒体与受众的"纽带"。如今，电视媒体虽已发展壮大，但受到新媒体的强烈冲击，主持人也面临着前所未有的挑战。随着《爸爸去哪儿》《奔跑吧兄弟》《我是歌手》等收视率较高的娱乐节目的出现，"主持人"这个角色似乎变得可有可无，业余的人，包括歌手、演员似乎都能胜任这一角色。这一现象令人深思——当今的传媒院校到底应该培养什么样的播音主持人才，才能适应当今电视媒体的发展趋势？

　　成为真正的电视节目主持人是许多播音主持专业学生的梦想，挖掘优秀的节目主持人也是很多电视台的愿望。播音主持类院校就承担着培养输送相应人才的重任。

　　如今，要成为一名合格乃至优秀的电视节目主持人，仅会"念稿"已不能满足电视媒体的需求，优秀的电视节目主持人，应兼具敏捷的思维、精湛的语言表达技能以及恰如其分的表演能力，也就是说，"采、编、播"一体化的主持人才能被当今电视媒体所青睐。本书根据编者二十多年的教学经验编写而成。编者走访了多个电视台，通过采访调研，搜集当代电视媒体的优势与劣势，并结合自身多年的电视媒体实践经验和教学理论，完成书稿的编写工作。本书采用一系列的方式方法，力图让学生通过理论学习、实践训练，成为一名合格乃至优秀的电视节目主持人。

　　本书共六章，包括我国电视节目的发展轨迹、主持人外部技巧训练、主持人内部能力训练、主持人综合技能训练、优秀电视频道及节目赏析、专业化节目主持训练等内容，不仅涉及主持人的"读、说、讲"，还涉及主持人的"采、编、播"，从思维、语言、肢体等多个方面对主持人的培养进行了新的诠释，适用于具有一定主持专业基础能力的学生、培训教师及所有爱好播音主持的读者。本书内容通俗易懂、实训内容丰富，书中列举的学生作品质量虽参差不齐，但因各具特色，因此特意收录进来供读者参考。

由于时间仓促，书中难免存在不足之处，恳请各位学界业界专家及广大读者批评指正。

编　者

目 录

Contents

第一章
我国电视节目的发展轨迹

电视，是指利用电子信号传送活动图像的设备，即电视接收机，是重要的通信工具。电视诞生于20世纪40年代，1920年，美国首先开始研制电视机，1936年，英国开始在伦敦建立第一座电视台。1940年，美国制造出世界上第一台电视机，并于1941年播放了第一条商业电视广告。1953年2月，日本NHK电视台首播，同年8月NTV商业电视台正式开播，这是亚洲第一个商业电视台。彩色电视机则于1954年问世。

1958年，中国第一台黑白电视机在天津诞生，同年开始试播。当时，全国只有50多台黑白电视机。1958年5月1日晚7时，北京电视台（中央电视台前身）试播，这一天成为中国大陆电视的诞生日，同年9月2日，北京电视台正式播出。1971年，全国已建有电视台32座。21世纪初，中国内地的电视覆盖率已高达94%。

电视机经历了从黑白到彩色，从电子管电视、晶体管电视发展到集成电路电视的过程。目前，电视正在向智能化、数字化和多用途化迈进，电视转播方式也由卫星转播发展为卫星直播。

电视在中国的诞生才短短五十多年，但电视在传播的广度上，已远远超过了戏剧和电影。它已经在不知不觉中渗入我们的生活。电视的出现使影像电子文化成为日常生活最主要的组成部分，并和日常生活场景紧紧地交织在一起，深深地烙印在我们的情感和记忆中。

如今，一方面，电视事业正随着科学技术的发展进步、社会的经济发展与人们的精神需求不断提高而发展。另一方面，电视节目制作也逐渐由最初的模拟设备发展为向数字设备转换，由最初的录播到现在的卫星直播、网络直播。可以说，电视节目正全面向数字化、网络化转变。

中国电视事业从萌芽到发展再到变革创新，时期不同，特色也不同。在电视节目萌芽时期，中国的电视事业可以说是社会主义建设高潮时期艰苦奋战的产物，也是当时国际电视事业发展的结果。

20世纪50年代，世界电视事业大发展。1949年，全世界只有美国、英国、法国、苏联、荷兰、意大利6个国家有电视和电视台，到1958年底，已有67个国家依靠自己的力量或借助他国援助开办了电视台。作为一个泱泱大国，同时作为社会主义阵营中的一员，20世纪50年代，我国也把发展电视事业提上了议程。

1949—1966年是我国电视事业发展的第一个时期，即通常所说的"文革"前17年，当时我国正处于政权巩固和经济恢复期，既有党的八大制定的正确路线和"双百方针"所营造的良好环境，又有国际国内形势动荡、意识形态领域一系列思想批判所形成的禁忌，我国的电视节目艰难起步虽有所发展，也同时受到一定的制约。1966—1976年为我国电视事业发展的第二个时期，当时极"左"路线盛行，民主法治遭到践踏，电视节目的发展处于"窒息"状态，受到了严重的挫折。1976—1978年为我国电视事业发展的第三个时期，电视节目出现复苏迹象。

总体来看，"文革"前17年，我国广播事业获得稳步发展，电视事业从无到有，初具规模。这期间，我国广电工作者边实践，边研究，探索广播电视宣传规律，取得了一定成果。十年内乱期间，万籁俱寂，我国电视节目受到了极大的挫折。直到1976年后开始复苏，如今，我国电视节目已经全面向数字化、网络化转变。

中国电视事业经过50多年的历程，发展迅速，成绩斐然。本章将简述我国电视节目制作的现状与发展趋势，让大家对电视节目有一个大致的了解。

第一节　我国电视节目的初创阶段

中国电视既是社会主义建设高潮时期艰苦奋战的产物，又是当时国际电视事业发展的结果。我国电视节目的初创是一个艰难又曲折的过程，它的出现与苏联、东欧社会主义阵营的帮助密不可分。20世纪50年代，世界电视事业取得大发展，1949年，全世界只有美国、英国、法国、苏联、荷兰、意大利6个国家有电视台，到了1958年年底已有67个国家依靠自己的力量或借助他国的援助开办了电视台。作为社会主义阵营的一员，中国也在50年代把发展电视事业提上了议程。1958年5月1日，中国第一座电视台开始试播，这就是北京电视台（中央电视台前身）；同年10月1日，中国第二座电视台——上海电视台开办；12月20日，哈尔滨电视台（今黑龙江电视台）与观众见面，这是中国第一批电视台，它们的出现标志着中国电视事业的诞生。

建立在社会主义政治体制背景下的中国电视节目，从一开始就决定了重要地位——党和政府的喉舌和宣传工具。因此，这一阶段中国电视节目的内容，主要围绕党和政府每个阶段的中心工作来组织、开展宣传，被赋予了"教化"和"宣传"的重要职责，扮演着党和政府的"喉舌"，突出强调意识形态，导向正确、领导满意是衡量节目宣传质量、效果的最为重要的评价标准。

由于处在初创阶段，电视节目从技术到艺术远未成熟，欧洲社会主义阵营在电视领域与中国建立了长效合作机制，在电视技术上提供了有力的帮助，由此，中国电视才在"一穷二白"的基础上，在短时间内发展起来，但同时，我国的电视节目也打上了深深的时代烙印。在节目安排上，政治性被放在第一位，在保证这一前提的基础上，才会安排一些知识性、娱乐性的节目。

1966年5月16日至1976年10月，林彪和江青两个反革命集团错误发动和领导了"文化大革命"，给中华民族带来了严重灾难。这十年内乱期间，林彪、江青反革命集团利用"文化大革命"控制广播电视大权，把广播电视作为他们推行"全面专政"的工具，利用广播电视节目来制造谣言，进行反革命宣传活动，造成了广播电视宣传的大混乱、广播电视事业的大挫折、广播电视队伍的大灾难。

一、早期的发展（1958—1966年）

（1）1958年5月1日，我国第一家电视台——北京电视台开始试播电视节目，每周播映两次，每次一个半小时至两个小时。第一天的节目从当晚19时开始，先是有关大跃进的报道，然后播放新闻电影制片厂拍摄的纪录片《到农村去》，反映干部下放问题。随后的文艺节目是中央广播电视实验剧团表演的诗朗诵、北京舞蹈学校的老师和学生表演的舞蹈节目，最后是苏联科教片《电视》。

当天的节目单如表1-1所示。

表1-1　北京电视台节目单

19：05	《工业先进生产者和农业合作社主任庆祝"五·一"节座谈》
19：15	新闻纪录影片《到农村去》（中央新闻纪录电影制片厂摄制）
19：25	诗朗诵《工厂里来了三个姑娘》《大跃进的号角》
19：30	舞蹈《四小天鹅舞》《牧童与村姑》和《春江花月夜》
19：50	科学教育影片《电视》（莫斯科科学普及电影制片厂摄制）

当时的文艺演出和专题节目都是在一间仅60平方米的由会议室改建的小演播室内直播的。1958年9月2日，北京电视台播出的节目由每周两次增至每周四次，即周二、周四、周六、周日各播一次。1960年1月1日起，北京电视台开始试行新的固定节目时间表，每周播出八次，周日上午增加一次节目。

（2）上海电视台是继北京电视台之后全国第二家最早播出电视剧的电视台。在建台后的第25天（1958年10月25日），上海电视台即根据真人真事创作播出了电视剧《红色的火焰》（编剧：李尚奎、沈西艾，导演：周峰，主演：王家驹），依据50年代末上海开展的技术革新运动，向市第二次青年社会主义积极分子代表会议献礼。该剧描述上海耐酸搪瓷厂青年工人李志祥百折不挠，经一百多次努力，终于成功以石灰代替电石的先进事迹。自此直至1966年为上海电视台电视剧的初创期，期间该台共创作播出黑白电视剧39部，在全国电视剧创作中名列前茅。其中有清明忆先烈的《百合花》、喜剧《习惯成自然》、古典剧《葛麻》、诗剧《小冬木》、时事剧《莫里生案件》等，其中绝大多数直接依据国际国内形势。

二、"文化大革命"时期的发展（1967—1976年）

在十年动乱时期，电视节目的发展出现了很大的阻滞，进入了萧条时期，除上海和广州的电视台未停播以外，其他地方电视台一律停播。一切群众喜闻乐见的民歌、民乐、器乐独奏、独唱、合唱、相声、评书、快板书以及各种形式的曲艺、杂技、魔术和地方戏秦腔、豫剧、山东莱芜梆子等节目一律禁止播放，许多人只好冒险偷听大功率的苏修台节目来缓解精神上的空虚。1967年，我国终断了与英国维斯新闻社互购电视节目的关系，同其他国家的节目交流也几乎停止。电视节目开始变得单调、枯燥，大量传播着"文化大革命"的错误观点，假大空的画面充斥荧屏。文艺节目只剩下屈指可数的几首歌曲、八个"革命样板戏"和被群众称为"老三战"的三部电影——《地道战》《地雷战》《南征北战》。

图1-1是长达十年的"文革"时期中央人民广播电台的节目表。

中央人民广播电台节目时间表

第一套节目

时间	节目	时间	节目
4：00	合唱《东方红》，预告节目	13：00	教唱革命现代京剧、革命歌曲；革命文艺（其中二到14：00，14：00到16：50休息）
4：15	革命文艺		
5：00	新闻		
5：15	广播体操	15：40	学习马列著作、毛主席著作节目（二除外）
5：30	对人民公社社员广播		
6：00	学习马列著作，毛主席著作节目	16：00	红小兵节目（二除外）
6：20	革命文艺	16：20	红卫兵节目（二除外）
6：30	新闻和报纸摘要	16：45	革命文艺（到17：00，二除外）
7：00	革命文艺	16：50	合唱《东方红》，预告节目（二）
7：30	简明新闻	17：00	新闻
7：35	革命文艺	17：15	革命文艺
8：00	体育节目（日）革命文艺（一、二、三、四、五、六）	17：45	预告节目
		18：00	国际时事
8：15	革命文艺	18：30	对工人广播
8：30	新闻和报纸摘要	19：00	人民解放军节目
9：00	革命文艺	19：30	对人民公社社员广播
10：00	新闻	20：00	各地人民广播电台联播节目
10：30	革命文艺	20：30	革命文艺（其中一、六、日到23：00）
11：00	国际时事	22：00	新闻（二、三、四、五）
11：30	人民解放军节目	22：30	革命文艺（二、三、四、五）
12：00	对工人广播	23：00	新闻
12：00	新闻	23：15	革命文艺
		0：00	新闻
		0：15	革命文艺

图1-1 中央人民广播电台节目时间表

直到1971年，我国电视台的国际节目交流才开始恢复，我国也恢复了与英国维斯新闻社互购电视节目的关系。同年8月，电视台开始不定期播出《国际新闻》节目，并增加播送了北京地区的天气预报。中央电视台通过微波路线向全国20个省、自治区和直辖市传送了"五一"节焰火晚会实况转播。1973年以后，中央电视台引进了彩色录像设备和彩色转播车。1975年年底，中央电视台的彩色电视节目已能传送到25个省、自治区和直辖市。但那时省级电视台的覆盖面还只限于省会地区。

我国电视节目事业在1958—1976年处于艰难的探索阶段，电视节目形式以具有"政治性"和"权力性"的电视栏目为主。随后，电视剧集、民歌、民乐、器乐独奏、独唱、合唱、相声、评书、快板书以及各种形式的曲艺、杂技、魔术和地方戏秦腔、豫剧、山东莱芜梆子等节目被逐渐搬上电视与观众见面。当时，电视节目主持人还未出现，电视节目还以最单纯的弘扬"革命"精神为主。

第二节　我国电视节目的发展阶段

1976年10月，"四人帮"反革命集团被粉碎之后，我国的电视事业进入了大发展时期。党和政府更加重视和关怀电视事业，第十次和第十一次全国广播工作会议明确了新时期电视事业的宣传方针、任务和奋斗目标，全力振兴和改革，加快了电视事业的建设步伐。

一、电视节目的解冻期

1976年10月6日，中共中央政治局粉碎了江青反革命集团，同年10月22日、23日，北京电视台播出了自己录制的首都150万军民举行的声势浩大的游行盛况，热烈庆祝中央粉碎"四人帮"篡党夺权。24日，北京电视台转播了首都百万群众在天安门广场举行庆祝粉碎"四人帮"伟大胜利的大会实况，并把制作的电视片通过三大洋上空的卫星，向全世界播放。之后的几年，电视台多次申明了实践是检验真理的唯一标准的文章，为刘少奇平反昭雪，愤怒声讨"四人帮"等。

1976年12月21日，《诗刊》编辑部主办诗歌朗诵音乐会，北京电视台进行了实况转播。许多遭"四人帮"残酷迫害的文艺工作者重新登台演唱，许多被"四人帮"禁锢多年的优秀节目重新与观众见面。12月29日，北京电视台首次播出了被长期禁播的故事影片——《洪湖赤卫队》，31日播放了舞台艺术片《东方红》。之后还播出了传统节目昆曲《大破天门阵》、京剧《闹天宫》《打渔杀家》、湖南花鼓戏《十五贯》等。

1977年9月，为了配合铁托总统的访华宣传，北京电视台播放了南斯拉夫故事片《瓦尔特保卫萨拉热窝》和《桥》。11月29日，北京电视台播放了第一部外国电视剧，即南斯拉夫的《巧入敌后》。

1978年2月6日的农历除夕，北京电视台还播出了第一次春节联欢晚会。晚会内容丰富，有歌舞、猜谜、故事片、戏曲等。郭沫若还为晚会写了春联："四害必须肃清，飞雪迎春到；三年肯定大治，心潮逐浪高。"

1978年1月1日，在"文化大革命"中消失的播音员又出现在电视屏幕上，北京电视台的新闻节目正式挂出"全国电视台新闻联播"的牌子，简称"新闻联播"。"新闻联播"的出现，标志着以首都为中心的全国电视广播网的初步形成。

同年5月1日，北京电视台正式改名为中央电视台，英文名为"CCTV"。5月22日，中央电视台播出了根据同名喜剧改编的第一部电视剧《三家亲》。该剧旨在反对铺张浪费大办喜事，提倡勤俭节约新事新办，导演是许欢子、蔡晓晴。这一年，中央电视台共播出八部电视剧，其中四部是儿童电视剧。

1979年1月28日，上海电视台播出了中国电视历史上的第一条商业广告《参桂补酒》；8月，中央电视台设立了《为您服务》专栏，用于介绍电视节目，回答观众来信。

二、电视节目的全面发展期

在这个阶段，电视业总结了新中国成立后自身的工作经验，确定了社会主义现代化建设新时期电视发展的基本任务和奋斗目标，提出把发展电视事业放在优先地位，四级办电视，四级混合覆盖（中央、省、地市、县），以新闻改革为突破口，用新闻节目带动其他节目的改革。

1980年10月，第十次全国广播工作会议召开。中央广播事业局局长张香山在报告中指出：宣传工作上要坚持自己走路，事业建设上，要把加速发展电视事业放在优先地位。会议总结了新中国成立以来广播和电视工作的经验教训，确定了社会主义现代化建设新时期广播电视的性质、任务。会议认为，在新的历史时期，电视是党和政府的新闻舆论工具和宣传教育工具，必须正确宣传党的路线、方针、政策。必须密切联系群众，积极反映人民群众的愿望和呼声，为丰富人民群众的文化生活服务。要充分发挥广播电视的特点，扬长避短，提高各种节目的质量，满足人民群众多方面的需求，做到丰富多彩、通俗易懂、雅俗共赏。中央台和地方台应分工合作，互相补充，形成全国性的电视宣传网络。

为了适应电视发展的需要，1982年5月召开的五届全国人大常委会第二十三次会议决定，撤销中央广播事业局，成立广播电视部。1983年春，全国第十一次广播电视工作会议召开。会议确定广播电视工作的政策应当从宣传入手，宣传工作的改革则以新闻改革为突破口。各类电视节目都要继续坚持自己的道路和方针，扬独家之优势，汇天下之精华。全面办好新闻类、教育类、文艺类和服务类四套节目，满足广大群众多方面的精神需求。这次会议还提出在技术上中央、省、地市、县四级办电视、四级混合覆盖的政策，大力发展广播电视教学，加强技术改造和电视发展规划工作。

通过改革，"带响""带像"节目增加，很多电视台开始启用节目主持人办节目，电视节目的质量有了很大提高。特别是新闻性节目的改革，充分发挥了电视传播信息迅速及时的特点和优势。电视新闻报道在真实、准确的前提下，力争把"正在发生"和"刚刚发生"的消息报道出去。在报道内容上，电视节目更加密切地联系实际，联系群众，在报道形式上努力做到多种多样，注意电视新闻解说的通俗化和口语化。电视评论和批评报道逐渐加强，引起越来越多观众的注意和重视。其他的教育性、文艺性和服务性节目的改革也日益取得明显效果。电视在报道新闻、沟通信息、社会教育、社会服务和文化娱乐等方面发挥着越来越大的作用。和报纸、广播相比，电视除了时效性强以外，它"带响"和"带像"的节目，如现场报道、录像采访、讲话录音等，增加了观众的现场感、真实感和亲切感。电视节目也越来越多地采取"节目主持人"的形式，缩短了电视台和观众的距离，这些都增加了宣传效果，同时也对报纸、通讯社、广播产生压力和挑战，推动平面媒体和广播适应新的形势，不断改进和提高自己的报道技巧，以争取更广阔的受众群。

1980年7月，中央电视台开办了新闻评论专栏节目《观察与思考》（《焦点访谈》的先驱），首次有了"主持人"这个称谓；1981年，中央电视台赵忠祥主持的《动物世界》很快成了央视最受欢迎的节目；1983年春节，中央电视台正式推出"春节联欢晚会"。自此，年三十看"春晚"成了中国新的民俗。同年8月7日开始，中央电视台推出了25集大型电视系列节目《话说长江》。它首次在大型节目中树立了固定的节目主持人，采用章回体小说的结构方式，栏目固定，连续播出。之后，总导演戴维宇及其创作班子趁热打铁，推出《话说运河》。1987年2月1日，中央电视台第二套节目由面向北京改为面向全国播出，并实现向经济信息频道转变。

1990年4月18日，全国第一家省级有线电视湖南有线广播电视台开始试播。有线台的成立，打破了无线电视一统天下、一枝独秀的局面。

这一阶段，中国电视努力探索具有电视独特传媒特征、艺术特征的新形式和新观念，探索具有中国特色的电视内容生产之路。在改革开放之后，我国电视节目不断发展完善。概括而言，这一阶段电视内容生产是以"作品"生产为主导的阶段，电视从业者的职业化、专业化追求得到了极大的尊重和肯定。在电视形式、观念上追求个性、原创性和独特性成为这一时期节目创新的突出特点。

三、代表节目

1. 电视新闻节目

1981年4月13日到21日，中央广播事业局在青岛召开了全国电视新闻工作座谈会，各省、自治区、直辖市广播局、电视台代表80人参加了会议。会议总结了一些电视台办"电视新闻"的经验，着重讨论了全国电视台如何走好一盘棋，共同办好《新闻联播》等问题。会议提出，要在"自己走路"的方针指引下，力争在短时间内把《新闻联播》节目办成一个比较完整、系统地对国内、国际的重要事件及时地进行形象化报道的节目，使它成为电视观众获得新闻的重要途径之一。青岛会议之后，《新闻联播》改进编排方式，将原来分为三大块的国内新闻，辅以口播稿和通过卫星收录的国际新闻录像加上中央电台提供的国内口播新闻稿按内容混合编排，缩短了长度，增加了条数。

1982年9月1日，从中共第十次全国人民代表大会开始，有关部门为了照顾电视新闻当晚播出的需要，将重要新闻的发布时间从之前的20时提前到19时。电视成为最先发布新闻的媒介之一，《新闻联播》中的重大新闻有了权威性。通过十几年的实践和改革，《新闻联播》已经成为中央电视台面向全国、拥有10亿观众、收视率最高的品牌节目。同时，香港、澳门也收录了这个节目。中央电视台第四套节目也播出《新闻联播》，使亚洲、独联体等一些国家和地区也可以看到。如今，《新闻联播》的影响已经越出国门，走向世界。

同时，中央电视台在1983年11月还增设了12时的新闻栏目《午间新闻》，1984年1月正式开播，它是一个综合性新闻栏目，每天中午12时播出；1985年3月1日开播的《晚间新闻》，每天22时播出，补充白天的新闻事件，同时增加人们喜闻乐见的社会性新闻等；1987年中央电视台进一步在每天早上9时开播了5分钟的《新闻简讯》。另外，电视台还开播了经济新闻、体育新闻等新闻栏目。

随着我国电视工作者不断总结经验，我国电视节目的制作也呈现出了多样化，涌现出了大量的新的报道形式：专题新闻，如《第七届人大三次会议专题新闻》《党的十四大专题新闻》等；专题报道，主要是报道在新的物质文明和精神文明建设中出现的新人、新事、新风尚、新成就。如报道山东牟平县（现为烟台市牟平区）宁海镇西关村搞活经济走上富裕之路的《渤海岸边的一颗明珠》（山东电视台），为配合党的十三大召开开展的专题报道《改革——希望之光》；新闻纪实片，如1986年9月，中央电视台采用纪实的方法报道了《企业破产法》的讨论，在中国电视史上留下了意义重大的一笔；新闻专访，就人们普遍关心的某方面问题、某一事件、某一人物进行专访，发表访问实况报道；专题调查报道，如以调查报告的形式，用大量确凿的事实反映了安徽省滁县实行包产到户后发生的巨大变化；新闻纪录片，以纪实的手法，对新闻人物、新闻典型进行比较深入细致的形象化报道，如《从傻子屯说起》；新闻杂志节目，1986年10月2日，杭州电视台开办了每周三次的《早晨好》专栏节目，融新闻、报摘、信息服务、文娱为一体。

这段时期新闻节目的另外一个重大突破，是现场报道特别是新闻直播的出现。1987年10月25日，中共十三大召开，电视台通过现场直播设备，第一次实现了同步报道党的全国代表大会开幕的情况，大大加强了新闻的透明度、现场感和参与感。

2. 电视社教节目

随着经济改革和市场的活跃，电视开始逐步面向经济、面向社会、面向群众、面向生活。由于商业活动包括商业广告的推动，电视的服务功能也开始增强。

1979年8月，中央电视台设立了《为您服务》专栏，主要用来介绍电视节目、回答观众来信。在相当长一段时间里，这个专栏反响一般。1983年元旦，《为您服务》改进编排，在原有的家事服务项目之外，增加了精神生活、社会生活方面的内容，增强了知识性和趣味性。特别引人注目的是，《为您服务》率先设立了一位固定的节目主持人——沈力。

1987年，中央电视台第二套节目向全国性"经济频道"的转换，无疑是电视节目全面发展时期最引人瞩目的变化。第二套节目的"转轨"，是"开放"和"搞活"的产物。随着改革开放的深入，电视界一些企业事业单位提出了开办商业电视的请求。同年6月，上海电视台实行倡导竞争的一台二台分台体制，从组织结构到人员安排，从节目采编到审查播出，都形成了相对独立、自成体系的商营格局。此后，广东、浙江、天津等电视台迅速跟进，商业性收入成为电视台收入中日渐突出的部分，电视台的体制以及经营策略亦有变化。[①]

3. 电视综艺娱乐节目

在这一时期，电视文艺节目也开始转型，并取得迅速发展。一方面，电视文艺工作者从改革开放以来陆续引进的外国电视节目中呼吸到一些新鲜的空气。另一方面，由北京广播学院和各个电视台派出的访问学者从国外带回了许多电视传播的新理念，并有的放矢地和电视制作、播送实践相结合，许多电视编导逐渐明白电视传媒有着自身的特性和规律，例如电视的兼容性、现场性、连续性以及观众的深度参与性等，这些新的理念都不同程度滋养了电视创作，并很快取得初步成果。

1978年农历除夕，中央电视台的前身北京电视台举办了"文革"结束后的第一个联欢晚会，气氛活泼欢快、喜气洋洋，与前些年的文艺宣传节目对比鲜明。从此，中央电视台恢复每年一次的春节联欢节目，但采取的并不是之后的那种晚会节目形式，也不具备后来那种崇高的意义。

1982年冬，组织策划1983年春节联欢晚会的任务交给了电视文艺导演黄一鹤。他对此进行了一些创新：第一，直播，加强现场感和悬念感。此时，中央电视台虽早已实现了播出的录像化，但黄一鹤提出的"直播"概念，在当时算是一个"闯禁区"的突破；第二，开辟点播电话热线，加强观众的参与意识。这种方式之前在广播电视中也用过，但"文革"期间，热线节目早已废止；第三，启用主持人。结果，1983年春节联欢晚会一炮打响，黄一鹤几乎成为电视界的英雄，"春晚"这一超级形式开始出现，中国电视被长期克制的娱乐功能开始逐渐释放。1983—2015年，中央电视台春节联欢晚会已经连续举办了33次。它已经是中国春节文化礼仪中不可缺少的一项活动，也是电视文艺晚会节目中耗费精力最大、规模最大、演播时间最长、参加演员最多、收视率最高、覆盖面最广的一档节目。

1990年3月14日，《综艺大观》开播。此时，除了一年一度的春晚，中国电视荧屏上的综艺娱乐节目并不多见。《综艺大观》的出现，对于活跃社会气氛、舒解社会心

① 於春：《中国电视节目主持三十年研究》，中国传媒大学出版社，2013年版。

理、发展电视的娱乐功能、满足人们的娱乐需求，具有重要作用。因此，在20世纪90年代中期，《综艺大观》平均收视率达18%，有两亿左右受众，并带动了电视综艺节目的诞生。同年4月21日，《正大综艺》开播，每周播放一期节目，是中央电视台播出时间最长、播出数量最多的大型电视综艺益智栏目之一。早期节目样式是演播室主持结合外景主持，通过引导选手答题来介绍和传播各国风情和旅游知识。《正大综艺》以其新颖的娱乐性吸引大众。

20世纪80年代初期及中期，在中国电视节目百舸争流的热潮中，各地方电视台都在积极创办形式多样的电视节目。此时，一批地方电视台的节目主持人纷纷脱颖而出。

广东电视台异军突起，先是模仿香港电视节目《欢乐今宵》的方式开办了一个杂志型的文艺专栏《姹紫嫣红》，随后又开办了《百花园》《共度好时光》等专栏。顿时，广东电视屏幕面貌一新，程前等电视节目主持人崭露头角，展现出新潮、轻松、活泼的特色。

还有上海电视台，其首创精神表现在许多领域。它曾率先播出商业广告、开办电视中学、公开招聘电视工作者、实行分台体制等。在此期间，上海电视台也在积极创新其电视栏目，并鼓励有创新意识的主持人。因此，这期间上海电视台涌现出了一批有创意的电视栏目和主持人，如以戏曲表演为主的综合性晚会节目《大舞台》及其主持人小辰（陈佩英），集歌、舞、影、视于一体的《今夜星辰》及其主持人叶惠贤。

从20世纪70年代后半期到90年代初，我们的电视昂首阔步走完了15年历程。在这期间，国民经济的快速增长，中国与世界科学技术的迅猛发展，都为电视提供了新的发展契机和保障。而成功的关键是党和政府在广播电视领域里的正确决策。

改革开放以后，电视工作者不断总结经验和完善类型，我国电视事业得到了极大发展。1991年底，我国电视台数量已达到543座；这些电视台全年共生产制作节目91 572小时，其中新闻节目占32.2%；专题节目占17.2%；教育节目占5.9%；文艺节目占24.1%；服务性节目占21.6%。我们的电视台人口覆盖率达到80.7%；全国拥有2.2亿台接收机。

四、代表主持人

在这一时期中，电视节目最大的变化就是节目主持人的出现，因为这一时期新闻评论类电视节目出现并受到老百姓欢迎，节目主持人也随之诞生。

1980年7月12日，央视第一个述评性新闻栏目《观察与思考》开播，首期节目的标题为"北京居民为什么吃菜难"，庞啸作为第一个正式冠名的"节目主持人"出现在屏幕里。与此同时，各个地方台也在加强电视与观众的互动方面积极探索。

1980年6月1日，广东电视台推出了《六一有奖智力测验》，在节目中设置了类似司仪的节目主持人；1981年元旦，中央人民广播电台向台湾广播由徐曼主持的《空中之友》节目，开了中国节目主持人的先河。她以亲切、甜美的声音拨动了台湾听众的心弦。《空中之友》成为全国第一个主持人节目；1981年7月28日至11月17日，中央电视台举办了13场《北京中学生智力竞赛》，节目中设置了类似老师的人，由他来评判知识竞赛的问题和答案，并挑选了赵忠祥来担任节目主持人，使节目充满了魅力，加强了观众的深度参与。

随后，主持人节目被越来越多的电视台采用。在这一过程中也涌现了一批著名的电视节目主持人，如《为您服务》和《夕阳红》的主持人沈力，《人与自然》的主持人赵忠祥，《综艺大观》的主持人倪萍，《正大综艺》的主持人杨澜等。一批优秀的节目主持人以他们的个人风格和魅力，强化了主持意识，为节目增光添彩，节目主持人成了节目的符号，成了听众或者观众心目中的"明星"。

1. 新闻节目主持人代表

（1）庞啸

1980年，中央电视台专题部开始筹备一档新闻节目，名称是《观察与思考》，节目形式究竟如何大家都不清楚。唯一达成共识的是，不能用播音员。[①]1980年，中央电视台第一个新闻评论性的专栏节目《观察与思考》开播。第一期节目名为"北京市民为什么吃菜难"，节目中有位中年男子拿着话筒四处采访，节目结束后，片尾的职员表上打出了这样的字样——主持人：庞啸。这是我国电视史上第一次出现"主持人"这一称谓。电视节目主持人的出现，对于充分发挥电视新闻的作用，扩大电视新闻的影响，有着重要的意义。尽管当时相当一部分电视新闻主持人还不够成熟，却是电视新闻领域一个了不起的变化，是电视节目主持人发展史上的破冰之举。

《观察与思考》的一个代表性节目是《包干到户以后》。那期节目从1980年底开始采访，1981年中期播出，历时超过半年。期间庞啸带着两位年轻记者在安徽三四个县进行了采访，赞成的和反对的都要采访。在这一期节目中，主持人的作用和身份定位已经比较清晰。由庞啸在演播室里做开场白，接着是外景记者采访，最后再回到演播室由庞啸进行总结。值得一提的是，参与这期节目的年轻记者中有1999—2009年担任中央电视台台长的赵化勇。另外，中国电视新闻纪实的开拓者，《东方时空》《新闻调查》等栏目的前总制片人陈虹也曾在《观察与思考》任记者。

（2）李培红

1987年7月5日，上海电视台推出了全国第一个社会多视角的杂志型电视新闻专栏节目——《新闻透视》。李培红作为电视新闻节目主持人率先亮相荧屏。这个栏目从形式上突破了长期以来新闻节目的播报模式，从内容上按照新闻性、知识性和服务性要求，及时捕捉、剖析观众关注的重大新闻、热点新闻与社会问题，直接反映观众的意见和呼声，成为观众心目中的社会窗口。主持人李培红走出演播室，直接参与选题策划、现场采访拍摄和节目制作工作。[②]《新闻透视》内容上更加贴近百姓生活，形式

---

① 陈一鸣等：《三个电视人的十年》，《南方周末》，2008年12月10日。

② 俞虹：《节目主持人通论》，中国广播电视出版社，2004年版。

上加强了记者的调查和参与，尽管早期节目中还留着明显的时代痕迹，比如一些"文革"词汇、高八度音调等，但节目整体风格质朴扎实，主题鲜明，更加贴近新闻本质。《新闻透视》为我国新闻节目主持人的发展进一步扩宽了前景。

（3）程鹤麟

1988年1月1日，福建电视台《新闻半小时》开播，其新颖的节目形式受到百姓欢迎。中国的电视新闻节目向来由播音员主播，而《新闻半小时》一改惯例，启用责任编辑兼任节目主持人，使节目更贴近群众。《新闻半小时》编辑组由七名年轻的编辑、记者组成，他们集采、遍、播于一身，大胆反映社会生活的各个侧面。

主持人之一的程鹤麟是北京广播学院电视系1977级毕业生，到福建台工作后，他大胆质疑电视记者为何只能在屏幕后活跃，不能在电视屏幕上向受众报道、评论新闻，为什么不能做新闻主持人。他决心突破这一模式。于是，他在《新闻半小时》开播时走上了屏幕，并受到欢迎。程鹤麟在节目中尖锐地揭露问题、鞭挞社会不正之风，使得《新闻半小时》充分发挥舆论监督作用，在当时的电视界形成了一股强烈的冲击波。程鹤麟现任凤凰卫视中文台副台长。①

2．社教类节目主持人

（1）沈力

《为您服务》栏目是中央电视台最早创办的一个专题性栏目，走过了28年的成长历程，在不断地推陈出新中，《为您服务》成为中央电视台颇具影响力的品牌节目，作为为百姓生活质量服务的日播类节目，在中央电视台经济频道播出。

沈力是《为您服务》的电视节目主持人，她也是中国第一位电视播音员，同时是第一位电视主持人，被称为"电视播音主持的第一滴水"。沈力认为，主持人应该主动参与节目，全面深入掌握节目内容，通过富有鲜明个性的语言，"面对面"地和观众交谈。主持人的个性与他所主持的栏目的个性应该是一致的，服务性节目的主持人应该和蔼可亲、平易近人、真诚朴实，成为观众的知心朋友。开播后，《为您服务》栏目很快得到了观众的认可和喜爱，仅1983年1月到5月，就收到来自全国的1.3万封信，6月，中央电视台共收到观众信件7248封，其中有3300多封是寄给沈力的。

（2）鞠萍

《七巧板》原名《春芽》，1981年6月4日开办，是为学龄前儿童设置的专栏。这个栏目开办时并没有设专职节目主持人，结果开办了四五年，影响一直不大。

1985年6月1日国际儿童节时，该栏目改名为《七巧板》，由从北京幼儿师范学校毕业不久的鞠萍担任主持人。鞠萍在孩子们中间，和孩子们一起弹琴、唱歌、学跳舞、做手工，她说话的语气、神态、动作都显得真挚、活泼、有趣、充满童心，很快就赢得了小朋友们的喜爱。

《七巧板》的成功，离不开鞠萍对幼儿心理的良好把握，同时也离不开电视媒体视听结合、动态直观的传播优势。改版五年后，《七巧板》由小小的"春芽"变成了

---

① 於春：《中国电视节目主持三十年研究》，中国传媒大学出版社，2013年版。

中央电视台的名牌节目，收视率仅次于《新闻联播》。[①]

3．综艺节目主持人

（1）马季、姜昆、王景愚、刘晓庆

当1983年春节联欢晚会面世时，作为主办单位的中央电视台并没有采用自己的主持人队伍。首届春节联欢晚会的主持人由相声演员、哑剧演员和电影演员——马季、姜昆、王景愚、刘晓庆担纲。他们很好地完成了任务，带给了观众清新、亲和、自然的艺术感受。1984年，中央电视台主持人赵忠祥开始主持春节联欢晚会，这标志着中央电视台开始有意识地培养电视台专职的综艺节目主持人，不过此后多年，春晚主持队伍仍以戏剧类语言节目演员为主体。

（2）倪萍

《综艺大观》曾是中央电视台唯一一档综艺性栏目，以歌舞、小品、相声、杂技等娱乐内容为主，前身是《文艺天地》。《综艺大观》栏目创办以后，先后有王刚、倪萍、成方圆、周涛、沈冰和王玲玲等主持过该栏目。不过，倪萍显然是《综艺大观》最具代表性的主持人。20世纪90年代，倪萍主持的《综艺大观》平均收视率达18%，这意味着该节目有两亿左右电视观众。《综艺大观》带动了一大批电视综艺娱乐节目的诞生。

（3）赵忠祥、杨澜

《正大综艺》栏目开播于1990年4月21日，是目前中央电视台播出时间最长、播出数量最多（每周一期）的大型电视综艺益智栏目之一。

《正大综艺》最早的一对主持人搭档是杨澜和姜昆，这种相声演员和主持人的搭档迅速风靡全国，随后杨澜又和赵忠祥组成了一对新的主持搭档。杨澜在主持《正大综艺》时，既没有刻意去表现自己的文化素养，也没有刻意去表现"清纯"和"可爱"，她把一个有较高文化素养的清纯少女形象和富有理性又不失细腻情感的职业女性形象结合在一起，为观众带来了一种既高雅又本色，既轻松愉悦又令人回味的主持风格。在三年多的时间里，杨澜和赵忠祥一老一少，一个沉稳，充满洞察世事的沧桑；一个热情，尽显涉世未深的清纯明快。场上节奏一动一静，有张有弛，韵味无穷，在观众心目中留下了深刻印象，他们也被报界评为最佳搭档。有评论说，如果像赵忠祥、杨澜这样的主持人能更多一些，如果这样的主持人能够形成一定的规模，我们的传媒一定能创造出既能让老百姓愉悦又受老百姓尊重的大众文化。

五、主持人的专业化与行业化发展

1988年，中央电视台举办了第一届"如意杯"主持人大赛，这标志着国内电视节目主持人的选拔、培养开始走上规范化的轨道。大赛的评选活动包括北京地区业余主持人选拔赛和全国专业主持人评选两项，最后评选出10名"受众最喜爱的主持人"。

---

① 赵群：《"七巧板"与鞠萍》，《当代电视》，1988年第9期。

其中鞠萍、程前、高丽萍、任志宏、张泽群、晨光等主持人，以较高的专业素养，最终赢得了受众的认可。

大赛结束后，国内有50位著名的电视节目主持人和学者举行了研讨会。他们从不同角度对近年来我国电视节目主持人的状况，发展趋势，电视节目主持人的素质、个性与多样化以及电视节目主持人是否需要"表演"，主持人与一般的播音员的异同等方面的问题，进行了广泛的探讨。会后，《话说电视节目主持人》一书出版，这是我国第一部有关电视节目主持人实践与理论探讨的书籍。

1990年6月16日，中国广播电视学会主持人节目研究会宣告成立，组织了"开拓奖""金话筒奖"和"金笔奖"的评选活动，负责编撰出版主持人节目与节目主持人的学术著作，推动了我国节目主持人的队伍建设与理论研究。[①]

第三节 我国电视节目的飞跃阶段

1993—2003年这十年，对于中国电视来说无疑是飞速发展的十年。这一时期，电视在中国可以说是无人可比的强势媒体，我国电视节目的节目形式、报道内容、节目数量和节目播出时长更是有了日新月异的发展。

1993年，《东方时空》开播；1994年，《焦点访谈》开播；1995年，《新闻调查》开播；1996年，《实话实说》开播；1997年，香港回归直播；1998年，突发事件报道……新的形势下，观众需要新的电视节目，需要有观点的电视节目。

从1992年开始，新闻类节目逐步成为央视和各级地方台的"台柱子"。央视一套的节目构成以新闻为主体，覆盖了全国80%以上的地区。全国以省、市、自治区为骨干的各级地方台当中，有800多家自办有新闻节目。电视新闻节目已经变成中国老百姓生活中最主要的新闻和信息来源。

从1993年开始，央视新闻变革的第一个重大举措就是开发时段，综合性新闻节目栏目全面布局。1993年3月1日，央视第一套新闻节目播出次数增加到每天13次，实现了整点播出和重要新闻滚动播出。其中《早间新闻》（5月1日后改为《东方时空》，今改为《朝闻天下》）注重集纳功能。地方台也积极跟进，北京台开办了《北京您早》，浙江台有《早间新闻》，湖南台有《潇湘晨光》等。午间新闻则强化社会性。1995年4月3日，央视把原先10分钟的《午间新闻》改为《新闻30分》。至于《晚间新闻》，则突出社会性、接近性、趣味性。1994年4月1日，央视《晚间新闻报道》进行改版，根据三贴近的精神，在社会新闻、法制新闻、灾害事故以及问题报道等方面加大力度，珍闻、趣闻也占有一定分量，收视率明显上升，稳定在6%～7%，周末达到

---

① 张聪：《主持人节目研究会宣布成立》，《中国广播电视学刊》，1990年第4期。

10%～13%。以湖南卫视开办的《晚间新闻》、北京卫视的《晚间新闻报道》为代表，很多地方台也创办了一批按照全新的新闻观念编排、风格特点鲜明的晚间新闻栏目。其中，主播采用"说新闻"的方式，以"讲"代"读"，增强了面对面交流的亲切感。

自1997年以来，央视就实现了重大新闻直播的计划，用现场直播、现场采访报道的方式，由演播室主播组织、串联专题片、资料片和嘉宾访谈，构成立体的、现场性极强的"新闻包裹"（News Package），完成了当年"日全食和彗星天象奇观"（3月9日），"中、俄、哈、吉、塔五国边界裁军协定签字仪式"（4月24日），"香港回归72小时直播""黄河小浪底水利枢纽工程截流"（10月），"三峡工程大江截流"（11月）这五次直播。此后，这种立体的直播方式，成了新闻频道、经济频道和国际频道传播重大新闻的常规形态。现场直播时的新闻报道在时间和空间两方面都达到了新闻源的最近点——零距离，并实现了传播过程与新闻发生发展过程的同步性，观众也获得了"我在现场"的临场感。

同年，一部《还珠格格》走进了大众视野，这部红遍亚洲的电视剧，创造了空前的收视率，捧红了赵薇等一批在当时足以和港台明星抗衡的超级偶像。可以说，是《还珠格格》唤醒了大众的娱乐需求。同年7月，湖南电视台的一档电视节目《快乐大本营》横空出世，这档至今仍十分红火的电视节目，在当时催生了一批娱乐综艺节目。1997年，堪称我国电视节目的"娱乐之年"。

在之后的短短两年间，全国各电视台的类似节目达100多个。其中较有影响的包括《欢乐总动员》（北京电视台）、《非常周末》（江苏卫视）、《开心100》（东南电视台）、《超级大赢家》（安徽卫视）等。

《欢乐总动员》于1999年1月20日在北京有线电视台开播，之后被全国近40个城市的电视台引进播出。风靡一时的《欢乐总动员》《快乐大本营》把娱乐节目从"晚会时代"推向了"游戏娱乐时代"。

1996年7月1日，《生活》栏目的创办和开播，标志着我国生活服务类节目的全面发展，打破了早起生活服务类节目范围狭小的栏目内容，由过去的以节目预报、医疗卫生、生活小常识为主，深入至普通百姓的各个方面，"服务百姓"的人文理念深得民心，不仅激发了生活服务类栏目的创新思维，更掀起了全国生活服务类节目的制作热潮，各省、市级电视台也纷纷创办同类栏目。同年，北京生活频道成立，开创了用一个频道的空间传播生活服务节目的理念，使其更加专业化、精致化。随后几年，湖南生活频道、河南生活频道、浙江经济生活频道、福州生活频道相继成立，共同构成了我国电视节目完善的栏目类型网。

一、代表节目

1. 电视新闻节目

1987—1992年电视新闻栏目逐渐完成了向新闻杂志的转型，1987年上海电视台的《新闻透视》成为我国第一个电视新闻杂志。1993—2003年十年间，我国的电视新闻节目进入了更深层次的发展期。中央电视台的《东方时空》栏目开办于1993年5月1日，比较知名的子栏目有《东方之子》《时空连线》《百姓故事》等，并培养出白岩松、水均益、张泉灵等一大批知名电视节目主持人，他们在中国内地观众中享有较高的知名度。

1996年1月20日，开播1 000期的《东方时空》开始向综合杂志栏目转型，《音乐电视》（即改名后的《东方时空·金曲榜》）被撤销，增加了3分钟主持人评论节目《面对面》；2000年11月27日《东方时空》进行改版，栏目时长从40分钟增为150分钟，片头音乐有所更新，和上一版的音调一致，音色不同，片头动画不变。此次改版吞并了6、7、8点的三档《早间新闻》，以演播室为调度中心，用直播方式将新闻、实用资讯、新闻专题等诸多内容有机串联，更加突出信息的时效性和服务性，还推出了《东方时空》独有的周末版节目，构成浑然一体的大型早间新闻杂志型节目，被评价为"中国新闻晨报"，中国"新世纪传媒新动向的代言人"和"电子媒体发展的趋势"。在此次改版中《生活空间》改名为《百姓故事》，《时空报道》改名为《直通现场》。2001年11月5日《东方时空》再次改版，将新闻及资讯节目分离出去，在保留原有的《东方之子》《百姓故事》《世界》《纪事》各子栏目的基础上，将《直通现场》改为《时空连线》。《东方时空》缩容的同时，6点、7点直播《整点新闻》，《新闻早8点》开播，《东方时空》在7点新闻之后播出。2003年，《东方时空》由中央电视台综合频道首播，中央电视台新闻频道重播。

《东方时空》这个45分钟的杂志型新闻节目在创办伊始就产生了极为广泛的影响和作用，改变了中国大陆观众早间不收看电视节目的习惯，被誉为"开创了中国电视改革的先河"。

同样对电视新闻类节目有深远影响的还有由中央电视台新闻评论部创办的电视新闻栏目《焦点访谈》，该节目于1994年4月1日正式开播，是一档以深度报道为主、以舆论监督见长的电视新闻评论类节目。《焦点访谈》选择"政府重视、群众关心、普遍存在"的题材，坚持"用事实说话"的方针，反映和推动解决了大量社会进步与发展过程中存在的问题，多年来一直为人们所关注和喜爱。《焦点访谈》中的许多报道成为有关方面工作的决策依据和参考。

1997年12月29日，李鹏总理视察中央电视台时题词"焦点访谈，表扬先进，批评落后，伸张正义"。1998年10月7日，朱镕基总理专程来到中央电视台，与《焦点访谈》的编辑记者座谈，并郑重赠言"舆论监督，群众喉舌，政府镜鉴，改革尖兵"。2003年8月26日，温家宝总理视察中央电视台，在《焦点访谈》演播室赠言"与祖国同在，与人民同行，与世界同步，与时代同进"。

在这十年当中，中央电视台还推出了《新闻30分》《新闻调查》《新闻1+1》《共同关注》等电视新闻栏目。电视新闻节目向新闻杂志转型，为电视新闻节目的发展带来了深远的影响。

同时，电视新闻的视角也逐渐地走向了平民化和民主化。2002年，江苏电视台城市频道推出了《南京零距离》，被认为开创了大时段城市民生电视新闻节目的先河。之后，南京地区陆续开播了《直播南京》《绝对现场》《法治现场》《标点》《服务到家》《1860新闻眼》等民生新闻栏目。由此引发了本地区以大时段直播或"准直播"为外在特征、以关注本土化市民生活形态为主体内容的城市新闻"大战"。受此影响，各地纷纷推出民生新闻栏目，并备受推崇和关注，一时之间"致力民生、新闻力量"八个大字家喻户晓。

2. 电视社教节目

同样以《为您服务》栏目为例，《为您服务》于1996年被新型服务类栏目《生活》取代之后，在2000年重新开播。

新版的《为您服务》不同于以前，无论是形式、内容还是主持人的风格都有了进一步的创新。"主持人"在节目中只有编导提供的素材，具体怎么说、说什么必须由自己来定，同时节目还吸收了大量的时尚元素，让电视观众对电视社教类节目有了新的定位和认识。

《为您服务》还推出了一些子栏目，如《生活情报站》贴近百姓生活，主要从当下百姓关注的热门生活资讯入手，用生动有趣的表现方式传达实用的信息和生活热点，满足家庭观众对生活资讯的迫切需要；《律师出招》通过真实案例的调查采访或者模拟拍摄向观众展示百姓生活中的法律纠纷，告诉您生活中的琐事也许蕴含或牵扯法律，告诉您如何用法律的手段维护合法权益，并由斯伟江律师——解答；《生活智多星》一个用智慧当家的互动生活平台，还会积极验证一些生活里的小窍门是否有效管用，《旅游风向标》是以记者"体验式报道"为主的旅游专题节目，直指旅游休闲最前端。

电视社教节目旨在吸引观众参与节目，对受众进行潜移默化的宣传教育，让观众在愉悦中陶冶性情，提高思想情操，获得多方面的知识修养。电视社教节目还有引导社会舆论，调节平衡社会情绪，在全社会养成一种终身教育观念等作用。它比较全面系统地实现了电视传媒成为"新闻窗、百花园、知识库、服务台"等具备多种社会功能的目标。

除了典型的电视社教节目《为您服务》以外，它包含着多种门类，有知识性节目、服务性节目、对象性节目、课堂教学性节目等。如中央电视台的《经济半小时》《法制园地》，湖北电视台的《科技之光》。还有少儿节目《大风车》《动画城》、CCTV-7的《农广天地》《聚焦三农》、CCTV-1的《半边天》、CCTV-10的《百家讲坛》《探索发现》等。

3. 电视综艺娱乐节目

世纪之交，随着官方传媒机构逐步将娱乐节目剥离，民间资本越来越多地进入娱乐行业，传统综艺节目与市场化娱乐节目呈现双线并行的态势。这是中国电视娱乐节目竞争最为激烈的十年，也是中国电视娱乐节目不断创新的十年。在电视市场化的强力影响下，在媒体全球化的巨大冲击下，来自收视率的压力，来自欧美、日韩以及港台的电视娱乐节目的竞争，不断刺激着中国电视娱乐节目做出新探索。

这一时期，电视娱乐化现象逐渐成了人们关注的重点、热点话题。国内很多节目从样式到内容都产生了巨大的变化，体现出娱乐化的倾向。最早开播的《综艺大观》《正大综艺》曾一度让人兴奋不已，之后湖南卫视分别于1997年和1999年创办的大众性综艺节目《快乐大本营》和《欢乐总动员》，集游戏、表演、竞技和搞笑于一体，令无数青年男女为之疯狂。《快乐大本营》开启了中国大陆电视娱乐节目的一个新时代。随后，各电视台竞相推出电视娱乐节目，安徽电视台的《超级大赢家》、东南电视台的《娱乐乐翻天》、江苏卫视的《绝对唱响》、中央电视台的《开心辞典》《幸运52》等，均吸引了众多观众的眼球。之后真人秀节目日益风行，以《超级女声》为代表，掀起了电视节目娱乐化的狂潮。不仅如此，很多以严肃风格示人的电视新闻栏目、科教类型栏目、谈话类型栏目等也都打上了娱乐的标记。娱乐元素成为这些节目不可缺少的内容，可视性、互动性、参与性、故事性和悬念性，成为它们追求的目标。

其中尤以综艺节目的娱乐化程度最高、影响范围最广，掀起了一股娱乐选秀热潮。湖南卫视的《超级女声》，东方卫视的《我型我Show》，中央电视台的《梦想中国》，江苏卫视的《绝对唱响》等节目与传统电视文艺、综艺节目最大的不同在于：以电视媒体为主，从"我播你看""我说你听"变为以观众的参与为主，将国外"真人秀"的表现样式引进国内并进行本土化改造，吸引了无数人加入到"选秀"行列，歌手秀、老人秀、太太秀、职场秀、宝宝秀……让万千观众有机会成为"选秀"中的一员，或以"粉丝"等身份直接、间接地介入，参与到节目中去。

二、代表人物

1. 新闻节目主持人

（1）白岩松

白岩松主持过《焦点访谈》《新闻周刊》《感动中国》《新闻1+1》等节目，以"轻松、快乐、富有趣味"的主持风格，深受观众喜欢。

1993年，白岩松参与创办了《东方时空》，并推出了《东方之子》等栏目。1997年，他主持了"香港回归""三峡大坝截流"等节目直播。1999年，他参加了澳门回归直播、国庆五十周年庆典转播。2003年新闻频道创建，白岩松开始主持《中国周刊》（后更名为《新闻周刊》）。

2000年，白岩松被授予"中国十大杰出青年"。其在主持生涯中，多次荣获"优秀播音员主持人"奖。

（2）孟非

2002年，《南京零距离》栏目开播，一股电视民生新闻热潮由南京迅速蔓延全国。主持人孟非凭借该节目成名，并被称为"不可复制的民生符号"。其"不可复制"性，在于孟非作为一个个体所彰显出来的民生立场、人文情怀、媒体理性和个人话语方式。

孟非之后还主持过《绝对唱响》《名师高徒》《非常了得》等节目。2010年6月，孟非当选"电视节目主持人30年年度风云人物"，2011年6月8日起与郭德纲合作主持《非常了得》，2012年获得"第九届中国电视金鹰奖最佳主持人"奖。

（3）崔志刚

中央电视台新闻频道《法治在线》节目于2003年5月1日开播，是一档兼具新闻时效性、法治思想性和法律服务性的法治新闻资讯类节目。节目紧扣中国法治脉搏，关注法治领域热点，揭示人与法的复杂关系，体现人文关怀和法治精神，具有鲜明的现场感和新闻性。

该节目主持人崔志刚于1996—2003年参与创办中央电视台最早的法制栏目《社会经纬》，从记者、主持人一直到主编、制片人，7年间兢兢业业，制作、主持节目300多期。其编导主持的"云南红塔原董事长褚时健贪污案""三菱帕杰罗质量案""何阳诈骗案""湛江走私案""齐鲁严打第一案""青海藏羚羊案""北京玉泉营大火案"等节目在社会上引起过较大的反响。1999年，崔志刚开始负责栏目管理，期间栏目和个人多次获得各种奖项（中国新闻奖2次、社教节目奖2次、法制节目学会奖12次、播音与主持奖1次、金剑奖主持人奖2次、神农奖2次、金盾及金鼎奖等），并且带领栏目创下最高收视率，全台排名第6、全台综合排名第10、日常平均排名第15的优异成绩。

2003年7月，崔志刚开始担任新闻频道日播法制类栏目《法治在线》主持人，主持过"刘晓庆税案""刘涌黑社会案""重庆井喷案""马加爵杀人案""吉林中百商厦大火案""衡阳火灾纪实""非典抢劫第一案"等重头节目，以及"我最喜爱的十大人民警察颁奖典礼"等特别节目。

2. 社教类节目主持人

（1）王小骞、肖薇

2000年王小骞和肖薇开始主持《为您服务》，一种全新的主持风格像春风一样扑面而来。与以往的独白型主持全然不同，新版《为您服务》采用了王小骞和肖薇对谈型主持。其中肖薇温和理性，王小骞犀利敏感，两人从"家事新主张""法律帮助热线""生活培训站""服务信息网"一直聊到"旅游风向标"。[①] 在屏幕上，她们既不追求博学和厚重，也不标榜新锐和另类，而是着力传递各种资讯，透着一股真情。

（2）刘纯燕

《大风车》是中央电视台制作的一档少儿节目，刘纯燕从1991年起开始主持该节目，塑造了"小脚丫""金龟子""金先生"等深受小朋友喜爱的形象。2001年，刘纯燕开始主持《聪明屋》《玩偶一牵一》《风车谜社》等节目，1999年获第四届"金

---

① 於春：《中国电视节目主持三十年研究》，中国传媒大学出版社，2013年版。

话筒奖"银奖，2011年获得"中国播音主持金话筒奖"。

刘纯燕在央视少儿节目中以"金龟子"的形象在电视上出现了整整20年，这个深深烙印在一代又一代人的童年记忆中。刘纯燕每一次穿上她的经典卡通衣服，就会立刻进入到"金龟子"的情境中，她的"金龟子"不仅是央视的第一个卡通形象主持，也是她的标志。

（3）刘仪伟

1999年2月22日，中央电视台推出了一个以介绍做菜方法，畅谈做菜体会为主要内容的栏目——《天天饮食》，融知识性、趣味性、服务性于一体。主持人刘仪伟就像一位天天与大家见面的老朋友，在10分钟的时间里，生动活泼地介绍一道简单易做的家常菜。过去这类节目，厨师只介绍做菜的过程，严肃有余，活泼不足。但刘仪伟以生动形象的表达方式，感染了观众，让《天天饮食》成为深受大家喜爱的一档美食类节目。

3. 综艺娱乐节目主持人

（1）李湘、何炅

《快乐大本营》是由湖南电视台推出的一档综艺性娱乐节目，于1997年7月11日首播，发展至今已取得很大成功，在中国享有很高知名度，并且一直是湖南卫视上星以来的王牌娱乐节目之一。现在是一档以嘉宾访谈、游戏为主的综艺节目，经常邀请一些中国大陆、香港、台湾的知名艺人来进行访谈、游戏等。该节目曾获得1998年度"观众最喜欢的综艺节目"金鹰奖。

1997—2004年，李湘开始担任该节目的主持人，在这7年当中，李湘凭借自己独特的主持风格踏上了"综艺一姐"的道路。另一个主持人何炅，自1998年起，主持《快乐大本营》栏目长达十余年。可以说，《快乐大本营》成就了李湘和何炅，李湘和何炅也让《快乐大本营》更加丰富多彩、生动活泼。

（2）朱军

1997年开始，朱军连续16年担任中央电视台春节联欢晚会节目主持人。此外，他还是《艺术人生》的节目主持，这是朱军的节目主持事业中的一个重要时期。

《艺术人生》是中央电视台在2000年12月22日推出的一档谈话类节目，每期邀请一位文艺界的明星，与主持人、现场观众一起回顾自身的成长经历和功成名就之后的感触。

主持人是节目形象的代表，他们的外表、气质、服饰、主持风格等会直接影响节目在观众心中的定位。朱军有着丰厚的阅历和生活底蕴，每次出场都很正式，虽然幽默，但也让整个节目展现出了大方、稳重的氛围，真正做到了让观众"在生活中追求艺术，在娱乐中感悟生活"。①

（3）杨澜

杨澜1990—1994年担任中央电视台《正大综艺》节目主持人，并于1994年获中国第一届主持人"金话筒奖"。之后赴美深造，毕业于美国哥伦比亚大学国际及公共事

---

① 江怡平：《谈话节目的娱乐与教化——〈艺术人生〉与〈超级访问〉之比较》，《视听界》，2005年第1期。

务学院，获国际事务硕士学位。之后加盟凤凰卫视，开创了中国电视第一个深度高端访谈节目《杨澜访谈录》，在全球华语观众中具有较高美誉度。2000年，又创建了第一个以历史文化为主题的卫星频道——阳光卫视。

《杨澜访谈录》创办于2001年，每期就政治、经济、社会、文化等不同方面的热门话题，与世界各地知名人士进行广泛探讨。节目除覆盖全国以外，还覆盖了美国、加拿大、澳洲、马来西亚等地的华人地区。

第四节　我国电视节目的深化阶段

随着电视媒体的发展，新兴媒体的出现，电视节目的形式更加丰富，内容也更加精良。在传播过程中，电视节目开始注重双向选择，重视对电视观众意见的反馈。如今，受众开始参与传播，电视媒体所垄断的单一话语权宣告消失。

新一轮的电视改革已经开始，这一次的动力来自技术领域。中国电视开始从模拟信号到数字信号的转变。数字电视的普及，注定要给中国电视带来一场巨大变革。

这一时期，国家对电视行业的办台控制逐渐放开，在电视台和频道逐渐增多的同时，国家对这一行业的投入也逐渐加大，慢慢出现了入不敷出的情况。没有产出显然不能够支撑这一行业的发展，经营成了电视媒体求得生存的自发行为。此时，电视节目，即电视的产品成了不少电视媒体获得经济回报的唯一手段。电视节目中的广告时间与货币形成了直接的交换关系，电视节目的商品性开始展现出来。

随着市场经济的完善，电视媒体的经营逐渐受到市场环境更多的影响，为了适应这种竞争态势，电视不得不像其他处在市场中的企业一样，形成独有的市场运营模式，以其产品的不可替代性来参与市场流通。这个时候，简单的电视节目用来出售的时间已经不是电视行业具有绝对竞争力的产品，品牌性的电视节目所带来的受众的关注度成为电视媒体获取经济回报的最有力手段。《欢乐总动员》《中国娱乐报道》的经营模式成为比传统电视行业更具有产业化特色的一种手段，同时收视率成为电视媒体推销节目的唯一参照标准，特别是近期国际性的大广告公司实行的收视点成本的方法，即每点收视率折合人民币进行付费的方式，更直接地把电视节目的品质标准经济化，从而使它进一步具有了商品的特性，也迫使电视这一行业不得不向产业化的方向前进。

随着电视传媒市场化程度不断加深，电视的内容与市场，与节目的收视率日益紧密。产业化、集团化、市场、效益、效率、收视率、受众需求以及成本核算、营销、广告等均影响着电视实践。中国电视全面进入了以"产品"为主导的阶段，节目创新也是围绕着"产品"展开的。而作为"产品"，其评价标准自然要转换成它市场价值的实现，比如较高的收视率、较强的广告拉动能力或者市场的回收能力、开发能力，能否形成产业链、创造市场价值等。所以，具备可观市场价值的大型电视选秀活动、电视栏目品牌的创造以及电视产品的后开发（音像制品、系列图书等）被高度重视，而这一时期，电视创新的主要任务也自然而然地变成吸引观众的眼球，赢得观众的认可，提高收视率，增加广告额，获取最大的市场回报。

这一时期，电视产业化经营进入了深入的推进期，我国的电视节目也进入了深化期。电视产业化是我国电视行业发展的一个必然趋势，而它的推行，一方面需要行业主管部门尽早放开限制，把电视产业推向市场，从政策上去引导它的发展。另一方面，各级电视机构需要时刻更新观念，跳出传统电视节目的制作思路，积极地进入市场，以市场的自主完善来使自己的产业化进程持续地走下去。

1. 新闻综合化、及时化

在中央电视台频道专业化进程的最后阶段，2003年5月1日，中央电视台新闻频道开播，尝试从基本理念、管理机制、具体运作等方面完成专业化频道转型。这一时期，在深化改革的背景下，我国的电视事业不断地向前推进。

中央电视台与世界各主要电视机构均建立了新闻传送机制，在世界各大洲均建立了记者站。世界各地发生的新闻，中央电视台均能在第一时间获取相关信息，并对此进行及时报道，以供使观众及时全面了解世界变化，成为把握时代脉搏的权威媒体。

中央电视台有意识地加强了对重大新闻事件的现场直播，如"奥运——北京申奥直播""上海APEC会议的直播""中国入世直播""埃及金字塔探秘"等直播均成为当时的收视热点。同时也转播国内、世界各大体育赛事，如"奥运会""世界杯足球赛""亚运会""世界篮球锦标赛""美国NBA篮球职业联赛"等。

2008年对于中国来说是多事的一年，对于央视的新闻报道来说，更是不平常的一年。电视工作者和国家一起，刚刚历尽千辛万苦，战胜了年初南方百年一遇的风雪冰寒、山东火车出轨，又经历了"藏独"分子寻衅滋事以及西方媒体就所谓"人权"问题竭力丑化中国，力图把奥运政治化的骚扰事件。就在此时，5月12日14点28分，又突发汶川特大地震。面对这一系列重大事件，央视都采用了迅速及时、客观透明的新闻直播方式，向全世界做了报道。纵观央视这次抗震救灾的报道，体现了我国电视媒体本性的回归、电视新闻本性的回归以及与此相应的电视人使命感的回归。整个报道的成功，体现了中央电视台的新闻工作者们在突发事件面前，能够以沉着、冷静、科学的精神，组织、实施以现场直播为主体的连续滚动报道，其中包括富于创造性地运用议程设置、新闻框架、大众传播与人际传播结合等传播学原理与策略，使得新闻信息的透明性、公开性获得最大的优化，并且还直接向中央领导机构提供了决策的依据。

市场经济的多元化也反映到了电视台专业性、对象性新闻栏目的日益丰富上来。就这一点而言，央视第二套经济新闻栏目的飞速扩展堪称代表。

2. 节目娱乐化

国家台的权威性及中央电视台对社会资源较强的调度能力，使得各类大赛在中央电视台的荧屏上大量涌现，如"青年歌手大奖赛""主持人大赛""大专辩论赛""相声小品大赛"“舞蹈大赛”“服装模特大赛”“AD盛典广告大赛”等。借助中央电视台的广泛影响力，这些赛事得到了社会各界的积极响应，在社会上和观众中产生了极大的反响。如"青年歌手大赛"“主持人大赛”“相声小品大赛”等都形成了品牌，具有很强的专业影响力和观众号召力。同时，这些电视大赛的推出成了频道的一道亮丽风景线，不仅彰显了频道的专业化特色，也为观众带来了新的愉悦。

2005年是中国电视的选秀之年，这一年，《超级女声》《加油！好男儿》《梦想中国》等一大批选秀节目如雨后春笋般涌出，普通人开始通过电视追逐梦想。这是一场空前的全面造星运动，在激烈的竞争下，电视媒体最终放下姿态服务受众，通过改变自己吸引受众。

3. 频道专业化

频道专业化是目前国际电视传播业发展的一种明显倾向，指的是电视媒体经营单位根据电视市场的内在规模和电视观众的特定需求，以频道为单位进行内容定位的划分，使其节目内容和频道风格能较集中地满足某些特定领域受众的需求。此时，每一个频道都有它非常鲜明的风格和主打内容，形成统一性、个性和独特性。如女性频道、生活频道、法制频道、旅游频道、读书频道等。频道专业化在我国发展非常迅速。如中央电视台除CCTV-1和CCTV-4是以新闻为主的综合频道外，其余频道全部走专业化频道的路子。频道专业化在我国省级台和城市台也发展迅速，许多台都开办了贴近百姓生活的都市频道、生活频道、娱乐频道、音乐频道、外语频道等。同时省级卫视还根据自己的资源优势进行特色定位，如湖南卫视定位大众娱乐、重庆卫视定位故事、江苏卫视定位情感、安徽卫视定位电视剧等。省级地面频道，如浙江教育科技频道、江苏城市频道、湖南经视台、山东齐鲁台本身也是专业化探索的成功案例。随着数字化进程的加快，电视频道的专业化程度将进一步细化。

4. 栏目品牌化

随着时代的发展，特别是网络媒体的突飞猛进，让观众锁定一个电视频道似乎已经不可能，面对几十个甚至几百个频道，观众难免有些无所适从。面对这种现状，如何吸引受众，争取最高的收视率，让电视传媒立于不败之地成了电视从业者最关心的问题，这要求电视从业者必须将独特的、新鲜的、有兴奋感和文化品位的电视节目奉献给观众，即将具有品牌意义的电视节目奉献给观众。如今，打造电视栏目的品牌效应已成为各级电视台争抢观众的法宝。

对电视栏目而言，品牌的打造最重要的就是挖掘栏目的独特优势，寻找优质资源、稀缺资源、不可替代的资源。如《艺术人生》走情感路线，《焦点访谈》走舆论监督路线，《新闻调查》走深度路线，等等。如围绕明星主持人量身定做新的栏目，比如《幸运52》成功后，又推出了为李咏专门设计的《非常6+1》《梦想中国》；《新闻1+1》则主要围绕白岩松和董倩两位知名新闻评论主持人专门设计制作。再如推出与栏目相关的活动，延伸品牌效应，像《经济半小时》延伸出来的每年3月15日的《3·15晚会》，每年年末的年度经济人物评选活动等。

在市场化、产业化的探索中，不论节目还是栏目、频道，都在努力创造有吸引力、影响力、号召力的"产品"，节目创新的速度、频率、节奏日益加快，其效益也日益凸显，如中央电视台黄金时段播出的电视剧《闯关东》拉动的广告收入超过1亿元，CCTV2、CCTV5、CCTV8拉动的广告收入则均超过8亿元。

一、代表节目

1. 电视新闻节目

（1）《整点新闻》

2008年5月12日，是一个被几代中国人永远铭记的时刻。当天的14点28分，汶川大地震发生，14点50分左右，经多方信息确认，地震消息属实。新闻频道在15点《整点新闻》中，"头条""口播"汶川大地震消息，而此前只是以字幕形式公布了地震消息。15点20分，新闻频道停止各栏目的正常播出、停止各时段的广告播出，推出突发事件现场直播节目。

电视新闻工作者第一时间奔赴前线，在5月12日晚主持人海霞进行直播的同时，中央电视台领导、新闻中心主任"坐镇"新闻中心总值班室，先是调兵遣将，将分散在重庆、贵阳、武汉原本为奥运圣火传递做准备的记者紧急调往成都，再安排专家进直播间讲解相关专业知识。

当晚的《新闻联播》报道了胡锦涛总书记做出的重要讲话和温家宝总理抵达四川灾区的消息。随后的《焦点访谈》，推出了"我们共同面对"抗震救灾专题节目。到22点晚间新闻时，开始了"综合频道与新闻频道并机直播的特别报道"。综合频道也"停止节目的正常播出、停止各时段广告的播出"——危急时刻，国家电视台显示了勇于担当的魄力和面对特大灾难事件时前所未有的报道力度。

此次报道过程中，中央电视台新闻中心派赴灾区采访的记者达180多人，大本营设在德阳，记者们两人一组覆盖各受灾地区，同时调动各地方电视台资源，以"第一时间、第一现场"连线直播满足观众的视觉需求。据新闻中心策划组组长穆莉当时介绍，当时有113个国家和地区的298家电视机构使用了CCTV的直播信号；新闻频道最高收视份额达7.58%，为平日的6倍，创下频道开播以来的最高值。

（2）《看见》

中央电视台的《看见》栏目通过精确的节目定位和风格化的内容编排，在晚间专题节目中取得成功。2010年12月6日，中央电视台一套综合频道推出全新午间专题栏目《看见》。2011年8月7日，央视一套做出内容调整，周末版《看见》开播。2012年2月18日，日播版《看见》停播。节目开播不到两年，经历了日播版与周末版的改版，四位主持人的轮换调配，但节目一直秉持当初的口号：为一个清晰的世界努力。作为一档记录现实题材的专题节目，《看见》观察变化中的时代生活，用影像记录事件中的人，努力刻画这个飞速转型的时代中，人的冷暖、感知、思想与渴望，期待和观众一起，了解陌生，认识彼此，审视自我。

多元化的节目编排加上优秀主持人的引导，使《看见》成为一档轻松又具有深度的节目。一档优秀的电视节目并不只是陈述事实、挖掘故事，更重要的是发人深省。开播不到两年，《看见》已形成了自身独特的风格，取得成功。

（3）《新闻1+1》

《新闻1+1》是中央电视台新闻频道的一档新闻点评栏目，主要点评当天最热门的新闻，以民生新闻（例如经济适用房、禽流感等）为主，类似于凤凰卫视的《新闻今日谈》。

2011年8月1日起，新闻频道《新闻1+1》栏目全新改版亮相。节目在形态上寻求突破，白岩松由原来的主持人角色转变为评论员，对时事政策、公共话题、突发事件等新闻热点展开评论分析。另一个值得关注的现象是，《新闻1+1》是央视唯一一个时事新闻评论直播节目。改版后，《新闻1+1》曾关注社会对中国红十字会的质疑，中国红十字会会长表示，该节目在不回避问题的基础上，剖析客观、理性，体现了国家级媒体的责任感和舆论导向功能。随后，百余家网络媒体纷纷转载了节目内容。[①]

2．电视社教类节目

（1）《美丽俏佳人》

旅游卫视的《美丽俏佳人》于2006年开播，是东方风行集团出品的中国第一档全演播室制作的大型时尚美妆节目，曾荣获多项权威大奖，见证了中国"美丽经济"的萌芽与发展，堪称时尚美容圈的风向标。

该节目以年轻女性为收视群，每期请一位明星到场作为嘉宾，介绍美容、服饰等时尚潮流，并现场试用化妆品，推荐潮流单品，吸引了很多追求时尚的女性。

（2）《7日7频道》

北京电视台《7日7频道》曾推出"流言终结者"系列节目，针对一手烟危害大还是二手烟危害大、货比三家会不会越比越晕、吃猪蹄、夫妻两个人是否会越长越像等流言记者逐一调查，层层深入，最终揭露真相。

社会热点话题的深入开掘，故事化、系列化的播出，不但使选题资源的利用率达到最大化，而且使节目的趣味性加强。

（3）《美食大三通》

《美食大三通》是台湾三立都会台的一个美食信息节目，播出时间为每周二下午10时至11时（台湾时间）。节目开播时的主持人为当时著名作家苦苓，后因婚变事件退出，由曾国城接棒。2007年12月25日起，曾国城因在中天娱乐台主持的新节目《无间道不道》与本节目同时段打对台，因此交出主持棒，由詹姆士和夏于乔接棒。

《美食大三通》的口号是"边吃边玩，边玩边吃，坐好别动，美食马上大三通"，开头会由曾国城口白，用类似打油诗的押韵俏皮话介绍该集的内容。该节目用

---

① 於春：《中国电视节目主持三十年研究》，中国传媒大学出版社，2013年版。

生动有趣的方式来呈现节目内容，深受广大观众喜爱。

3．电视综艺娱乐类节目

（1）《非诚勿扰》

《非诚勿扰》是江苏卫视一档适应现代生活节奏的大型婚恋交友节目。自2010年1月15日开播以来，收视率节节升高。从第十一期开始，节目一跃成为全国综艺节目收视冠军。

节目中融入"真人秀"、服务性、私密性、娱乐性等元素。和以往的婚恋节目相比，《非诚勿扰》这类新型婚恋节目在制作上更加精美，日常生活中的平凡女性在节目中如同明星般熠熠生光。

（2）《我是歌手》

《我是歌手》作为一档娱乐节目，以"专业性"为标签，似乎建立了与其他选秀节目不同的节目风格，但实际上，歌曲作为一种流行艺术作品，以其为主要表现形式的节目需要易于理解。《我是歌手》将竞演歌手的感情生活置于观众眼前，以湖南广电这个具有品牌力量的平台为依托，推出了一档以"明星"为参赛选手的电视选秀节目。这种新颖的电视节目，增强了电视节目的娱乐性和趣味性。

（3）《中国好舞蹈》

浙江卫视联合灿星制作强力打造的大型励志专业舞蹈评论节目《中国好舞蹈》，自2014年4月19日起，每周六21：10在浙江卫视播出。节目共12期，旨在为所有热爱舞蹈的人提供展现自我的舞台。节目倾力打造顶级舞蹈对抗平台，力求用最专业的导师意见发掘中国最优秀的舞者和最具灵魂的舞蹈，弘扬纯正的中国舞风，让更多人看到中国舞者特有的形体美。

节目从认知、概念、情感等各个方面，考验舞者本身的艺术品位，以及舞蹈肢体概念的表达。节目各大环节设置以正面积极的方式，展现当代中国舞者的精神风貌，并特邀导师对舞蹈本身和舞者的展现形式提出中肯合理的建议。舞者用肢体诉说心声，从而激起广大观众对于舞蹈艺术的兴趣。节目旨在通过轻松、新颖、有趣味的方式，提高广大观众的艺术鉴赏水平。

二、代表人物

1．新闻节目主持人

（1）柴静

柴静于2001年11月起担任中央电视台《东方时空》主持人，2003年担任《新闻调查》记者，她出现在非典的第一线，调查矿难的真相，揭露了一个个欲盖弥彰的谎言，2011年起担任《看见》主持人。2013年出版讲述央视十年历程的自传性作品《看见》，销量超过100万册，成为年度最畅销书籍。

作为一名记者兼主持人，节目当中的她冷静客观，有一颗炽热的扶持弱者的心灵。她气质优雅，而又锋芒毕露，始终站在离新闻最近的地方，她以她的犀利、敏锐、坚定与坚持，最终成为一名优秀的新闻工作者。在非典期间，她曾成功报道"非典"，并因"北京'非典'阻击战"等专题节目，成为著名的"非典前线"女记者。

（2）赵普

在2008年5·12大地震系列报道中，主持人赵普在节目中数次哽咽，因为他的"感性"而一举成名。赵普在2006年凭借央视主持人大赛进入央视，后长期主持《朝闻天下》节目，2011年8月转任《晚间新闻》主播。

在以往的主持过程中"播报字正腔圆，外形端庄严肃"的"宣讲"模式盛行。但是赵普，在节目中真正呈现了一个有血有肉的人，将整个身心都融入了新闻事件。

2. 社教类节目主持人

（1）孟非

2010年，《非诚勿扰》在全国同时段收视率位列第一，主持人孟非在节目中实现转型，担当"月老"的角色，大受欢迎，被网友评为"史上最睿智的月老"。

他以主持民生新闻的历练和主持娱乐选秀节目的经验，为《非诚勿扰》设定了既有悬念又不矫情、既多姿多彩又风格清新的尺度，可模仿，难超越。他能让嘉宾说真话、演自己，也能与点评人相得益彰，并让后者精彩纷呈。他幽默节制，以人性为本，为时代传输正能量，亦让观众保持新鲜感。在这个众声喧哗、娱乐至死的年代，他永远以理性之姿面对复杂中国、以善良之心面对个体，值得学习。

（2）詹姆士（郑坚克）

詹姆士是台湾的知名创意料理厨师、烹饪节目制作人及主持人。专长中式、日式、法式、意式创意料理，借由三立电视台《型男大主厨》《美食大三通》及《爱玩客》节目提升知名度，从事饭店餐饮业。

作为《美食大三通》的节目主持人，詹姆士善于用自己丰富的肢体语言，配合"表演"将要被介绍的美食的人文历史、制作工艺、尝鲜感受展现得淋漓尽致，让节目充满"知识性""娱乐性"和"趣味性"。

3. 娱乐节目主持人

（1）汪涵

汪涵是湖南卫视节目主持人，国内综艺主持，曾主持过《超级英雄》《超级女声》《快乐男生》等节目，现主持《天天向上》《越策越开心》等节目。

2009年11月4日，汪涵在湖南省电视艺术家协会第四次代表大会上当选为副主席，2010年入选"电视节目主持人30年年度风云人物"，2011年12月，当选第十届湖南省政协委员，2013年3月出任《天天向上》制片人。

汪涵对大家而言并不陌生，在娱乐节目当中，提到湖南卫视很多人一定会想到汪涵。汪涵在节目中一直以睿智、幽默的形象出现，为"娱乐"大众做了很好的表率。

（2）华少

2005年，华少开始在浙江卫视主持电视节目，2007—2010年连续四年与朱丹搭档主持《我爱记歌词》《爱唱才会赢》，2012年，华少开始主持《中国好声音》。2013年，他主持了第二季《中国好声音》，还制作并主持了《王牌谍中谍》《华少爱读书》。2014年，他开始主持央视一套厨艺真人秀节目《中国味道》，并主演了央视春晚小品《扰民了你》。

华少作为为大众制造快乐、传播幸福的公众人物，其健康形象已经深入人心，未来也将继续传播健康快乐的公众形象。华少对现场的把控、气氛的调动很强，每一次主持都让现场观众流连忘返。他的个人魅力和超高的人气，也让他抓住了与众多社会行业合作的契机，不断收获极高的评价和认可。

第五节　我国电视节目的变革

目前，在国内传媒事业的竞争中，电视面临较为严峻的形势。互联网的咄咄之势和境外媒体的虎视眈眈，电视业高枕无忧的时代已经过去。处在转型时期的电视业正在进行角色的转换，即以"电视为中心"转换为以"观众为中心"，观众对电视节目的审美心理需求成了"核心密码"和"无形的指针"。

新媒体的迅猛发展改变了传统的电视节目形态和生态结构，不仅媒介的经营管理层面发生大的变革，电视节目的业务流程也在发生巨变，传统的电视节目形态通过整合与重构，呈现出一种崭新的发展态势。我国电视节目生态环境的变化促使电视节目传统生态重构以及传媒发展创新。面对日新月异的传媒生态"乱象"，充分利用媒体的发展来实现电视节目生态的调整和进步尤其重要，也使我国电视节目的变革变得尤为迫切。

2009年3月20日，国家广播电影电视总局副局长张海涛在中国国际广播电视信息网络展览会（CCBN）开幕式上发表的主题报告中指出："新一轮技术革命方兴未艾，特别是数字、网络等信息技术发展迅猛，深刻改变了广播影视的技术基础，极大地解放了广播影视生产力，给广播影视带来了全局性、根本性的变革。在党中央、国务院和中宣部的正确领导下，经过全国广电系统的共同努力，我国已建成世界上覆盖人口最多，无线、有线、卫星、互联网等多种技术手段并用，中央与地方、城市与农村、国内与国外并重的规模庞大的广播影视网络，广播影视的传播能力、覆盖水平、服务质量大大提高，基本与我国经济社会发展相适应。"

一、制播分离

我国电视行业制播分离的现象大致出现于20世纪80年代末期，90年代曾得到迅速发展，但总体而言，制播分离改革进展缓慢，成效并不显著。2009年8月底，广电总局66号文印发了《关于认真做好广播电视制播分离改革的意见》，可以说为制播分离改革的实行提供了政策上的指引，"制播分离"由此重新进入主流话语体系，再度成为热门话题，引起了业界及学术界的广泛讨论。

随着我国传媒业整体实力的增强，我国的电视节目在现有的传统生态环境下取得了长足的发展，三网融合也在我国快速展开，民营电视制作公司如雨后春笋般涌现出来。受众参与意识的增强使电视领域的传播由单向传播变成双向互动传播，而由于中国电视节目事业长期处于"自给自足"的模式，因此出现了"同质化"、数量不足等问题。打破原有的制播合一的模式，实现市场化和社会化的制播分离成为我国电视业的必然选择。

1．制播分离的概念

制播分离的概念来自于英文commission，最早起源于英国，原意是指电视播出机构将部分节目委托给独立制片人或独立制片公司来制作。有学者将这一概念与具体国情结合，认为制播分离是指"国家电视播出机构在保证正确舆论宣传的前提下，将部分非新闻节目的生产制作交由社会上的电视制作公司来完成的一种管理体制"。袁琳、杨状振结合大陆语境剖析了制播分离的两层含义："一是在广义上，是指把除新闻节目以外的电视节目制作交由独立的制作公司来完成，然后将节目推入市场渠道销售流通，再由电视台即播出单位择优选购播出，即体制外分离，也叫外部市场；二是在狭义上，是指在电视台系统内部实现节目制作部门的独立运作，对其按照企业化管理体制进行自负盈亏、自主运作式的经营活动，并在此基础上完成电视台制订的节目生产任务，即体制内分离，也叫内部市场。"

这些理论都强调了节目市场化运作的重要性，因此有学者认为"所谓制播分离，是指将广播电视节目制作从广播电视播出机构中以某种形式分离出来的一种市场化导向的节目交易机制"。这应该是制播分离的本质内涵。因此，所谓制播分离，是指电视节目将可以市场化运作的广电节目投入市场进行以市场为导向的交易的一种发展模式。

2．制播分离的发展历程

20世纪80年代中后期，电视节目交易市场的社会化制作开始出现并发展，除广告外的制播分离的尝试也逐渐清晰起来。

1996年，广电总局曾提出电视节目除新闻节目外实行制作和播出分离的指导意见，在此之后，中央电视台一些栏目开始尝试制播分离改革试验。1999年，广电总局明确提出要"积极推进除新闻类节目外的其他广播电视节目播出与制作的分离，逐步发挥市场机制对广播电视节目制作的基础作用"。制播分离正式作为行业管理指导意见被明确提出。

2003年，随着大陆地区体制机制改革的进一步深化，广电总局又出台了推动节目制作社会化的相关规定。此时，"制播分离"再次成为电视业关注的一个重要问题。

中央电视台继五套和八套节目实施制播分离之后，提出"除了保留新闻频道外，其他频道将逐步全部成为商业经营的专业频道，全部采取市场核算，以广告收入决定节目生存，也就是实现电视频道的商业化管理"的改革举措。在这一过程中，民营制作公司也在不断探索自身的发展路径，其中一些还获得了较快发展，譬如光线传媒，其制作的节目《娱乐现场》《音乐风云榜》等都受到观众的追捧。

2009年6月，广电总局以文件的形式向各地广电局下发了《广电总局关于推进广播电视"制播分离"改革的意见（修改稿）》。同年8月26日，广电总局又颁布了《关于认真做好广播电视制播分离改革的意见》，对制播分离改革的总体要求、范围、方式等都进行了具体的指导和说明。之后，各省级电视台都在不同程度上开始了制播分离改革的实践，制播分离再度成为热门话题。

梳理近些年制播分离在我国的发展历程，可以发现，制播分离改革深受政策因素和行政力量的影响，行政力量通过政策的实施发挥作用，几乎决定了制播分离改革的起起落落。无论是体制内的广电部门，还是民间的制作公司，几乎都是"闻政策而动"，一时的政策松动和支持便可带动电视业在市场化道路上快速迈进，但政策的不稳定性也意味着广播电视体制的改革很难一帆风顺地走下去。总体而言，市场因素自行发挥作用在这一改革历程中并未得到明显体现，当然不可否认，市场环境的愈加成熟的确使一些企业在制播分离的改革实践中获利良多，但是电视业尤其是民营电视制作机构尚需具备应对和承担风险的能力。

3. 制播分离的现实意义

我国电视节目的制播分离正从台内分离的初级阶段向社会化资源整合阶段过渡，尽管在此过程中有很多阻力，但电视节目制播分离的趋势不可阻挡。长远来看，社会主义资本的自由流动和资源的优化配置是社会发展的必然要求，也是市场经济发展的必然规律，同时也是我国电视节目事业的必由之路。因此，电视节目制播分离是我国广电领域改革的一个方向，是推动我国电视节目发展的动力。

制播分离不仅带来了媒介运作的市场化，同时还引起了管理机制的创新。具有资源优势的电视媒体以制播分离为先导，展开电视节目市场的变革，在改进电视领域宏观架构的同时，还推动了广电传媒生产关系的再造。

我国电视节目制播分离是电视领域改革的先锋力量，在我国特有的媒介生态下曲折前行。目前，我国市场经济逐步完善，制播分离政策逐渐明朗，受众的主动性与参与性呈现出细分化的态势，电视领域的革新已经启动，新媒体逐渐崛起。在这种媒介环境下，我国电视节目制播分离的大幕已经拉开。尽管我国电视节目的制播分离仍处于起步阶段，无论是市场主体的形成、制播双方的对接，还是节目营销机制都不完善，但我国电视节目的制播分离必将冲破阻碍，取得更好的发展。

二、传统媒体与新媒体的碰撞

从传播学的角度来看，媒体是指那些传达、增加、延长人类信息的物质形式。现在，随着科学技术的进步与发展，出现了很多新媒体。就目前而言，主流的传播媒介主要是四大传统媒介和一些新媒介。传统媒介主要是广播、报纸、杂志和电视，而新媒介包括数字杂志、数字报纸、数字广播、手机短信、移动电视、网页、桌面视窗、数字电视、数字电影、触摸媒体等。相对于四大传统意义上的媒体，新媒体被形象地称为"第五媒体"

随着3G时代的来临，手机媒体快速发展起来，与互联网一起，以攻城略地的气势"蚕食"着传统媒体的天下，形成了一种令人震惊的"新媒体现象"。由于处于发展的初级阶段，新媒体一方面体现出传统媒体不可比拟的传播优势，另一方面，又存在一些隐忧。

1．新媒体与传统媒体的本质区别

传播状态的区别：传统媒体为一点对多点型，新媒体为多点对多点型（所有人对所有人的传播）。

主导状态的区别：传统媒体为主导受众型，新媒体为受众主导型。

受众状态的区别：传统媒体为普通大众型，新媒体为细分受众型。

2．新媒体与传统媒体的竞争——各自的优势和特点

传统媒体常被称为平面媒体，这里的平面最初起源于广告界。因为报纸、杂志上的广告都是平面广告。确切来讲，传统媒体是相对于网络媒体而言的，是以传统的大众传播方式即通过某种机械装置定期向社会公众发布信息或提供教育娱乐的交流活动的媒体，包括电视、报刊、广播、杂志四种传统媒体。

而新媒体是相对传统媒体而言的，是指利用数字技术、网络技术，通过互联网、宽带局域网、无线通讯网和卫星等渠道，以电视、电脑和手机为终端，向受众提供视频、音频、语音数据服务、远程教育等互式信息和娱乐服务，以此获取经济利益的一种传播形式。

近年来，受网络冲击最大的传统媒体是电视。当然，电视的娱乐功能、服务功能不全受网络影响。2010年5月10日，美国一家公司的调查发现：2 000人中，看电视的人减少了23%，看杂志的人减少了20%，听广播的人减少了9%，看报纸的人减少了11%，电视观众的减少量最多。可以看出，新媒体的出现，冲击了传统媒体的发展。但是，各种媒体均有优势，有它自身的不可替代性——报纸不需要任何电子设备就能阅读，广播可以边干其他事边收听。受众在选择媒体时不存在排他性，有多种选择。另一个层面，新媒体会刺激传统媒体的发展并相互融合，传统媒体开始逐渐转型，兼容并包，扬长避短，出现网络广播、网上视频等。可以说新媒体与传统媒体相互依存。

3．新媒体与传统媒体的融合

不可否认，目前传统媒体仍是主流，新媒体还处于边缘发展状态。但是新媒体凭借强大的生命力，终将演变成传媒业的重要力量，会威胁到原有主流传播渠道的权威地位。"人无远虑，必有近忧"媒体亦不例外。面对这样的局势，传统媒体的传播状态、经营业态和生存形态必将发生复杂而深刻的变化。

面对新媒体发展所带来的挑战与机遇，传统媒体只要以与时俱进的积极姿态，按照科学的发展观探索规律、寻求对策，就能在新一轮媒体变局中取得综合优势。在发挥自己优势的同时，传统媒体也在不断吸收网络媒体的长处来充实和增强自我的竞争力，做到内容融合、渠道融合和市场融合。

互联网出现以后，报纸、电视等媒介纷纷在互联网上建立了自己的网络版、网址和网页，利用其网络化、多媒体、传播广泛等优势吸引受众。网络技术的支持，使电视节目的互动性播出成为可能。传播技术的发展，使各类媒体在竞争中不断融合、渗透，相互促进，共同发展。

相比于新媒体，传统媒体拥有令网络媒体艳羡的内容和品牌、庞大的受众群体、稳定的专业队伍，广泛的新闻来源，这都是网络媒体望尘莫及的。媒体的基石是新闻，在难以识别真伪信息的互联网时代，传统媒体有着难以匹敌的品牌公信力。网络媒体要依托传统媒体的内容和人力资源成长。新媒体和传统媒体有着各自的优势，因此两者相互融合、共生才是一个理智的必然选择。正因如此，越来越多的网络媒体和传统媒体已开始通力合作。

现在是网络的时代，互联网的发展一日千里，未来的媒体必须以受众需求为目标，以更多元化的产品和服务来满足用户在线生活的方方面面。网络媒体要有更多的创新推广形式来满足用户全方位的需求，并且可以全面整合各种推广手段，从各方面影响受众。网络媒体的互动性存在相当大的发展空间，最重要的是为受众提供了参与新闻的机会。

"媒介融合"将更加注重拓展新的盈利模式，注重低成本运作与人性化服务理念。媒介融合可以提高媒介的竞争力，使媒介获得规模经济和范围经济。除此之外，媒介融合还可以使媒介尽可能为消费者在信息消费中提供"一站购齐"式服务。这是媒介融合的动机之一，也是今后媒介融合发展的趋势之一。

三、传统电视媒体的瓶颈

随着互联网技术的不断发展，新媒体已经广泛应用于用户生活的各个角落，传统电视媒体面临着前所未有的冲击和挑战。而今，随着广电网、电信网和互联网"三网融合"的发展，各方的竞争也随之加剧，传统电视媒体受到的冲击也日益明显。

传统电视媒体受到时间和空间的限制，无法保证信息的即时性与持久性，不能无限制地传播信息。而通过新媒体，时间和空间不再是信息的障碍，形成了跨国界、跨文化、跨语言的信息虚拟空间，使用户身临其境，这是传统电视媒体望尘莫及的。

另外相对新媒体而言，传统媒体互动性不强，不能像新媒体一样最大化地开发节目内容的市场价值，不能更好地与用户互动、激发用户的热情和增加用户的归属感以及给用户提供个性化服务。

同时，在信息量方面，传统媒体如电视媒体不具备庞大的信息量，而新媒体的信息量可以用"无穷无尽"来形容，在这方面传统媒体的竞争力相对较弱。

传统电视媒体是单向播出，受众只能被动地接受电视台播出的节目内容，很难实现双向互动；而新媒体可以实现互动交流、点到点沟通，并且能够提供个性化的服务，满足消费者多样化的需求。另外，在新闻信息的及时性、持久性、大容量、传播速度、传播方式、播出范围等方面，传统电视媒体难以和新媒体抗衡。

不过，网络、手机媒体等新的媒介形式，虽然技术先进，但是面临内容缺乏的尴尬局面，而传统电视媒体长期以来形成的节目内容制作能力等占据着绝对的优势。传统电视媒体拥有丰富的节目资源以及人才优势，电视媒体依然拥有诸多的机会。

传统电视媒体作为专题内容生产者，能够提供内容整合以及信息解读的专业服务，能够抓住受众的注意力，抓住了受众注意力，也就抓住了消费者，抓住了广告主最重视的资源。传统电视媒体应通过内容优势整合媒体资源，主动实现与新媒体的互融。而随着技术的发展，传统电视媒体可以考虑加入互动内容，并实现新媒体时代的个性化和体验式特征，使两种基于不同平台的媒介能够形成协同效应，利用新媒体的技术及特点优势，共享资源，优势互补；主动突破现有的制播上的局限，牢牢抓住现有的内容资源，并以此打通与新媒体的合作通路，互相支持，优化功能并扩大彼此的影响力，实现双赢。

四、新媒体的优势

新媒体可提升新闻时效性，以网络媒体和电视媒体为例，电视的内容一向被要求时效性要强，电视台之间的竞争也主要表现为时效性的比拼。而新媒体的出现，使电视的这一优势明显削弱。电子媒体在技术上的绝对优势使其时效性远远胜过电视。

如今，许多受众已经习惯通过网络来获取信息，通过这种途径获知的新闻往往比浏览报纸、观看电视所获知的新闻新鲜很多。

电视新闻受播出时间段的限制，受众不可能在自己所希望的任何一个时间段随心所欲地接受信息。新媒体的出现则大大改变了这样的格局，受众可以在任何时间段通过网络了解国内外动态，可以通过手机接收希望获知的资讯。新媒体无形中改变了人们与生活对话的方式。

电视之所以成为大众传播媒体，是因为它使得受众得以以低廉的价格获得大量的信息。随着新技术的发展，新媒体的成本大幅度下降，无论是在信息的量上，还是在信息的价格上，电视媒体都在失去其传统优势。特别是电视的低价格还依赖于发行网络的低成本。而新媒体传输技术和终端设备技术的长足进步使得其信息价格大幅度下降，而且基本不受传输距离、范围和信息量的影响。

1. 新媒体的类别优势

据我国广电总局试听新媒体研究所负责人介绍，目前有以下几类新媒体对传统广电媒体存在影响，同时也凸显了新媒体的优势即以越来越快的速度成为人们获取信息的主要渠道。

（1）网络电视（IPTV）

网络电视是利用有线电视网或者电信运营商的宽带网络为用户提供多种交互式视频节目服务的新型电视传播媒介。也就是说，网络电视集互联网、多媒体、通讯等多种技术于一体，用户既可以通过加装IP机顶盒的电视机使用，也可以通过连接互联网的计算机使用。

其最大优点是：节目交换平台可以提供交互式和个性化的节目，使用户拥有高度灵活的时间选择和内容选择空间，可以为用户提供多种形式的交互式数字媒体服务，可配置多种多媒体服务功能，包括数字电视节目、可视IP电话、播放DVD/VCD、游览互联网、收发电子邮件，以及多种在线信息咨询、娱乐、教育及商务功能。

（2）手机电视

手机电视是利用具有操作系统和视频功能的智能手机作为电视节目接收终端的新型电视传播媒介。手机电视的最大优点是：节目包括电视、广播、网页和游戏，用户可以随身携带，随时收看，随处收看，随意收看。正因为此，手机电视被称为装在口袋里的电视机，也被称为"零距离亲密接触的流媒体"，是继家庭电视机和电脑之后的"第三块"影像屏幕。

（3）移动电视

移动电视是指可在移动状态中收看的电视，是全新概念的信息型移动户外数字电视传媒。它采用先进的数字电视技术，通过无线发射、地面接收的方法进行电视节目传播，用户可以在安装了接收装置的巴士、轮渡、轨道交通等移动载体中任意收看DVD般清晰的移动电视画面（当然也能在非移动的情况下收看）。

其最大优点是：用户可以在时速120公里甚至更高速度的运动状态下接收电视信号，并且接收灵敏度高，抗干扰能力强。

（4）数字电视

从技术特征讲，数字电视是指电视节目的采集、制作、编辑、播出、传输、接收的全过程都采用数字技术。与原来的模拟电视相比，数字电视有高清晰度的电视画面，可与DVD相媲美；有优质的音响效果，伴音更趋逼真；有抗干扰功能，画面稳定，扩展功能多，可增加上网、点播等功能。

其最大优点是：数字化以后的电视信号占用的网络宽带资源大大减少，使目前线路的传输能力由原来的几十套扩展为几百套；向用户提供的数字电视节目内容更加丰富；数字电视还可以开设增值服务，可以分成更多更细的专业频道，如汽车、房产、MTV、体育、音乐、电视剧频道等。

2. 新媒体的特点

以数字技术为代表的新媒体，最大的特点就是打破了媒介间的壁垒，消除了媒体介质之间，地域、行政之间，传播者和接受者之间的边界。

（1）媒体个性化突出

相对于传统媒体而言，新媒体做到了对受众的细分，个人可以通过新媒体定制自己需要的电视节目和新闻。

（2）受众选择性多元化

在新媒体中，人人都可以成为受众，人人也都可以充当信息的发布者，受众有了更多的选择，可以自由阅读，放大信息。

（3）表现形式的多样化

新媒体形式多样，表现形式比较丰富，可融文字、音频、画面为一体，做到即时地、无限地扩展内容。

（4）信息实时发布

较传统媒体而言，新媒体无时间限制，可以随时加工发布，轻松实现24小时在线。

五、传统电视媒体的发展措施

信息时代是一个机遇和挑战并存的时代，在未来相当长的一段时期内，我国电视节目应树立"内容渠道皆为王"的意识，走"内容为王、渠道制胜"的转型之路，在国家有利政策的扶持下，调整产业布局，加大改革力度，走跨地区、跨行业、跨媒体发展的集团化、集约化道路，实现传媒产业的跨越式发展。新媒体时代的到来，使得传统电视节目的生存和发展面临巨大挑战，在内容、速度、多样性及交互性等方面，网络等新媒体似乎都有着明显的优势。

新媒体发展的日新月异，使得媒体之间的竞争日益激烈。在电视节目采集和编辑加工环节，媒体人应更加重视电视节目资源的充分利用，通过对电视节目资源的深度开发，合理配置，实现我国电视节目的整合传播。

在这个丰富多彩的"新媒体"时代，我国电视节目必然会迎来新的发展机遇，如何抓住机遇，破茧成蝶，将关乎我国电视节目在未来的新媒体环境中能否立足。

1. 加大探索与创新，营造和谐发展空间

在新媒体带来的重压之下，我国电视节目应该承担起挽救电视的重要职责，加大自身的探索和创新，而走地方化特色发展之路。

进入21世纪后，随着技术的发展，IPTV、网络电视、手机电视等新媒体形态相继出现，其数字化、互动性、个性化的特点满足了受众日益多元化的需求，对我国电视节目造成了巨大的冲击，电视业应综合分析新媒体的优势与劣势，扬长避短，发挥自身优势，开拓与新媒体相融合的发展道路，积极营造和谐的发展空间。

2. 发挥电视内容制作的专业优势，增强行业竞争力

随着竞争的加剧，国际电视业越来越意识到内容制作的重要性，甚至有了"内容为王"的说法。我国电视业要开展"内容经营"，其实质就是信息经营，就是对以节目形式表现出来的信息产品的经营。电视业应集中资源，全面提升生产、流通、播出

有机联系的产业链格局，形成内容产业的规模化生产，努力成为各种媒介终端的内容供应商。

就新闻类电视节目而言，目前，新媒体尚未取得新闻采集资格，其80%的新闻内容都来自传统媒体，网络媒体中重要的原创新闻并不多。因此，电视媒体应当发挥自身在新闻报道上的优势，打造内容的独立性，做到观点原创、分析权威、言论精辟，准确揭示新闻事实产生的背景、原因、后果，或者给予解释、评论，发挥舆论引导的作用，吸引更多的受众。另外，电视媒体还可制作质量精良的专题片和大型纪录片，制作转播各类体育节目，最大化地发挥自身的优势。

3. 与新媒体融合，拓展发展空间

电视与新媒体融合的关键是人才和技术。电视业首先要培养一支既了解传统媒体，又了解新媒体的执行团队，并根据新媒体的特性与从业者的素质特点，制定有效的管理模式，使人才优势最大化。利用先进技术使电视更好地融入新媒体实现基于内容的电视和网络互操作，即利用电视传送节目，利用网络传送与节目相关的伴随信息，使两者之间的访问没有间隙，实现点播等功能。同时，电视业应充分发挥网络的双向交互优势，使电视具有下载、投票、调查等功能，并根据年轻受众需求，将整合、编辑、再创作的节目内容资源通过网络、手机等新媒体形式传播，将年轻的新媒体受众吸引到电视机前，提高电视台的品牌知名度，拉动经营创收。

4. 管理创新，逐步转变原有的营销及盈利模式

电视业在新媒体时代，应通过规模化、专业化和精细化的创新管理，利用按需生产、资源优化和成本控制等方式，实现降低成本、提高生产能力和生产效率的目标，增强自身的生产能力和快速应变能力。电视业与新媒体的融合，进一步推动了电视产业的管理创新，带来了营销及盈利模式的战略转型机遇，改变了电视业以电视广告和有线电视收视费为主的营销和盈利模式。面对广阔的新媒体市场，电视业应寻找最为切实可行的盈利模式突破口，力争实现新的利润增长点。电视业应构建以数字电视网为基础，满足数字视频和宽带业务受众需求的新一代电信级双向有线网络，利用数字高清等技术，提高节目播出质量，开拓以节目点击收费为主的新盈利模式，积极壮大手机电视、车载移动电视等新兴受众市场。此外，应利用节目内容资源丰富的优势，采取一方提供内容源，一方提供传播技术平台的方式，与移动通信运营商开展全方位合作，共同发展手机电视市场，实现利润共享。

五十多年来，中国的电视节目迅速发展壮大，新媒体的出现，既是对电视业的挑战也是难得的机遇，电视应保持原有的优势，扬长避短，化挑战为动力，与新媒体和谐共生，为未来的共同发展赢得更广阔的空间。

六、制约我国电视节目发展新媒体的问题

同时，我们也应该看到，这些传统媒体在发展新媒体时都没有一帆风顺的，其中

面临一系列问题，较为突出的有以下几点。

1. 体制性问题

由于我国电视节目固有管理模式的限制，导致其在体制上无法有大的创新。传统媒体大多没有灵活的管理和激励人才的机制，这也导致新媒体对人才更有吸引力。现在有一些媒体集团尝试通过成立经营性公司来发展新媒体，但已经错过了新媒体发展"先入为主"的最佳时机。要发展新媒体，老媒体必须解决机制问题。比较成功的例子是电视节目《非诚勿扰》，其将自身作为推广机器，为自己的内容所延伸的其他产业服务，如它为国内婚恋网站带来了巨大的利益，并在节目最火的时候推出了同名网络游戏，由于其管理机制灵活，激励机制明确，发展起来就不会束手束脚。

2. 赢利问题

这也是困扰我国电视节目的问题，例如关于网络视频收不收费的问题，很多专家都认为不能收费，这也使得很多网络电视、数字媒体成为我国电视节目业界的"鸡肋"，烧钱但又不能舍弃。

3. 资本问题

我国电视节目在资本运营上远没有新媒体灵活，新媒体可以通过民间资本、国外资本、风险资本等进行运作，而我国电视节目在这方面会受到种种限制。所以电视节目要大胆革新，必须通过联合、参股等多种方式募集资金，只有这样才能为发展新媒体提供资本保障。要善于利用风险投资、民间资本等来发展新媒体。

总之，在这样一个挑战与机遇并存的新媒体环境下，我国的电视节目只有坚定决心、不断革新，才有可能找到一条发展新媒体的通途，才有可能完成新媒体时代的"华丽转身"，成为现代意义上的"跨媒体"和"多媒体"，轻松应对新媒体带来的挑战和威胁。

我们的电视事业已经顺利走过了半个世纪的征程。中国的电视人无愧于我们的民族、我们的国家、我们的人民。它已经确立了现代社会最强势媒体的地位。我们应当坚持正确的方向，深入推进电视体制改革，不断提升管理经营水平，不断提高电视节目的制作和演播能力。

第二章
主持人外部技巧训练

在电视事业突飞猛进的今天，电视节目的"主持人化"，成了各电视台竞相采取的手段和追求的目标。目前，各大电视大多数栏目都采用了主持人来主持节目。随着社会的发展，同时出于职业的特殊性，电视节目对主持人素质的要求将越来越高。

本章主要通过外部技巧训练，提升播音主持专业初学者的综合素质，为接下来的分类型节目训练打下基础。

第一节　道具使用训练

大家在看电视节目的时候，经常看到，主持人不仅会运用有声语言和受众交谈，同时还会利用无声语言比如体态语、服饰语或运用道具等传播节目信息，营造更好的节目效果（图2-1）。

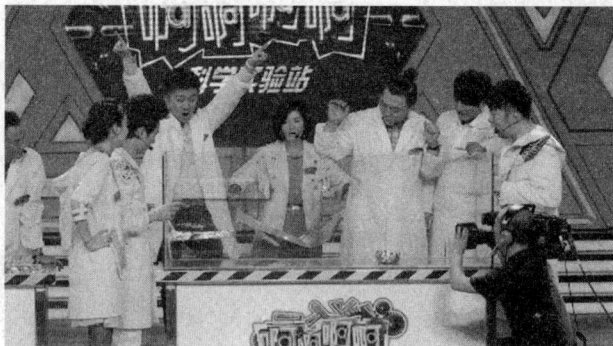

图2-1　《快乐大本营》使用的道具

在电视节目中，主持人所使用的道具属于非语言符号传播。道具，一般是指演出中用于装饰舞台，形成特定表演场所造型所需的物件。"道具为主持人节目加入了戏剧性的因素，这些戏剧性的因素将艺术环境和生活融为一体，让观众置身于超越现实的精致和平凡真实的生活之间。使用道具成为主持人进行节目构思的重要方式之一"[1]，也成为主持人用来引领谈话内容的重要器物。道具在节目中的作用有以下几点。

一、增加节目趣味性

如今，各类电视节目主持人在节目中运用道具的形式都比较常见。在这方面，中央电视台的《艺术人生》有着丰富的成功经验和实例，主持人朱军大胆使用带有戏剧因素的道具，为严肃的谈话类节目增添了趣味性，同时也使嘉宾融入现场氛围，大大增加了节目的精彩程度。

案例分析

朱军在主持《艺术人生》时，最擅长使用特别的道具来引领谈话内容，用意外的礼物来制造悬念，营造谈话氛围。在一期专访陈凯歌导演的节目中，朱军为了迅速切入陈凯歌的生活，巧妙地选择了蓝天牌牙膏、父亲的录像带、《格林童话》《唐诗300首》和来自陕西的一把黄土这样5件道具。这些对于陈凯歌具有特殊意义的物品，果然引起了陈凯歌滔滔不绝的讲述，使节目取得了很好的效果。

二、简单易懂，让枯燥变生动

在很多节目中，都会出现与专业术语相关的内容，如果主持人一味地采用有声语言去讲解，通常情况下很难将其说清楚、道明白，比如主持人如果仅靠有声语言来讲解雾霾的形成，很难让所有受众一下子就听明白。此时如果加入相关道具，甚至是采用简单的小实验来进行模拟、说明，问题就会迎刃而解。

案例分析

浙江卫视《健康最重要》一期节目中，主持人梁冬为了给受众讲清楚高血压形成的原因，节目一开场就采用了吹气球的小游戏来进行说明。

梁冬说："有个人说过一句话，他说这个世界基本上是一个伟大的比喻，我们彼此可以用这个东西去比喻别的东西。现在，我就要来做一个小小的游戏，来比喻我们的身体每天正在发生的情况。今天，我们有两位朋友，

---

① 陈虹：《论电视节目主持人的非语言传播》，《新闻界》，2005年第6期。

一位朋友请把你的气筒拿出来，她可以用这个气筒来给这个气球充气；而另外一位是用嘴来吹。而现场我们所有的朋友也都领了一个小小的气球，我们一起来吹，看谁先吹爆，好不好？好，准备，其他同学拿出你的气球，一、二、三，开始！（现场吹气球比赛）嘭！终于等到气球破了。为什么我们今天要做这个吹气球的游戏呢？重点在于它提醒我们，每一天我们的血管就像这个气球一样，也充满巨大的压力，这就和高血压有关。这个事情成了当今中国人的一个主要杀手，我们的血压怎么会升高呢？它如何在我们的身体里面形成一系列爆炸性的效应呢？今天再有请我们的沈老师来和我们一起探讨。"

节目中，主持人并没有一味地采用学术性的语言来给大家介绍高血压的形成，而是采用一个简单的小游戏，既增加了节目的趣味性，同时让大家在短时间内对这个复杂的问题有所了解，一举两得。

三、增加可信性和可行性

在电视节目中，特别是生活贴士类节目、餐饮类节目中，经常会出现主持人教做、受众学习的内容，通常节目主持人都会在现场运用道具进行讲解，一边做，一边说，达到传授的目的。试想，若主持人不采用道具，而是直接口述，那么受众接受起来将困难很多。

总的来说，电视节目主持人不仅需要充分利用有声语言传播信息，还需要采用大量无声语言向观众传递信息、交流思想和情感。尽管"非语言的符号不容易系统地编成准确的语言，但是大量的信息正是通过它们传递给我们的"。[1]

2 道具使用实训

1. 解释训练：采用道具或是小实验、小游戏，向受众介绍一些复杂的词汇，如：雾霾、粉尘污染、悬浮列车等。

2. 道具使用训练：主持一档美食节目、少儿剪纸节目、生活小贴士节目等，要求采用道具进行。

---

[1] 孙卉：《论电视节目主持人的非语言传播手段》，《新闻界》，2007年第6期。

第二节　导语串联词训练

导语串联词写作是消息类新闻节目主持人必须具备的能力，主持人只有自己参与编写稿件和串联词，才可以更好地理解稿件传递的信息，表达得更为准确。

一、导语串联词的定义

导语指消息中简明扼要表述最重要或最精彩的新闻事实的开头部分，它是消息开头的基本方式，具有点明新闻核心内容、唤起受众注意和兴趣的作用。

串联词是把节目的各部分、各种音像材料组织成有机整体的工具，是增强新闻性专题节目整体性的手段。

二、导语串联词的作用

导语是一条新闻信息的要点提示，对引导收视起着重要作用。串联词是承上启下的介绍或简短议论，对节目结构和提示收视也有重要作用。在消息类节目中，串联词多由导语充当或与导语融合在一起，在杂志型、专题型栏目中，开场白、串联词和结束语统称串联词。

三、编写导语串联词的技巧

主持人撰写或修改导语、串联词，必须建立在对编辑思想有整体深入理解的基础之上，进而准确、敏锐地把握每件消息的新闻价值和信息要点，用心寻找便于受众理解、引起受众接收兴趣的切入点，采用受众愿意接收的方式，使消息更清晰明了，更能引起关注。这样做，还有助于主持人对节目整体的把握。当前，许多电视台把主持人撰写修改导语、串联词作为提高其新闻素质的一个重要途径，实践证明此举不失为增强主持人对节目的驾驭能力及观众意识的好办法。

新闻要用事实说话，同时我们也知道，新闻事实的选择、编排中无不渗透着传播者（含作为群体的新闻机构及具体的记者、编辑、主持人）的观点和倾向。如今，将思想态度本身作为一种客观存在融入报道已成为一种新的电视报道精神，尤其在主持人节目中，客观报道和适当的主观见解相互补充显得十分自然和灵活。在传播的终端，观众在获知新闻事实时必然会有反应，有自己的认识和分析，主持人是以"朋友"式的个人身份和观众"一起"关注新闻的。那么，把自己对新闻事件的感悟有分寸地在导语中传达给受众，是顺理成章的事，把握得当，不仅能增强观众的注意和兴趣，还能在颇有"人情味"的平等氛围中，"不露声色"地强化新闻的导向性。

导语、串联词并非为主持人节目所独有，主持人节目的导语、串联词首先要遵循广播电视传播和受众接受的规律，要完成它本身的"使命"，那么，主持人节目导语的特点何在呢？其特色源自主持人传播角色的特点。主持人作为节目与受众的中介，作为沟通媒介与受众的桥梁，第一，他理应满足受众对新闻信息的渴求，作为受众的"眼睛"看到更多的东西、更宽广的世界；第二，他理应了解受众的需求及接受能力，善于为受众着想，像一位可亲可信的导航员，引领和吸引受众沿着错综复杂的新闻脉络完成新闻节目的收视（收听）活动，达到尽可能好的传播效果；第三，作为"人"这样一个丰满形象，主持人在传播新闻信息、报道新闻事件的同时，有分寸地、适当对受众流露自己的一些感受、认识和评价，不是"强加于人"，而是理性指导下的"情之所至"，这是主持人节目对以往新闻传播"纯客观"模式的"突破"，它特别注重与受众的沟通，在方便和吸引收视上下工夫，巧于选择，精于叙述，富于创造性。在具体操作上，它要求主持人能够通过自己的积累和智慧，找到节目内容与受众心理的结合点。总体而言，主持人的导语、串联词的特点可概括为：适应听觉习惯、突出重点的明晰性、扩大视野补充信息的服务性、稍加点评引发共鸣的沟通性、有机衔接巧妙转换的新颖性。

1. 导语的编写

写作导语时应突出最能表现最新事态的新闻要素，尽量用具体形象的事实，与新闻主体相互照应。

新闻节目中的导语，内容要充实具体、便于听知。其写作的基本要求为：用典型事实说话、合理配置材料、叙事繁简有致、恰当交代背景（此时要掌握恰当的度，即将导语严格控制在有助于听众正确理解的事实限度内，切忌无节制地运用背景材料）。要按照听知规律处理好导语和主体的关系。

常见的导语写法有如下几种。

（1）点指式

点指式即指出新闻的新鲜处、要点、价值。

例：今年第9号超强台风"圣帕"17日8时位于台湾东南约425公里的海面上，中心最大风力达17级(60米/秒)。目前超强台风以每小时20公里的速度向西北方向移动，预计于今天夜间到明天上午在台湾东部沿海登陆。

（2）结果式

结果式即结果先出来，使人一目了然。一般多用于赛事、突发事件等。

例：昨天，福建省晋江梅岭街道的村民们说，他们几千万的钱被人给卷跑了，并且这卷跑他们钱的就是他们村的村民陈某，而大家之所以会被她骗走钱，是因为他们参与了陈某组织的"联谊互助会"。

（3）悬念式

悬念式即给新闻找一个切入口，以悬念的方式提出。

例：上午11点，江西财经大学校内移动营业厅出现恶性砍人事件，造成1名学生、1名教职工、1名退休教师和1名附近居民受伤。但是，警方表示，嫌疑人可能不会被追究刑事责任。

（4）引言式

引言式即引用别人的话语，或者格言、俗语等，以使导语更有代表性，获得具体感。

例：金虎辞旧岁，玉兔迎新春。中共中央、国务院今天上午在人民大会堂举行2011年春节团拜会，党和国家领导人胡锦涛、吴邦国、温家宝、贾庆林、李长春、习近平、李克强、贺国强、周永康等同首都各界人士3000多人欢聚一堂，共庆新春佳节。

（5）转折式

转折式即借用转折的手法，将导语一分为二，通常前半部分为后半部分做铺垫。

例：苏迪罗台风肆虐造成严重灾情，台湾民进党主席蔡英文9日中午在脸书表示，会尽力让民众生活恢复，早日重建家园，不过焦点却意外落在PO文中的照片，出现了一双不像雨鞋的鞋子，让网友好奇留言，"这鞋好酷""快看！小英穿万元雨鞋！"也有人指出那是蚵农工作鞋。

（6）提问式

提问式即以提问的方式作为导语的结尾，旨在引起人们注意，强调报道内容。

例：最近，小伙伴们是不是被朋友圈各种"点开全文体"给刷屏或者"骗"了？闲来无事刷个朋友圈，看完前半句禁不住诱惑点开"全文"，那一刻，你的反应是不是也和（主持人）莉亚一样呢？

2. 串联词的编写

编写串联词应注意材料的逻辑性、题材的相关性、栏目的关联性、体裁的互补性。这都是针对多稿组合节目而言的，这也是新闻性专题节目的基本要求。

写作新闻性专题节目串联词时应端正对串联词的认识、明确其内容取向、把握写作的基本要求。写出来的串联词既要简单概括上条新闻实质，又要概括下一条消息的看点。因此，写作时需要寻找两条消息之间的各种联系，使它们有机衔接，自然巧妙地串联起来。写作时可寻找它们的相同点、相关点、负相关点、对比点，运用联想等手法。[1]

例：

导语：观众朋友们大家中午好！欢迎收看今天的《蓉城快报》。今天是11月6号星期六，也是中国二十四节气中的"小雪"，古籍《群芳谱》中说："小雪气寒而将雪矣，地寒未甚而雪未大也。"这就是说，到"小雪"就说明天气开始逐渐变冷了。成都从今天起，也将开启降温模式。

标题：成都今日开启降温模式

导语：小雪节气的前后，天气时常阴冷，这样的天气会影响大家的心情，不过这时是银杏最美的时候，黄灿灿的银杏已重现在成都的大街小巷和公园、校园。那么，成都银杏哪家美？现在就来为您推荐观赏银杏的最佳地方。

① 李丹：《节目主持人实用技能训练教程》，重庆大学出版社，2014年版。

标题：成都赏银杏最强攻略出炉，为你打探观赏银杏最佳地

导语：太美了！成都的朋友们周末又多了几个好去处，去观赏这些植物界中的"活化石"。但是，同样有着动物界"活化石"之称的峨眉髭蟾目前正在受到残害，因为这种濒临灭绝的物种，正成为一些人的盘中餐。

标题：峨眉山现世界级珍稀动物被餐馆当成菜肴卖给食客

2 导语串联词实训

根据指定稿件，编写导语和串联词。如根据以下新闻，编写导语和串联词并播报。

稿件：

1. 近日封锁北京上空的雾霾天气，让众多网友陷入对生存环境的忧虑之中，面对这种现象，有媒体援引古代气象志为雾霾寻找历史依据，认为雾霾"自古有之"，最早可以追溯到元代。这篇文章给不少网友造成一种印象，即对人类活动影响的"开脱"。对此，专家认为，现代的雾霾和古代有关霾的记载不是一回事，需要做概念区分。

2. 《最高人民法院关于审理利用信息网络侵害人身权益民事纠纷案件适用法律若干问题的规定》已于今天起实施。司法解释规定，网络用户或者网络服务提供者利用网络公开自然人个人隐私，被侵权人请求其承担侵权责任的，人民法院应予以受理。专家表示，这加大了对被侵权人的司法保护力度。

3. 重庆爱博艺术团的奶奶们曾参加过《出彩中国人》《中国达人秀》等节目。昨天日上午，12名花样奶奶来到重庆某整形美容医院，宣布要整形。谈起整容的原因，奶奶们表示，随着年龄的增长，眼袋、皱纹等各种问题让大家非常苦恼，曾参加过《我要上春晚》的花样奶奶们，希望今年能够继续参加该节目，并冲刺最终的羊年春晚。

4. 上海福喜食品有限公司是麦当劳、肯德基、必胜客等国际知名快餐连锁店的肉类供应商，这家公司被曝通过过期食品回锅重做、更改保质期标印等手段加工过期劣质肉类并销售给各个快餐连锁店。20日晚，上海市食药监部门表示，已经连夜对该企业进行查封。

5. 居住在英国兰开郡莫克姆的诺埃尔·拉德福德和妻子休·拉德福德的家庭是英国最大的家庭。"超级妈"休39岁，丈夫诺埃尔43岁。休14岁时怀上克里斯，从此一发不可收拾，连生17个孩子。今年7月，休未能保住腹中胎儿，但是不到半年又怀一胎。这么大的家庭，他们却没有向政府申请任何额外补助，对此夫妻二人表示很欣慰。

6. 作为2014海峡两岸乐活节的系列活动之一，以粉红为主题，旨在打造一场服务女性、关注女性的粉红盛典，也是目前国内唯一的只由女性参加的半程马拉松比赛，主要赛事包括半程跑、五公里迷你跑、粉红丝带公益跑等，共有3 000人参赛。台湾明星夏如芝、陈怡良、陈韦利，祖国大陆演员梁静也将参与粉红跑，为女马站台助威。

7. 昨天晚上，浙江绍兴市区迪荡新城胜利东路，一辆保时捷跑车停在路边，一小伙子和一姑娘下车打算摆摊叫卖。不过他们的行为被城管发现并予以制止。据开车小伙子介

绍，这车是父母刚刚买的，但是总不能连油钱也问父母要，摆摊就是为了赚点油钱。

8．近日，来自河北石家庄的独腿小伙邱义松带着母亲来到杭州，在西湖边合影留念。现年27岁的邱义松在2010年7月份的一次车祸中失去了左腿。今年7月，他开着一辆自动挡汽车带着母亲开始游遍全国的尽孝之旅。在途中，他制作了一面印有中国地图的旗子，每到一地，他就请当地旅游部门盖一个章，还会请有缘人在日记本上留言，记录那些感动的瞬间。

学生作品：

主持人：叶铮

早间新闻，整点播报，新闻资讯，及时送达。欢迎收看今天的《早间快报》，我是叶铮。网络的发展为人们的交流和沟通提供了方便，同时也存在着许多不安全因素，很多人的切身利益受到了侵犯，而那些被侵权的人却面临着起诉难的问题。近日，最高人民法院就人身利益损害问题做了司法规定。

正文：《最高人民法院关于审理利用信息网络侵害人身权益民事纠纷案件适用法律若干问题的规定》已于今天起实施。司法解释规定，网络用户或者网络服务提供者利用网络公开自然人个人隐私，被侵权人请求其承担侵权责任的，人民法院应予以受理。专家表示，这加大了对被侵权人的司法保护力度。

导语：相关部门对网络安全做出的规定，让人们松了一口气，但同样是关乎人们切身利益的食品安全现状不容乐观。近日，记者发现上海福喜食品有限公司存在采用过期变质肉类原料的行为。

正文：上海福喜食品有限公司是麦当劳、肯德基、必胜客等国际知名快餐连锁店的肉类供应商，这家公司被曝通过过期食品回锅重做、更改保质期标印等手段加工过期劣质肉类并销售给各个快餐连锁店。20日晚，上海市食药监部门表示，已经连夜对该企业进行查封。

导语：食入过期变质的食品会严重损害人们的身体健康，而影响人们身体健康的除了食品，还有空气。首都北京的雾霾一直没有散去，媒体称北京雾霾天可追溯至元代。

正文：近日封锁北京上空的雾霾天气，让众多网友陷入对生存环境的忧虑之中，面对这种现象，有媒体援引古代气象志为雾霾寻找历史依据，认为雾霾"自古有之"，最早可以追溯到元代。这篇文章给不少网友造成一种印象，即对人类活动影响的"开脱"。对此，专家认为，现代的雾霾和古代有关霾的记载不是一回事，需要做概念区分。

导语：面对雾霾，只有行动起来，才能有所改善。近日，在厦门海沧，海峡两岸的同胞为了改善健康现状就积极地行动起来，举行了首届海峡两岸女子半程马拉松比赛。

正文：作为2014海峡两岸乐活节的系列活动之一，以粉红为主题，旨在打造一场服务女性、关注女性的粉红盛典，也是目前国内唯一的只由女性参加的半程马拉松比赛，主要赛事包括半程跑、五公里迷你跑、粉红丝带公益跑等，共有3 000人参赛。台湾明星夏如芝、陈怡良、陈韦利，祖国大陆演员梁静也将参与粉红跑，为女马站台助威。

导语：明星站台为此次活动增加了看点，传递出了正能量，而同样可以称为明星的12位近60岁的老奶奶为了上春晚决定集体整容，她们所传递出的是正能量么？

正文：重庆爱博艺术团的奶奶们曾参加过《出彩中国人》《中国达人秀》等节目。昨天日上午，12名花样奶奶来到重庆某整形美容医院，宣布要整形。谈起整容的原因，奶奶们表示，随着年龄的增长，眼袋、皱纹等各种问题让大家非常苦恼，曾参加过《我要上春晚》的花样奶奶们，希望今年能够继续参加该节目，并冲刺最终的羊年春晚。

导语：老奶奶们为了上春晚而整容到底是对是错，我们难以评估，但是开着保时捷摆地摊的小伙子让我们有些哭笑不得。

正文：昨天晚上，浙江绍兴市区迪荡新城胜利东路，一辆保时捷跑车停在路边，一小伙子和一姑娘下车打算摆摊叫卖。不过他们的行为被城管发现并予以制止。据开车小伙子介绍，这车是父母刚刚买的，但是总不能连油钱也问父母要，摆摊就是为了赚点油钱。

导语：面对开豪车摆地摊的做法，很多朋友表示难以理解，而接下来的这位80后所做的事，很多人恐怕难以做到。

正文：近日，来自河北石家庄的独腿小伙邱义松带着母亲来到杭州，在西湖边合影留念。现年27岁的邱义松在2010年7月份的一次车祸中失去了左腿。今年7月，他开着一辆自动挡汽车带着母亲开始游遍全国的尽孝之旅。在途中，他制作了一面印有中国地图的旗子，每到一地，他就请当地旅游部门盖一个章，还会请有缘人在日记本上留言，记录那些感动的瞬间。

导语：儿子的孝心必定让母亲感动，让母亲欣慰。居住在英国的休同样很欣慰，因为她将迎来她的第18个孩子。

正文：居住在英国兰开郡莫克姆的诺埃尔·拉德福德和妻子休·拉德福德的家庭是英国最大的家庭。"超级妈"休39岁，丈夫诺埃尔43岁。休14岁时怀上克里斯，从此一发不可收拾，连生17个孩子。今年7月，休未能保住腹中胎儿，但是不到半年又怀一胎。这么大的家庭，他们却没有向政府申请任何额外补助，对此夫妻二人表示很欣慰。

用中国的俗语来形容这个英国的大家庭的话就是儿孙满堂，也希望这个大家庭能够一直幸福下去。好了，以上就是本期节目的全部内容，我们明天同一时间再会。

第三节　提词器训练

大家平时在看新闻播报类节目，比如中央电视台和各地方电视台的《新闻联播》时，会发现主持人不用低头看稿，一直面向摄像机进行对话。一些"外行"的老百姓都很佩服主持人"过目不忘"的技能，觉得他们的背诵能力实在厉害。其实，主持人仅仅是在看提词器而已。不少受众会觉得，主持人在看提词器，可是为什么大家都看不出来他是在照着文本播报呢？这是因为主持人"看"提词器有一定的方法，掌握好这些基本方法后，就能较好地"看"提词器了。

一、提词器的定义

提词器是电视台演播室专用的一种文字辅助工具，在新闻、综艺娱乐等节目的录播或者直播中常常用到，特别是电视新闻节目中，运用提词器的机率最高。电视新闻节目是一种语言、文字都非常丰富的节目，而且时效性、权威性突出，因此在节目中不允许主持人有语言上的错误，提词器的出现无疑给新闻节目主持人提供了很大便利。目前，这种专业的文字辅助工具，在我国自中央到地方的各电视台已经得到普遍使用，使主持人不用低头看稿，直接抬头与受众进行交流，提高了节目的播出质量。

二、常用的提词器种类

目前，电视媒体常用的提词器主要有两种，一种是通过摄像机录下稿件内容与提词器连线显示在屏幕上，其原理和投影仪相似；另外一种是把稿件事先输入电脑中，然后将其转换显示在提词器上。在节目录播或直播中，提词器、摄像机、主持人在同一轴线上，主持人只要看镜头就能清楚地看到提词器上的文字。电视机前的受众则只会看到主持人，其他工具都不会出现在电视画面中（图2-2和图2-3）。

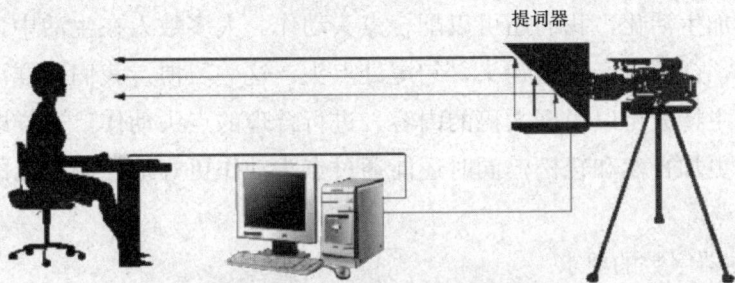

图2-2　使用提词器的场景

图2-3　提词器

三、看提词器的方法

前文中提到，提词器已经在我国各电视台广泛运用，但我们在看电视节目的时候很难发现主持人是在"看着"文字主持节目，为什么他们能让受众感觉他们在和自己交流，而不是在看着文字进行播读呢？原因在于"看"提词器的方法上。

有的人在生活中阅读一段文字时，喜欢逐字逐句地阅读，经常会出现读一个字点一下头的习惯。初学者在进行看提词器的时候，往往容易出现视点落到"字"或"词"上，或是动眼球看字的问题，再或者就是身体僵硬的情况，这都是因为不会"看"提词器造成的。接下来，本书将对新闻节目中看提词器的方法进行说明。新闻节目中，镜头往往给主持人推得比较近，主持人的每一个小动作都会比较明显，因此，新闻节目中看提词器是一件有难度的事。

1. 提词器操作要领

（1）视点位置及应避免的问题

为符合人们正常交流的习惯，播出中主持人的目光应集中于提词器中部，使得视点适中；在看提示器的过程中，应避免眼珠的大范围活动，应该采用头部带动眼睛去看的方法，并采用"之"字形走动，同时避免眼珠活动速度过快，造成眼神闪烁；应避免眼睛过于用力地看提词器屏幕，出现呆滞无神的画面效果。

此处所指的"之"字形看提词器，并非指左右摆动头部观看，因为这样会使主持人的头部机械化运动，这里的"之"字形应该是有弧度的"之"字，同时，为了让主持人看起来更加生活化，我们还可以配合点头动作。大多数人在生活中，说话的时候都有一个习惯，会在重音或是句头、句尾处点头。这一习惯，我们同样可以带到提词器的使用中，主持人可以根据文稿的内容，进行合理的点头动作，这样既能让主持人的肢体看起来更加自然和轻松，同时还能通过点头动作更好地控制自己的眼球，同时自如地转换视点。

（2）提词器字数的要求

通常，提词器上的文字字体最大时，每行可有7个字，字体最小时，每行可有十几个字。若非提词器离主持位置太远或主持人的视力较差，看不清提词器上的文字，那么提词器通常保持每行9～11字（包括标点符号）。每行字数太少，要看好几行才能表达一个完整的语句，每行字数太少，不易于心理过度，不利于播出中的语气安排。每行字数太多，既小又密，容易看花眼、看不清楚，引起主持人心理紧张，提高播报错误率影响播出质量。播出过程中不应忽视播出中稿件每行字数设定多少的问题。整体把握的原则应是眼快看、心紧跟，有表达处理的提前准备。

2. 提词器播出中意外问题的处理

提词器播出依靠机器，难免出现各种突发情况。为了尽量减少意外带来的被动情况，电视新闻节目主持人应当做到以下三点。

①增强工作责任心，认真备稿。新闻节目主持人应提前到岗，在全部新闻没有编辑完时，抓紧时间准备已有稿件，包括搭档的稿件，出一条看一条。同时，要提前浏览即将播出的电视新闻片，做到了解内容、心中有数。

②做好两手准备。新闻节目主持人应养成良好的直播习惯，每次播出时一定要将全部纸质稿件（包括自己和搭档的稿件）都带进演播间，随时准备应付突发情况。

③新闻节目主持人平时应多用心搜集同行处理各种突发情况的案例并设想应急措施。①

2 提词器实训

采用看提词器的方法完成节目的主持，注意头部、眼部的控制。

第四节　深度挖掘话题训练

一、挖掘话题的必要性

有人在的地方就有话题，有事情发生的地方就有话题。社会热点之所以成为热点，是因为受众的关注。受众关注的点，就是需要挖掘的话题，这既是对社会的回应，也是对事件的思考。同时，话题的方向是否正确，直接决定了媒体的影响力，也会影响电视媒体的公信力，只有深入挖掘话题，才能在众多热点中立于不败之地。

通常情况下，新闻话题包括三类，第一类是普通人身上发生的不普通的事；第二类是不普通的人身边发生的普通的事；第三类是不普通的人身上发生的不普通的事；"人"和"事"是新闻的两个主要构成因素，这两个要素中的任何一个只要具有不平凡性、典型性、显著性，就可成为新闻话题。由此，挖掘话题有两种方式，一个是以事件为中心，努力挖掘与此相关的内容，另一个是以人为中心，努力挖掘与此相关的内容。

新闻事件中有了人物的出现，会更具震撼力。因为某一新闻人物的出现而引发某一新闻事件，新闻内容会变得更具说服力，也会变得更有价值。这时"人"和"事"两个构成因素就产生了。例如，山西省的晋城电视台有一档新闻访谈节目叫《行风大

---

① 李丹：《节目主持人实用技能训练教程》，重庆大学出版社，2014年版。

家谈》，这一档新闻节目是以事件为中心来反映新闻事实的。该节目主要是通过记者走访调查，努力发掘存在于普通民众中的问题，并将这些问题通过电视媒介当众提出来，然后找相关人员或部门当场解决。这些问题涉及普通民众与政府的关系，也涉及民众与企业或商家的关系。可见，这一档节目具有新闻性、社会性和故事性，节目中的话题值得深入挖掘。

兰州电视台有一档电视节目叫《民情民生》，在"城区限狗该不该"这一期节目中，记者对与此事件相关的人物都进行了采访，包括养狗的人、不养狗的人以及一些行政执法人员，通过调查，记者了解到了养狗的人和不养狗的人的不同看法，也了解到了行政管理执法人员对这一事件的看法。这一档新闻访谈节目向我们展示了新闻事件的特殊性和人物的主观性，揭示了新闻人物是如何造就新闻事件的。

主持人作为节目的核心，作为访问者，不仅要善于发现新的话题，深度挖掘真相，合理把握谈话，更要承担起串联整个电视节目的重任，并且要对社会热点话题有自身的见解，进行深度的评论。新闻的基本素养对于访谈型主持人是必不可少的。

二、主持人发现"亮点"的方法

1. 具有职业敏感性

新闻最大的亮点在源头，也就是新闻的发生地。这要求主持人具备对新闻的敏感性，及时出现在新闻现场。北京电视台的一位节目主持人，在给听众报完当天下午的天气预报以后，他是这样说的："由于今天下午有中雨，本来预定的一次采访我也不去了，请外出的朋友不要忘记带雨伞。"且不谈这位主持人有没有必要谈自己的私人安排，但就此事本身，足见一位新闻工作者的素质，应该采访的新闻只因天气变化就不去了，根本谈不上新闻敏感，更何谈发现亮点？同样是这个电视台的一个记者，当北京一个商厦午夜里起火的消息传来，他放下手里的工作第一个出现在现场，抢在其他新闻工作者之前拿到了第一手资料。更可贵的是，他冒着生命危险，报道了最后一位工作人员离开现场的情况。虽然这是个常见的新闻事件，但是由于这位记者的敏感性和及时性，第一时间把事件呈现出来，这就成了亮点。应该说，及时出现在新闻现场是主持人采访中发现亮点的重要前提。

2. 把握开场

主持人在一开始问候的时候，可以通过精心设计的问题或开场白，引导嘉宾进入自己预设的话题，从而为发现亮点提供更多可能性。具体操作时，主持人一般要先抛给嘉宾一个看似随意却又有一定目的的小问题。例如：鲁豫在采访导演王家卫时的第一个问题是："王导无论走到哪里都戴一副墨镜，如果你摘下墨镜，大家是不是就认不出你是王家卫了？"这个问题乍一听挺幽默，达到了制造现场气氛的目的，但又从一个侧面指出了嘉宾的一种生活习惯。这一习惯可能又会引申出嘉宾的性格特点和人生态度等。主持人将这种简单的问题抛给嘉宾，是为了能和嘉宾擦出言语的火花，从而发现有价值的信息。所以对主持人来讲，一定要把握好节目一开始的提问机会，利用机智和小幽默来引导嘉宾说出有价值的信息。

3. 捕捉细节

亮点隐藏在细节里。细节对深化新闻主题起着明显的作用，观众也可以借此透过现象看到事件的本质。细节可以更深刻地反映事件或者人物的本质，更好地表达主题。优秀的主持人擅长抓住细节，因为细节往往能折射出一些隐藏在背后的信息。

要捕捉到重要的细节，首先要多询问。通过询问，可以重现事件发生时的情景，捕捉细节。其次要多观察。记者在访谈中要多留意嘉宾的言语、表情和动作，勤观察，注意挖掘细节。再次要多思考。访谈过程中，可以问，可以留心观察，但是有些细节隐藏较深，不能直接获取，这时主持人就要多思考深层次的细节。

案例分析

　　《面对面》的一期节目"芦山地震中的身影"中有一个故事，一辆救援车在途中发生侧翻。主持人王宁采访了亲身经历此次意外的一个战士，主持人询问了一共多少辆车、多少个战士、这名战士当时的位置及车发生侧翻时战士身体上的一些感觉，将具体的感觉放大。这些细节性的提问，让观众觉得十分真实，感同身受。

4. 发散思维

主持人应用发散的眼光去"点题"，切中要点，捕获亮点。例如，一位主持人在一档科技节目里谈到水的时候说："水，无处不在：沟渠、江河、海洋，乃至云雾、虹霓、雨雪、冰霜都是水。水，形态不定：或潺潺淙淙，或滚滚滔滔，或浩浩荡荡。水极其平凡，但又十分宝贵：动植物缺了它，生命就无法延续；工业农业少了它，生产就会停顿。水比棉柔软，比钢坚硬：坚持不懈，滴水可以穿石；团结一致，涓滴可以成海……"再比如，杨澜当年考《正大综艺》主持人的时候考官问她："你敢不敢穿三点式？"她的回答是："这不是个敢不敢的问题，而是一个得不得体的问题。如果在美国西海岸的浴场上，穿三点式是很正常的事；如果在一个民风淳朴的山村大街上，穿三点式是对那里人感情的一种亵渎；如果在浴池里，穿三点式纯属多余。"

案例分析

　　2012年的9月30日是中秋节，也是我国首个高速公路节日免费通行日。这个政策一出，社会关注度极高，因为老百姓可以开私家车回家团聚了，减少了费用和时间。可免费政策也带来了弊端，白岩松在《新闻1+1》节目里形容为"史诗般的拥堵"。网络上也充斥着对这一政策的质疑，浙江新闻网评论说"新政需要考虑周全"。而白岩松认为："其实我既不同意免费政策非常糟糕这样一种看法，也不同意今后全国所有的高速都应该免费。大家想想看，我们现在的基础建设还没到这个地步，如果全部免费的话，就不会再有投资去做相对偏远或者贫困或者二三线地区高速路网这样一个建设，这会变得非常糟糕。"跟前者相比，后者更体现了这一社会热点话题的价值。

三、深度挖掘话题的方法

有人曾将挖掘话题比喻为采矿，访问者就像是采矿者，面对被访者提供的反馈信息，访谈者的工作就是挖掘它。要掌握深度挖掘话题的方法，首先要领会话题"深度"的内涵。

第一层面是"深入"。深度访谈并不单纯指访谈者与被访者重复的面对面地接触，更主要指的是访谈双方的交流是自由的、轻松的、无障碍的。深度访谈没有事先统一的问卷，没有标准的提问顺序，其访谈话题多半是一个大范围或一个题目细化后的访谈提纲，由访谈者与被访谈者在这一范围内就访谈提纲自由交谈。双方围绕一定的题目，可从历史到今人，从原因到结果，从现象到本质，从个人到他人，从家庭到社会，进行广泛而深入的交谈和讨论。访谈者可从中获得大量与研究问题有关的社会背景材料和访谈对象在这一背景中的所思、所言、所为。

第二层面是"深信"。在访谈的深入交流过程中要重视被访者的说法，主动理解被访谈者的个人感受、表达与解释。访谈者和被访者之间是平等的关系，访谈者不是操控访谈历程，而是引导访谈过程，被访者不是被研究的对象而是研究信息的提供者。访谈者应事先准备部分的访谈信息，以中性的语言提出研究的问题，对于被访者的回答，无须做出反馈或评价，亦不能进行诱导，更不必去迎合或说服访谈者，应当始终保持中立的立场，访谈者只有以客观的、尊重的态度才有可能从被访者身上得到真实而深入的信息。

第三层面是"深究"。在深入访谈的基础上，面对真实的、丰富的访谈材料，访谈者要善于去伪存真，探索隐藏在表面陈述中的深刻意义。深度访谈的重点不仅是得到被访者的陈述，而且要透过被访者的陈述材料，探索其中折射出来的被访者对某次活动、事件、现象的多元观点。[①]在立足深入、深信、深究的基础上，可以尝试从以下方面着手展开访谈。

---

① 陈斐：《深度访谈的障碍及其引导原则》，《新闻爱好者》，2009年第1期。

1. 采取与众不同的提问方式

新闻访谈节目的主要形式是主持人对嘉宾的访谈。通常情况下，是将几个特邀嘉宾作为新闻访谈的对象，而且这一过程在一个与外界隔绝的环境中进行，通常不会受到外界的打扰。而针对事件的访谈，其新闻访谈环境会随着事件的变化而发生一定的变化，其访谈嘉宾也会发生相应的变化。比如，新闻访谈节目"城区限狗该不该"中，接受采访的人包括城市养狗的人、专业养狗的人员、反对养狗的人以及一些行政执法人员，这些人被集中安排在演播大厅参与访谈活动。而新闻访谈节目"城市养狗人"中，记者除了对某些养狗人士进行采访以外，也采访了他的家人、邻居、朋友等，而且随着采访对象的变换，采访环境也会随之变换。为了使新闻访谈节目话题的内容能够被挖掘得更深，主持人就需要恰当地选择提问方法。通常情况下，主持人选择的提问方法是"打破砂锅问到底"，他们会向受访者不断提出疑问，以使新闻话题的内容被挖得更深。[①]

2. 层层递进追问话题

就像孩童喜欢问为什么一样，访谈型主持人也要具有质疑精神。在节目主持中，追问必不可少，每一条线索背后都有更多的新闻，追问到各个点，串联起来，就是一整条线。如何把点串成线，就需要记者的逻辑思维了，一般的主持人只能达到就事论事的层面，而访谈型主持人就不能把事实"点"进行简单堆积，而要在"点"中找到相关联的逻辑，按照逻辑串联成"线"，如此层层推进，就能挖掘更加丰富的价值。如原央视主持人王志在节目中环环相扣、针针见血的提问令人叫绝，这样的采访才能抓住实质性的东西。特别是在舆论监督报道中，如果记者的提问含糊其辞，模棱两可，舆论监督的效果就会大打折扣。也就是说，在任何困难、复杂的情况下，记者都要挖掘出自己需要的材料。提问是记者寻找新闻资源所要突破的第一道防线。深入追问的记者会毫不犹豫地提出可能让被采访人感到困窘的问题，但这种问题极易刺激对方，往往是揭露和牵出事实的"导火线"，从而引发出爆炸性新闻。

以下是主持人白岩松在《新闻会客厅》中采访西班牙足球豪门皇家马德里俱乐部主席弗洛伦蒂诺时的节目开头，通过对话我们可以看到主持人是如何巧妙地设计切入点，又是如何不断排除嘉宾干扰，获得有效信息的。

白岩松：您是否认识维拉潘先生？跟他的交情怎么样？

弗洛伦蒂诺：不认识，我不认识他。

白岩松：您听听他说了一些什么。

（维拉潘的录像资料：我不喜欢皇马向中国收取高额的费用。亚足联反对那种只为了钱，不是为了实现美好的心愿，不是为了足球的球队……）

白岩松：这是他在接受我的采访时对我说的，我想您肯定非常想解释。

---

① 王立进：《刍议电视新闻访谈节目话题的挖掘》，《广电传媒》，2014年第2期。

从谈话中可以看出，白岩松是想知道弗洛伦蒂诺对有人指责皇马俱乐部在中国踢球收取高额费用，为赚钱而踢球的说法持有怎样的态度。但是如果从谈话一开始就抛给对方这样的问题会让对方很反感，甚至拒绝回答。但是主持人巧妙地以"你是否认识维拉潘先生、跟他交情怎么样"来切入，既放松了嘉宾的警惕心理，营造了轻松气氛，同时也为后面的关键提问做好了铺垫。而当维拉潘的录像放完，作为皇马主席的弗洛伦蒂诺看到亚足联主席发表有损自己俱乐部的言论，肯定要做一番解释，无论是真相也好，还是辩解也好，这时他的言论是他主动要表达的，而不用主持人求着他说。

继续看下面的对话：

弗洛伦蒂诺：我想跟你说的是，我尊重个人的观点。但是我觉得他弄混了一些问题，皇家马德里到一个地方，它带来的经济效益远比我们拿走得多。去年在纽约……

白岩松：如果中国开出的价格不是很高的话，会不会你选择的是去日本而不是中国呢？

弗洛伦蒂诺：不是这样的。在每次皇马参加比赛的时候，有电视转播收入、门票收入，我们会收取一定的费用，得到一笔收入。但是它实际上产生的费用要比我们拿走的多。

我们看到弗洛伦蒂诺对有损于皇马的言论进行了反击，可见前面主持人的问题设计是成功的。但是弗洛伦蒂诺一味地用"皇马带来的经济效益远比他们拿走的多"来做解释，这显然是在力图避开"皇马是否收取高额费用"这一关键问题。所以白岩松便抛给对方一个更直接、更尖锐的问题："如果要是中国开出的价格不是很高的话，会不会你选择的是去日本而不是中国呢？"而弗洛伦蒂诺仍没有直接回答，依然强调经济效益多与少的关系。

面对这样有经验的嘉宾，主持人要如何发问才能得到他一针见血的回答呢？继续看对话：

白岩松：可不可以开一个更低一点的价格呢？你知道中国并不富裕。

弗洛伦蒂诺：我们来这里不是为了赚钱。有很多人出更多的钱让我们去比赛，我们定的价格符合当地人的要求。我们主要的目的是来中国，能够赢得中国球迷、中国人民的心。

看上去主持人像和嘉宾开玩笑一样讨价还价，可这个问题却是主持人代表全中国的球迷、广大中国观众在发问。所以弗洛伦蒂诺也只好放下居高临下的架势来表达他选择中国的原因。从这段对话中可以看到，从播完亚足联主席维拉潘的录像后，白岩松的每个问题都是尖锐的，却又是广大中国观众、中国球迷最关心的。在像这种嘉宾话语四平八稳，没太多争议的情况下，主持人必须深入挖掘，不断将问题细化，才能发掘出嘉宾的言下之意和言外之意。

3. 联系背景挖掘话题

背景材料主要是通过节目中穿插的视频来展现，它的作用不仅在于保证主持人准确地把握谈话思路，更重要的是支撑节目的深度。深度挖掘背景，使观众了解了原因，也给予了观众思考的空间。话题的深度要靠事实来反映，背景材料就是拓展深度的重要环节。背景材料的合理应用能增加新闻的故事性。新闻背景材料可分为有关事件的背景材料和有关人物的背景材料。事件背景材料就是要探究新闻背后不为人知的事实，而人物背景材料则要充分展现人物的独特经历和人物性格。不管是人还是事，背景材料都应精炼地展示新闻背后的新闻，这要求主持人在节目的前期对新闻事件和新闻人物进行深入的调查。

4. 反向辨析思考素材

有时，我们可以通过反面思考来分析事件的影响或者是后果。在反面思考的基础上，再深一步挖掘，对事件的另一种意义进行深度研究。比如，一档访谈节目提到"单独"二胎政策，拿开放"单独"二胎政策来说，对一部分"单独"家庭来说，多了一个孩子，就多了一个依靠和保障，而在国家层面，也能促进人口的长期均衡发展。而反过来看，每年不多的人口增加量，对老龄化的影响微乎其微，而且产假、生育方面的补助会增多。主持人要还原事实的真相，给观众以思考或反思，深度挖掘素材，最后得出一个结论，来深化主题。

5. 制造争议引向深入

观众之所以锁定一个节目，不是要看嘉宾、现场观众互相恭维，而是希望从节目中得到真正有价值的信息和意见，看到观点的碰撞与交锋。这就要求主持人要在恰当的时候制造对立的观点，从而引发嘉宾的争辩。作为主持人应该如何制造分歧，引发嘉宾之间争论呢？经常收看新闻事件访谈节目的观众会发现，只有当嘉宾对新闻事件持有不同的意见和看法，并且彼此不愿接受对方的观点时，他们就会为自己的观点进行辩解，而这个时候现场的气氛就会因嘉宾之间的争论而迅速升温。在节目进行中，主持人要善于不断地发掘分歧和制造分歧，引起嘉宾争辩，提升现场气氛。在这一方面最具代表性的是凤凰卫视《一虎一席谈》的主持人胡一虎，他不仅善于在嘉宾之间制造分歧，引发嘉宾观点的碰撞，而且善于对嘉宾之前的观点提出质疑，或者是提出其他具有代表性的观点来请嘉宾进行分析。当嘉宾感到自己的意见受到挑战时，他自然就会努力为自己的观点进行辩论，而这个时候，火热的现场讨论气氛也就随之而来，整个话题的深度就会愈加深入。

2 深度挖掘话题实训

1. 请说出报纸的用途，看谁说得多；请想想老鼠有什么"贡献"；假如你必须在肖邦和希特勒之间选一个作为终身伴侣的话，你会选择哪一个，为什么？（参考：①打草稿、练书法、卖废品、生煤炉、剪鞋底、糊墙壁等。②每年医学研究需要4亿多只动物，老鼠占90%。很多新药都是经过老鼠试验才发明出来的，挽救了千万人的生命。③惯常人都选择了肖邦，答案显得没有特色，一个参赛选手回答："我会选择希特勒，如果我嫁给希特勒的话，我相信我能够感化他，那么第二次世界大战就不会发生了，也不会有那么多的人家破人亡。"这个巧妙的回答赢得了人们的掌声）

2. 话题接龙：每个人围绕话题说一句表达自己观点的话，但必须接着前一位的最后一个字说下去，允许谐音。比如，围绕"媒体的炒作是对自己社会责任的放弃"这个话题，从"我"字开始练习。

第五节 多机位训练

随着电视媒体的飞速发展，单一镜头拍摄下的视觉观感已逐渐不能满足受众日益提高的审美要求，如今，大多数电视节目都采用了多机位拍摄方式。多角度、多景别的画面降低了受众的视觉疲劳，增强了视觉冲击感，提高了节目可看性。与此同时，多机位拍摄对主持人提出了更高的要求，比如主持人要不要转换机位？应在何时面对哪台摄像机？什么时候该进行转换？主持人在节目中应该如何应对多机位拍摄呢？本节将介绍主持人需要应对的多机位方式及具体操作方式。

一、多机位拍摄的定义

电视多机位拍摄又被称为EFP，即电子现场制作（Electronic Field Production）。它是以一整套设备连接为一个拍摄和编辑系统，进行现场拍摄和现场编辑的节目生产方式。EFP也是电视技术迅速发展的产物，它的必备技术条件是一整套设备系统，包括两台及两台以上的摄像机、一台及以上的视频信号切换台、一个音响操作台及其他辅助设备（灯光、话筒、录像机运载工具等）。

电视多机位拍摄方式广泛应用于电视台各类新闻直播录播节目、演播室节目以及各类晚会的直播或录制、企事业单位的各种会议、讲座培训等各种大型活动的拍摄和制作。在拍摄中，导播在现场进行机位设置、镜头调度、切换剪辑，进而同步播出或录制。在导播切换的同时，每台摄像机上所安装的提示灯也会相应亮起，而主持人则根据提示灯的变换进行相应的机位转换（或者是导播根据主持人的动态来进行切换）（图2-4和图2-5）。

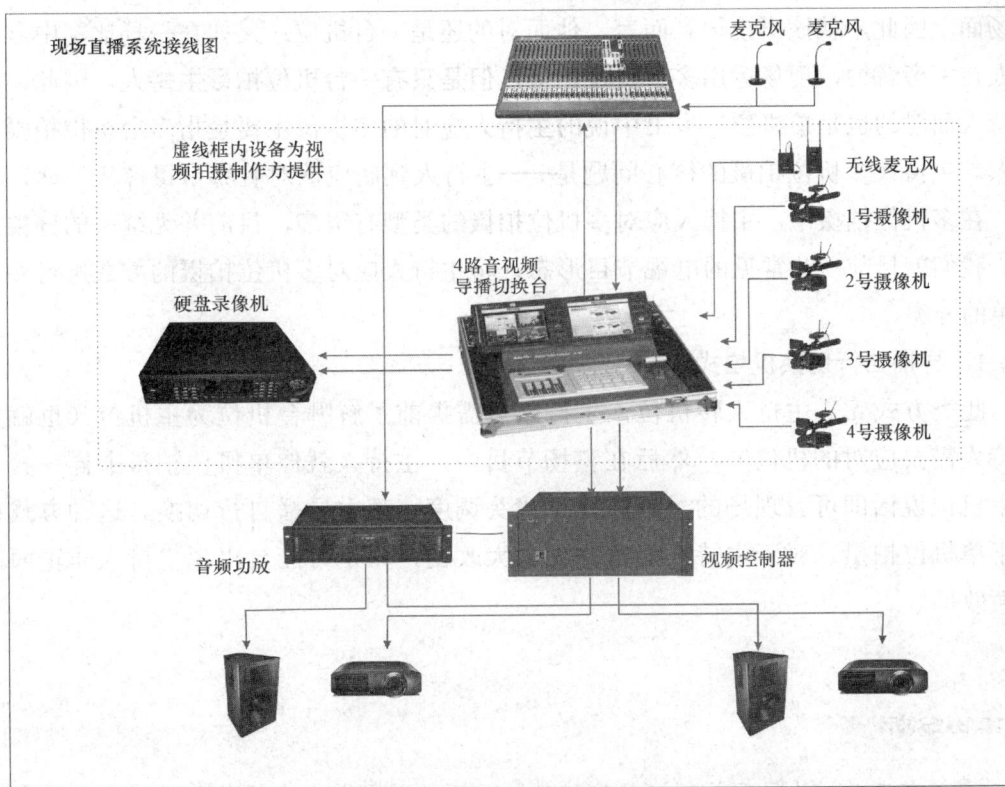

现场直播系统接线图

虚线框内设备为视频拍摄制作方提供

麦克风　麦克风

无线麦克风

1号摄像机

2号摄像机

3号摄像机

4号摄像机

4路音视频导播切换台

硬盘录像机

音频功放

视频控制器

图2-4　现场直播系统接线图

图2-5　多机位拍摄

二、多机位拍摄的方式

多机位拍摄手法，本书在前文中已进行了简要说明。当前电视节目中，几乎都会用到多机位拍摄。当然，其中有可能是多台机位分别拍摄不同的人物或者景象，例如SNG新闻直播连线中，多台机位拍摄的可能只有一台是拍出镜记者的，其余的拍摄现场场面。因此，就该出镜记者而言，他面对的还是一台机位；又如在一场比赛中，主持人在一旁解说，现场运用多台机位拍摄，但是只有一台机位拍摄主持人，因此，该主持人面对的也是单机位。本书中说的主持人应对的多机位主要是指多台机位拍摄主持人。主持人多机位拍摄的核心问题是——主持人到底应该对着哪台摄像机说话？其实，在多机位拍摄中，主持人应对多机位拍摄的类型有很多，目前并无统一的分类方法。我们就目前一些常见的电视节目形态，将主持人应对多机位拍摄的方式进行如下简单的分类。

1. 导播自行切换机位式

此类方式无需主持人转机位，主持人只需提前了解哪台机位为主机位（也就是主持人需要应对的机位），然后在整场节目中，主持人就像单机位拍摄那样一直对着主机位说话即可。现场的景别转换、镜头调度，都由导播自行切换。这种方式相对于单机位拍摄，对于主持人而言并无太大改变，只是可能会出现主持人非正面的画面效果。

案例分析

　　东南卫视的早间新闻《早安海峡》采用的就是单人双机位的拍摄方式。节目中，其中一台摄像机以中景正面拍摄主持人，另一台机位则以全景的形式在主持人的右前方拍摄主持人及其背后的大屏幕。早期节目中采用的就是导播自行切换机位，主持人一直面对其正面的摄像机镜头。因此，我们会发现在全景画面中，主持人处于画面的右侧，直视前方，并没有看被导播切换到的大景镜头。不过这样更容易让受众关注到占据画面主体的大屏幕而不是将全部视线放到主持人身上（图2-6和图2-7）。

图2-6　《早安海峡》全景

图2-7 《早安海峡》中近景

河北电视台《家政女皇》节目有两位主持人,分别是女主持人方琼和男主持人程成。节目演播室录制的部分运用了三台摄像机拍摄主持人,分别是一台拍全景,正面拍摄两位主持人,其他两台以对角线的形式分别单独拍摄两位主持人的中近景。由于《家政女皇》大部分是以主持人角色扮演的形式进行节目主持,因此,该节目有时会采用主持人不转机位,统一面对正面的大景机位,再由两台近景机位进行细节捕捉的形式。观众通过这样的方式能够更清晰地看到主持人角色扮演的情绪转换,以及主持人在制作手工环节时的细节操作。

2. 单人转机位式

单人转机位,顾名思义,就是有多台摄像机拍摄一名主持人,主持人通过在多台机位中进行转换,给观众呈现不同景别的画面。目前,我国电视节目中,单人转机位一般采用两种方式:一种是主持人自己设置转机位的时间点,导播根据主持人对应的机位进行切换;另一种是导播自行切换机位,通过设置在摄像机上的提示灯提示主持人转换至正在录制的机位。相对于前一种主持人应对多机位拍摄时不转机位而言,转机位要求主持人每一次面对镜头时都是正面镜头,这对主持人的要求会更高。这样的方式主要出现在节目现场是以主持人为主体,并且需要长时间拍摄主持人的节目中。采用多台机位对主持人进行不同景别的拍摄,会使画面显得更加灵活生动,减少受众的视觉疲劳感。但是,不管节目现场运用多少台摄像机进行拍摄,通常情况下,单人主持时一般只会有两台机位对其进行拍摄,主持人只需要在这两台摄像机之间转换即可(图2-8和图2-9)。

1号机位　　　　　　2号机位

2号机位全景图

1号机位中近景图　　　　　　主持人转向1号机位

图2-8　单人双机位

图2-9　单人双机位切换台显示图

案例分析

　　中央电视台的《焦点访谈》中，演播室的录制部分采用的就是单人双机位拍摄方式，一台摄像机拍摄全景，包括主持人全身和其背后的大屏幕，另一台则单拍主持人的半身中景。主持人敬一丹开场的时候总是先面对全景镜头走出，向观众打招呼，然后转到中景镜头和观众聊节目的主要内容。因为此节目是以播放新闻视频和主持人播报导语串联词的形式交替进行，主持人出镜时并没有过多带到其身后大屏幕的内容，因此，这时候主持人是画面的主体。主持人自行转换机位后，我们所看到的两个镜头都是主持人的正面，只是主持人在画面中的位置和大小不一样而已（图2-10和图2-11）。

图2-10 《焦点访谈》全景

图2-11 《焦点访谈》中景

3. 双人转机位式

双人转机位与单人转机位相比，不仅现场多了一名主持人，而且还多了一个机位。双人多机位的录制或直播现场，通常有三台或三台以上的机位，但是拍摄主持人的摄像机一般是三台（当然也有例外）。通常情况下，这三台机位分别是中间一台拍摄两名主持人的全景或者中景，另外两台分别以对角线的形式单拍主持人的中近景。与单人转机位不同的是，双人转机位中，主持人一般不自行设计转机位的时间点，因为两个人很难在没有事先约定好的情况下同时转机位。因此，在双人多机位的节目现场，一般是导播切换机位，用提示灯提示主持人进行转机位（图2-12和图2-13）。

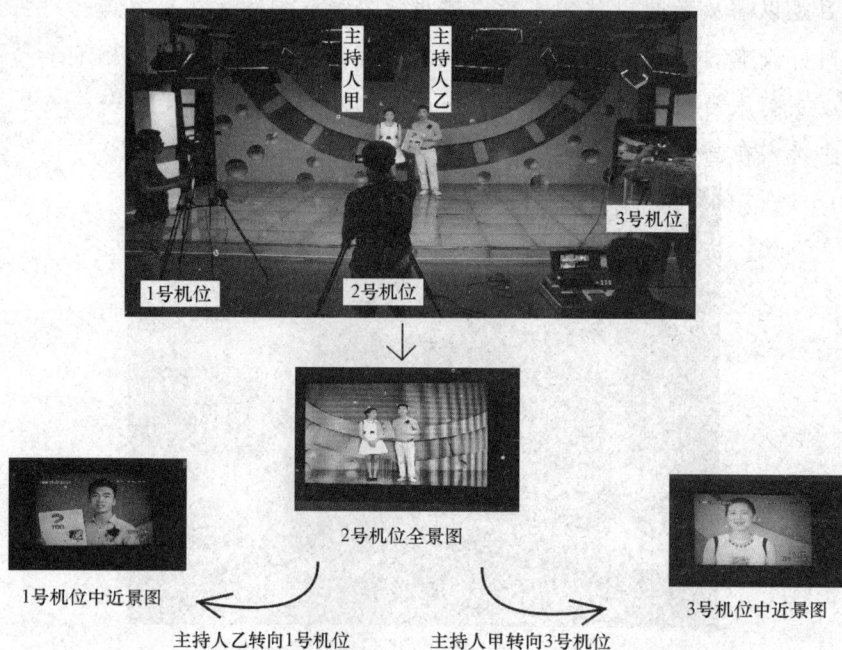

图2-12 双人三机位

图2-13 双人三机位切换台显示图

案例分析

　　上海卫视《精彩老朋友》节目中，两位主持人采用的就是双人转机位的方式。这档节目一般是以两位主持人的谈话开场，接着介绍参与节目的嘉宾，然后大家一起参与节目，进行交流、互动。观众不难发现，节目开场时，导播虽然切了拍摄全景机位的画面，然后镜头慢慢推进至中景，但当主持人说话时，特别是当某一位主持人说话时，导播是切换到这名主持人的单人中近景镜头，而主持人这时也刚好在看着这个镜头说话，并且可以看出，这个镜头不是设置在主持人正面的镜头，而是位于其搭档的那一边。当然，主持人在说话的同时，并非一直盯着这个镜头，而是同时和他的搭档以及现场嘉宾进行交流；而当导播切换至全景的机位时，主持人也随之将眼神和身体转换到正在拍摄的这台机位，这就是双人转机位在节目中的运用。虽然在节目进行过程中，现场参与交流互动的人会增加，但多机位拍摄方式采用了单人或者双人转机位的方式（图2-14和图2-15）。具体方式详见之后的多人多机位拍摄。

图2-14　《精彩老朋友》全景

图2-15　《精彩老朋友》中景

4. 多人多机位式

多人多机位式通常运用在大型综艺节目、多人谈话类节目中，比如各大电视台的晚会、中央电视台的《健康之路》、湖南卫视的《快乐大本营》以及《越淘越开心》节目的讨论环节等录制或直播现场。这些节目虽然都运用了三台以上摄像机进行录制或者直播，但是观众不难发现，现场拍摄主持人的机位设置大多均为上述提到的几种方式。有人可能会问，如果一个谈话类节目，现场三名节目主持人和三名嘉宾各坐于演播室的两边，那么主持人应该如何进行转机位呢？其实这时我们可以将三名主持人看成一个整体，三名嘉宾也看成一个整体，这样我们就能按双人转机位的方式进行录制。当然，三名主持人面对的是相同的机位，也就是说他们转机位的方式和时间点是一样的，但是通常情况下，一般谁说话谁是主体，导播就会将镜头近景给谁（图2-16和图2-17）。

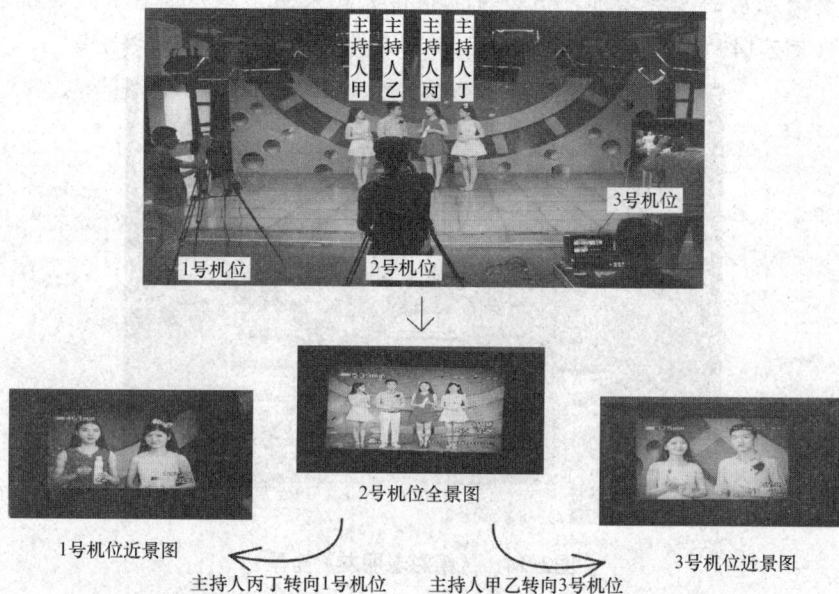

图2-16　多人三机位

图2-17　多人三机位切换台显示图

当然，目前电视媒体的发展迅速，各媒体间的竞争也尤为激烈。在这个过程中，各电视节目也在不断尝试新的拍摄方式。例如之前我们所提到的双人转机位，通常都是现场安排三台机位，由主持人对角线的机位拍摄其近景。但是，近期某电视娱乐节目中，现场录制采用双人双机位。当然，该节目就是把两名主持人看成一个整体，采用的是单人双机位的转机位方式。总之，虽然我们将当前的电视节目多机位拍摄方式做了一个大致的划分，但是转机位的各种方式在与现在的电视媒体技术、节目内容配合时还在不断地创新和发展，大家也可根据具体节目内容和节目播出的要求进行现场的改变。

三、主持人多机位转换方式

我们此前已将主持人多机位转换的方式进行了大体的分类，其中主持人不转机位、导播直接切换的方式对于主持人来说，和单机位并无区别，主持人只需认清自己的主机位并一直面对这台摄像机即可。因此，我们在主持人多机位的训练中，主要进行单人双机位转换和双人三机位转换方式的练习。

1. 单人双机位方式

单人双机位转换中，我们先按照当前大多数电视节目所采用的机位布局，即两台机位分别位于主持人的前方，两台机位之间有一定距离，并且以不同的景别拍摄主持人，使"1号机位—主持人—2号机位"三点之间连成一个三角形状。单人双机位分为两种：一种是主持人自己设置转换机位的时间点，另一种是导播自行切换机位，虽然这两种方式的主体是一样的，但是其中转机位的方式还是有所不同。

（1）主持人自行转机位

主持人自行转机位就是主持人在录制节目前，自己要事先设置好转换点。通常情况下，转换点一般出现在语句间的换气口，比如自然段与自然段之间或者是一层意思说完该进行另一层意思的时候，主持人抓住换气和语句、层次转换的时间，在原地转向另一台机位。此方法应尽量避免边说边转，若边说边转，导播在切换画面时会切出主持人的侧脸画面，特别是在录播节目中，主持人边说边转可能会对后期剪辑造成一定的困难。除了以找换气口的方式转机位外，主持人在现场还可采用借助第三视点转机位，例如主持人手里有道具或者稿件时，可以通过边低头看稿件，边在原地转向另一台机位，再抬起头对应这台机位。此方式经常运用于新闻节目中，不少节目都是主持人先对着一台机位向观众打招呼，然后低头看稿件，并快速抬起头来进入主要内容，这时，主持人已换到了另外一台机位。

（2）主持人根据提示灯转机位

主持人根据导播的提示灯转机位主要是观察位于摄像机上方的提示灯，哪台摄像机上的提示灯亮起，主持人就转向哪台摄像机位。值得注意的是，主持人在说话时如果发现提示灯突然亮起，意味着应该转机位，但是此时若边说边转，既会让观众觉得主持人匆忙，同时会出现侧脸在画面中的情况。因此，此时主持人最好要找一个换气口或是借助第三视点转机位。另外，主持人在进行这两种方式的练习时，还需注意自己的眼神。在转机位时不能通过转动眼珠去转换机位，而应该用头部带动眼睛去转换机位，这点和主持人看提词器的方式相同。否则，呈现给观众的画面中将出现主持人眼神不稳、眼球动作过大，甚至翻白眼的现象。

2. 双人三机位方式

双人三机位转换中，我们先按照当前大多数电视节目双人三机位的布局，即两名主持人正前方一台机位，主要拍现场全景或是只拍摄两名主持人的中景；另外两台摄像机分别以对角线的形式拍摄对应的一名主持人，一般给单个的主持人近景。在双人三机位中，主持人一般是跟随导播的切换，通过提示灯的变换来进行转机位的，而且两名主持人是向对角线的机位转，而不是转向靠近自己的近景机位。若两名主持人都转向离各自近的机位，而非对角线的机位，那么中间的机位则会拍到两名主持人背向对方无交流的画面。另外，在双人三机位训练中，主持人并非一看到提示灯变换就进行转动，这样会出现慌乱、眼神不定以及侧脸画面的情况。因此，双人转机位需掌握以下几点。

（1）找换气口法

此方法和单人转机位中找换气口转机位的方法一样，都是主持人在说话的时候，发现提示灯变换，不要急着边说边转，而应该在自己说的那句话有换气口的时间再转。

（2）找第三视角法

这个方法还是和单人转机位中找第三视角转机位的方法一样，也是主持人在说话时发现提示灯变换后，可以借助看一眼手里的稿件或是现场的道具，然后再将视线移至提示灯亮起的机位。当然，采用这种方式的前提条件是现场必须有稿件或是道具。

（3）找搭法

这种方式只能出现在双人或多人搭档主持的节目中，也是主持人在发现提示灯变换时，不急于转机位，而是通过和搭档的交流——可以是双方对看眼神交流，也可以是双方对着点头，然后再将视线移至提示灯亮起的机位。这种方式在转机位的同时，还增加了主持人之间的交流。

2 多机位实训

1. 单人双机位节目实训。

（1）主持人采用单人双机位的形式主持一档节目，转机位的时间点采用自行设置的方式，并运用多种转机位的方法。

（2）采用单人双机位的形式主持一档节目，并根据导播的指示，通过看提示灯转机位。

2. 双人三机位节目实训。

（1）主持人策划一档双人搭档主持的电视节目，节目形式不限，现场采用三机位的方式进行切换和录制。

（2）练习过程中，主持人转换机位时必须采用双人三机位的三种方式转机位。

第三章
主持人内部能力训练

电视节目主持人仅掌握基础外部技巧是不够的，在做节目的过程中，其心理活动也起着至关重要的作用。本章将针对主持人的心理进行训练，也就是内部能力训练。

第一节　释放天性训练

学习播音主持的同学，大多有过这样的感受或经历。在练习语音发声的基本功的过程中，平时能流畅并且有表现力的完成一个贯口段子，但在课堂上面对老师和同学的时候，却不见了气息下沉，没有了唇舌力度，把灵活的贯口段子变成了干瘪的背书。例如，在新闻节目训练中对新闻事件进行评论时，有些同学自己一个人时对新闻事件的分析可谓精彩，但在老师同学的注视下，在面对镜头的时候，就会明显地出现语言表达不准确、思维逻辑不清晰等状况。这些同学并不是没有掌握相关的基本专业技巧，而是没有处理好一个人练习的自然状态与课上当众状态的转换，怕自己在当众状态下出丑，产生了"不好意思"的心理，并且时刻注意着台下老师同学的反应。这些杂念就成了束缚学生"天性"的绳索，使同学难以在当众状态下表现自如，出现思维、说话及副语言的不和谐、不自然。

一、"释放天性"的必要性

关于"天性"是什么的问题，一直都存在着争议。斯坦尼斯拉夫斯基首先提出了"天性"学说。他说："最完善的演员技术也都不能跟那不可捉摸的、难以揣测的、极其细致的天性的艺术相比。"可见，"天性"是斯坦尼斯拉夫斯基创造的一个表演学的专用术语。

尽管播音员、主持人与演员的工作性质有着本质性的区别，但主持人进行创作时的当众状态所具有的艺术特质与影视话剧演员的表演创作元素有着共同、共通之处。一个主持人要从生活状态转换到荧屏上的当众创作状态，需要掌握与演员表演所共同的、共通的、共用的一些表演元素。释放天性训练就是这些表演元素中的重要组成部分。

主持人要学会从自然状态到当众舞台状态的平稳过渡，要避免学习的困境，即避免语言表达不准确、思维不清、逻辑混乱等现象。

现在的主持人，已不再是以前的"报幕员"，在主持过程中，需要机智地应对舞台上发生的种种问题，让整个舞台成为一个整体，加入个人的智慧，让整个晚会或是节目出彩，达到预期的目的，同时要提高自信，锻炼良好的台风。

所以，播音主持艺术专业中解放天性的实质，不是为了释放出人的本能中的什么或释放多少，而是为了使人从自然状态转换到当众状态时依然能保持行为的自然和谐。

二、释放天性的方法

"释放天性"是艺术创作的前提，而并非最终目的，所以释放天性的训练最好在不知不觉中进行。针对播音主持专业的艺术特性，训练主要包括松弛、真实感、感受力、想象力及情感释放与控制等方面。

1. 寻找"松弛"状态

（1）意识形态上的控制

主持人在主持节目时，应该做到心理和身体上的松弛。很多同学在面对摄像机的时候，往往会出现心理紧张、表情不自然、呼吸急促甚至忘词等现象。通过"松弛"训练，可以使学生从心理和肢体的紧张状态中解脱出来，达到自然、灵活、生动的表达状态。

达到松弛的最有效的方法便是培养积极的、连续不断的、持续发展的注意力，这是一种受意识支配的有意识注意。抛开和创作没有关系的杂念，关注创作对象真实的感受，这其实是一种感性的注意，被所主持或采访的对象深深地吸引，调动心理和身体的欲求和感觉，倾注在创作里，这样便会找到松弛的状态。

（2）通过游戏找"松弛"

伟大的剧作家席勒曾说过："艺术的起源是游戏。"所以找到松弛的状态，快速融入主持中的另一个途径就是游戏。在游戏中，学生能最大限度地放松自己，集中注意力，过关斩将，排除障碍，达到真正的松弛状态。

另外，加强主持人游戏的训练，是为了适应当前电视娱乐节目的流行发展趋势。如今的观众已从单方面的受众，变成了节目的参与者，这种互动便是游戏的一种。而作为主持人，更应该具备把握甚至参与到这种游戏中来的能力，这样做出来的节目才更具有娱乐性和观赏性。

2. 培养"感受力"

培养"感受力"，是主持人释放天性训练中非常重要的一个部分。"感受"即

"感知于外，受之于心"，是主持人通过声音、文字等外部形势，感觉到事物的存在的过程，这些事物直接或间接地刺激主持人的内心，从而引发内心的体会和思考。这种感受力的训练主要包括真实感训练、内心视像的建立和想象力的培养。[①]

（1）真实感训练

主持人不同于演员可以塑造另外一个角色，其在节目中的身份、所使用的主持方式等都是真实的。所以主持人在节目中一定要秉持真实性原则，当然这有别于自我生活中的那种原始的真实状态，而是指在播音主持过程中具有真挚的信念，它能激起人们敏锐的感觉，激发内心的感受与情感体验。只有这样，我们创作出的播音主持作品才具有生命力和表现力。

真实感训练和信念感的培养是分不开的，首先对所要创作的节目内容要学会"投入"，建立"设身处地"的信念，然后依据自己积累的经验感受，对进行创作的情境展开想象，培养创作情境下的真感受，掌握真实的交流和真实的情感状态。

（2）内心视像的建立

创作情境下真感受的建立，要包含主持人创造性的想象方式，这是内在视觉的反映，我们把它称作"内心视像"。内心视像包括联想、幻想、回忆，是通过我们的想象感受到的物质世界。

内心视像能使主持人在主持工作中产生一定的情境情绪体验，从而达到最佳的主持状态。内心视像并不是漫无目的的胡思乱想，而是按内容进行的，这是一种形象思维模式，它的获得主要来自于对语言和语境的感受。在训练中，寻找这样的语言素材，让学生用心灵来感知和表达是很关键的环节。

（3）想象力的培养

不管是创作情境下的感受，内心视像的建立，或者情感的体验都离不开想象。想象是艺术创作的起点，它既要靠平时生活中的观察积累和记忆，又要具有独特的创造性。

想象力的训练是最自由、最开放式的，任何一种练习都无法束缚创作者的灵感和创意。针对主持人的想象训练，造就了他们独特的专业个性。因为他们的想象不同，对于稿件或者节目设置的处理也会不同，慢慢地就形成了自己的主持风格。

3．释放情感

情感是播音主持创作的动力源泉，在主持人"释放天性"的训练中，对情感的释放和控制也是一个重要的组成部分。列夫·托尔斯泰曾说过："人们用语言互相传达思想，而人们用艺术互相传达情感。艺术是以下面这一事实为基础的：一个用听觉或视觉接受别人所表达的感情的人，能够体验到那个表达自己感情的人所体验过的同样的感情，艺术活动就是建立在人们能够受别人感情的感染这一基础上的。"可见，要唤起受众的情感反应，主持人就必须有适当的释放和控制情感的能力。

情感的积累需要一个循序渐进的过程，但在有限的节目时间里，这个常态的过程

---

① 崔亚卓：《"解放天性"开启主持人专业素质培养的大门》，《吉林艺术学院学报》，2011年第5期。

会影响主持人情感的释放，所以情感释放的训练就显得很有必要。有时它需要外界的刺激，比如用音乐来强化训练者的心理感受，有时则是学生自身的积累和爆发，但不管是哪种情况，它都需要一条宣泄的途径，也许是形体上的、声音上的，也许是一种更特别的表达方式。

当然一味地释放和爆发也是不行的，主持专业还要求对这种情感进行有效的控制，在主持节目中，不允许因为情感的爆发出现无法控制自己的声音形态等情况。在表演中需要演员情感的跳进跳出，对主持人来说更多的是融入其逻辑感受和理性思维，这种把控是很难的，也是很关键的。

案例分析

在2008年汶川大地震发生后，从中央到地方各级媒体都开始了抗震救灾的特别报道，这也实现了直播报道的历史性突破。5月14日，央视节目主持人赵普在汶川特大地震抗震救灾节目直播时动情落泪，一时间，该节目视频在网上广为流传，不少观众认为，这位主持人很"帅"，是个热血男儿。

主持人在节目中落泪，便是他内心真实的感受所释放出的情感。但是落泪的时候依旧坚持播出新闻，而并非一发不可收拾，这便是对自己情感进行的有效控制。

"释放天性"的训练并不是一个个单一练习的堆砌，而是一个循序渐进的过程，这个训练过程中的每个环节都包含许多的内容，学生可以慢慢地感受。播音主持专业具有无穷的魅力，每个真诚地体会生活、热爱生活、关注生活的人都会感受到，这与表演艺术创作是相通的。

2 释放天性实训

1. 集中注意力的无实物练习。

闭上双眼，想象眼前有一朵玫瑰花，深深吸气，闻花香，再慢慢吐出。

2. 发挥想象力的即兴表演。

利用自己身边一切可用的物品作为道具，自己设定场景、人物、剧情等，在当众状态下完成表演。

3. 提升感受力训练。

可在老师指导下，完成话剧片断的表演。准确深刻地感受话剧元素，并能在当众状态下进行自然、流畅地表达。

第二节　表演训练

电视节目主持人是否具有"表演性"，曾是20世纪90年代那场著名的"倪萍现象"讨论中的重要议题并引起过业界的关注。但当时未能深入展开讨论，成了一个"空悬"理论搁置至今。随着节目主持实践的不断发展，我们经常会在电视节目中看到主持人表演技能的展现——不仅在综艺娱乐节目、社教节目中有所体现，甚至在谈话类节目也比较常见。其实，电视节目主持人在节目中就是在表演，从某种角度讲，电视节目主持本身就是一门表演的艺术，因为主持人站在舞台上，要加工提炼自己的言谈举止、仪表风度，选择最美、最好的部分展现给受众，且这门艺术会根据节目类型、节目定位及个人主持风格的不同，而得以不同的展现。但是，电视节目主持人的表演并非随意表现，而要遵循相应的原则。

一、对主持人"表演性"认知

1．表演的实现途径

主持人是通过个人的演唱、演奏、肢体动作、面部表情等来塑造形象、传达情绪、渲染情感的。

电视节目主持人为了迎合节目和观众的需求，正将越来越多的表演元素融入主持之中，加强感染效果，提高节目的可看性。主持人表演元素的适度使用，可以为节目增添色彩、增加乐趣。近年来，很多影视演员选择加入主持人行列，将其表演经验和主持艺术巧妙结合，让观众有耳目一新的感觉。电视节目主持人和影视演员在主持和表演的过程中，在运用表演元素上，有一定的共通之处，但在本质上又有很大区别。

2．主持与表演的区别

主持和表演虽同属艺术，却表现出迥然不同的艺术行为。

主持是指节目主持人运用有声语言和副语言，通过广播电视媒体传播信息的创作性活动；表演指的是特定的演员在电影、电视剧、戏剧中扮演一个人物角色，通过角色达到一种"忘我"的境界，从而塑造作品需要的人物形象的活动。可见，两者虽然都在"演"，但一个是在"我"的基础上进行加工，另一个则完全摒弃"我"，重新塑造一个角色。

主持人在演播厅的一举一动都不能脱离节目本身，他们是节目的串联者、传播者，起着调节节目氛围、节奏等作用。电视节目主持人的表演是影响节目质量的重要因素，例如，湖南卫视的综艺节目《快乐大本营》中，主持人谢娜一直将表演艺术融入节目主持中，形成了独特的风格。谢娜在主持节目的时候总是很夸张，而在一些时候又表演得恰如其分，这种主持方式吸引了很多观众。

二、主持人"表演性"的原则

主持人在节目中的一个显著特征就是以第一人称"我"的身份出现，将节目"人文化"。但是每个人的"我"都是由多方面组成的，一般表现为亲属性的"我"、公务性的"我"和社交性的"我"。一个人在家里和在外界所展示的"我"是完全不一样的。同样的，一个人在亲人和陌生人面前所展示出的"我"也不同。电视节目主持人展示的"我"通常为公务性的"我"，即工作状态中的自我。因此，主持人就不可能把生活当中的自我完全带到节目中去，而要根据节目的要求或扩充自己的某一方面，或缩减自己的某一方面，把经过筛选的自我展示给受众，这个筛选的过程就包含表演元素。比如少儿节目主持人在节目中的语言、动作、眼神等，都要适合少年儿童的心理特征，但同时也展示着其自身的个性特征，对传达节目内容、感染受众都起到了很好的作用。主持人在表演的过程中要遵循的原则主要有以下几点。

1. 适度性原则

主持人在荧幕上出现，往往是单独一个人，或是和几个人搭档出现，由于形象突出，主持人的表演只有同观众的感情相通，才能产生效果和美感。所以主持人的表演一定要控制分寸，只有表演适度才能感染受众，为受众所接受。张颂老师在《播音与主持艺术论》中说："广播电视语言传播，是现实；播音与主持艺术，是现实；话筒前、镜头前的有声语言创作，也是现实；如何面对广大受众，也是现实。"因此，主持人的表演不能矫揉造作，而是要真实、动情、朴实、无技巧痕迹地表演。

案例分析

在湖南卫视《我是歌手》第三季总决赛中，第一轮竞演结束后，按照赛制排名最末的歌手将被直接淘汰，但在公布排名时，孙楠竟然直接宣布退出第二轮比赛。突然的退赛打乱了湖南台的直播计划。当然，这对于这次比赛的现场主持人汪涵来说无疑是一个挑战，因为他需要在几十秒内做出反应，引导并控制观众，同时也为导演组争取商讨直播变动对策的时间。

若是没有随机应变的能力，这将是一场直播事故，但是，汪涵在现场展现给观众的是一个稳重、成熟、灵动的形象，他停了几秒钟，调整了一下自己的状态，向孙楠问道："我想问下楠哥，刚才您所说的话都是您此刻内心所想所感，都是你自己拿定主意的观点？……既然我是这个节目的主持人，那接下来，就由我来掌控一下。首先，我要请导播抓紧时间给我准备一个3~5分钟的广告时间，谢谢！我待会儿要用。接下来，我要说的这段话，有可能只代表我个人的观点，而不代表湖南卫视的立场……"

汪涵当天在直播中的机智表现被不少网友点赞，他在直播中的表现既是主持人现场应变能力的体现，也是主持人"表演性"的体现，正因为汪涵能够有分寸地控制自己在台上的表演，才不至于被受众看出他的紧张，展现了他的睿智。

2．根据节目塑造角色原则

在规定语境中，主持人没有表演是不行的，当然表演太过也是不行的。那么，主持人应该如何根据节目的定位来进行表演呢？

首先，主持人要熟悉该节目的定位，并根据节目要求从整体上考虑这档节目的情感基调和节奏，再准确地进入到节目环节的规定情境。敬一丹曾说："见什么人说什么话。"敬一丹简单的一句话，说出了主持人表演艺术的真谛，她本人在节目中也确实把握得非常好。在镜头前，她态度真诚，语言简洁，目的明确，表情和眼神也能准确地反映她要讲述的内容。

其次，主持人在主持节目中，各种题材的内容都可能碰到，沉重、轻松、哲理、警示、颂扬、批评的话题都有可能触及，这就要求主持人根据内容把喜、怒、哀、乐准确地落实到语气、语调和表情状态上，放得开、收得住。

最后，主持人还要根据自己的强项和个性特征进行表演。技能再高的主持人也不可能面面俱到、样样都行，一定有自己擅长的语体类型。假如让水均益、白岩松去主持综艺娱乐节目可能会让受众觉得别扭；同样的，如果让谢娜、何炅去主持《新闻调查》可能也会让受众觉得难以接受。当然，如果在一台主题晚会或是综艺晚会中，让风格迥异的主持人进行串场，可能会让受众耳目一新，比如2015年中央电视台春节联欢晚会上，新闻主持人康辉的串场就让不少人耳目一新，但是前提是主持人要把握好"度"。否则，主持人的特质与节目不匹配，就会适得其反。

表演实训

1．肢体控制训练。

主持人在规定情境中进行肢体控制，包括手势、走姿训练。

2．角色定位训练。

主持人在规定情境中，设置相应角色，并根据角色定位主持一档节目。

3．角色扮演训练。

主持人根据节目要求和定位，设置符合节目的角色，并进行角色扮演，增加节目的可看性。

第三节　沟通训练

　　我们经常在电视上看到主持人和嘉宾、受访者或是观众进行谈话，通过这样的形式，让节目变得更加精彩，其实这就是一种沟通能力的表现，目的是使节目具有可看性和内涵。

一、沟通的重要性

　　沟通是人与人、人与群体之间的信息交流和接收过程，可以使彼此的观点和思想得以交换，最终实现双方的共鸣。对于电视节目主持人来说，沟通就是主持人与嘉宾、观众之间的相互交流。

　　"打开电视看节目"，观众在享受栏目的艺术构思的同时，关注最多的莫过于主持人的形象了。在万人瞩目、众口难调的压力之下，谁能充分利用沟通的技能获得广大观众的认可，以良好的思想品位与心理素质、丰富的知识和生活阅历、非凡的表现张力、浑然天成的个性神韵、生动优美且艺术性的语言打动观众的心，谁就会赢得观众们的喜爱和好评。

二、沟通的要素

　　正所谓"沟通为王"，一个好的主持人可以让一期电视节目变得更生动、更加深入人心。懂沟通、会沟通、善沟通是做好主持人的前提。纵观国内的著名主持人，无一不是沟通的"行家"：周涛的真实自然大方亲切总能使人思绪万千；白岩松的犀利睿智好像能洞穿人的思想；汪涵的幽默诙谐总能让人捧腹不已等。他们善用沟通创造节目、融入节目、推进节目、提升节目，并通过沟通抓住热点、消弭矛盾、完善节目、完善自己。一个善于沟通的好主持人是拥有优秀的思想品质、过硬的心理素质、丰富的情感特质和强大的能力实质的综合体。

1. 优秀的思想品质

　　罗曼·罗兰有句名言："要把阳光播撒到别人心里，首先在自己的心里要充满阳光。"主持人其实就是这个播撒阳光的人，沟通就是播撒阳光的过程。只有具备了善良、真诚、可信等优良品格，才能更好地吸引观众。一个有着乐观向上豁达的人生态度，有着热爱生活的饱满情绪，有着坚强的意志和勇于进取的精神的主持人，才能在与观众的沟通交流中给人留下健康向上、积极进取的印象，从而增加其形象感召力和影响力，让沟通的"触须"撩动心绪、打动心灵。

2．过硬的心理素质

主持人是一项极具挑战和富于创新的工作，必须具备坚强的性格和强大的自信心以及良好的自我驾驭能力。在工作过程中，主持人常常会遇到一些事先不可预料的事情，这就需要随机应变，甚至临场发挥。强大的自信心会让主持人具有坚定、坦荡、直率、真诚的特质。自信既能产生不可抗拒的感染力，又能给人以诚实可信的亲和力；自信的人的脸上写着轻松自然，让人容易接近，亲切感人；自信在语言上表现为平稳流畅，口齿伶俐，用词准确，让人容易明白，明白自己是否需要，明白主持人在表达什么。良好的心理素质还在于能始终保持平常心态，拥有平常心态才能使主持人平易近人、善解人意、贴近生活，用心体悟观众的需求，准确把握受众的各种心理和精神需求，达到沟通的目的。

3．丰富的情感特质

情感沟通不仅能增强主持的个性魅力和艺术感染力，还能极大地丰富拓展节目的内涵。饱含深厚情感，满怀真挚心灵，发自内心地去沟通，这样的主持人让观众不喜欢都很难。因此，主持人要有饱满的情绪、满腔热情，来激发自己和观众的感情。

4．强大的能力实质

在沟通的需求下，主持人应有大量的知识储备和积淀以及专业的主持功底。丰富的知识能帮助主持人在与观众沟通时从容应对各种状况，保持清醒的头脑和清晰的思路，反应敏捷，表述流利，乃至精彩纷呈，亮点频现，准确地抓住观众的心理，实现主持与观众的身心互动。主持人的形象、性格、才智、气度也是主持人很好的沟通条件，主持人端庄大方、雍容高雅的形象和气质也对观众有着很强的艺术感召力和吸引力。主持人在平时的生活中要注意保持和培养自己的这种感觉，留意自身对生活的思索和体悟，对人生阅历的丰富和提炼，以便在场上有更好的发挥和表现。

三、沟通的原则

一个优秀的主持人开展沟通主要从以下几个方面着手。

1．距离上"拉近"

苹果创始人乔布斯说过："如果你能触动一个人的心灵，你将无所不能。"触动心灵必然要从有形或无形地拉近距离开始。邹韬奋先生说："一个记者的最大本领就是与人一见如故。也就是说，记者要能够迅速地与被采访者达到最大限度的心灵沟通。"对于主持人来说，成功地"拉近"距离不是凭空而为，更不是漫天闲聊，而是要做足准备。准备工作做得越充分，沟通才能越自如、越主动，成功主持一档节目的把握性就越大。准备工作主要有三个方面：了解节目的相关情况，如节目的主题、与节目有关的政策法规等；了解嘉宾的相关情况，如嘉宾的个性、喜好、特长、经历、成就等；了解受众的层次和水平；确立清晰的沟通思路、用语用词，列出提纲。

2. 对话上"平等"

节目所邀请的对象，身份地位各有不同，但主持人要平等对待。主持人要找准自己的定位，即你是代表很多观众与嘉宾进行对话的。无论是面对政要官员还是平民百姓，都要有一颗平等的心，与他们进行最真诚的沟通和交流。在有些节目当中，主持人采访普通人时，常常觉得自己高人一等，对嘉宾采取俯视的态度；而在采访一些重要人物时，却采取仰视的态度。这样的区别对待，不仅无法实现真诚的交流目的，还会让观众产生厌恶之感。

3. 氛围上"轻松"

由于嘉宾的地位、身份、职业、年龄、性别、学识不同，存在着行为规范的差异，而要想拉近距离需要营造一个让对方舒服的环境，这就要求主持人以不同的方式、手段来营造一个嘉宾最容易接受的环境氛围。例如人们在面对话筒或摄像机时往往不能放松自然地进行沟通交流，有的人也许还要刻意地维护自身的形象，这些都可能使他们在表述观点时词不达意或避重就轻。这就需要主持人调整好自己的心态，积极引导节目嘉宾，共同营造轻松的氛围。

4. 倾听上"主动"

主持人不是主讲人，一个善于倾听的主持人往往能够和嘉宾取得更好的共鸣，激发嘉宾的表达欲望，从而了解到更深的原因和更多的信息，挖掘出很多不为人知的细节，从而更好地表现节目效果。原《实话实说》主持人崔永元就是一个善于倾听的主持人，我们在电视屏幕上经常看到他侧首倾听的场景，这种倾听是一种思想上的倾听，是在不动声色中捕捉要点，引导谈话的发展的过程。崔永元曾说："现场的嘉宾和观众通常是一对矛盾体，任何一方对另一方不感兴趣就会让气氛变换，这就要求主持人有所放任，有所控制，注意节奏和场上态势的变化。我习惯于竖起耳朵听嘉宾说，同时也在听受众的反应。"正是因为崔永元是一个善于倾听的主持人，他才会抓住一个个兴奋点并把它放大，制造节目中的一个个高潮。充分尊重嘉宾、观众话语权的倾听意识，也必然会赢得观众的赞许和尊重。

5. 引导上"自然"

在沟通的过程中，主持人要跟进思考，适时引导。比如在一个话题应该结束时，自然地承上启下，开始下一个阶段的谈话；在嘉宾一时语塞之时给予提示、铺垫，避免冷场；当嘉宾滔滔不绝，甚至出现了不恰当的语言，或偏离了主题时，及时地予以制止、引导等。当然，主持人与嘉宾、受众沟通的过程中，不是一味地摆出一副和事佬的姿态，或只说些无关痛痒的话，要在恰当的时候明确地阐述自己的立场和观点，引导嘉宾和受众跟着节奏走。①

---

① 李鹏召：《浅谈谈话类节目主持人的沟通技巧》，《丝绸之路》，2010年第20期。

四、主持人沟通技巧

1．沟通中的语言表达

首先是流畅的语言，这是最基本的要求。主持人要口齿伶俐，表达清楚，串场词要行云流水，一气呵成，才能让观众有信服之感。倘若前言不搭后语，那么观众便不能明白主持人要表达何意，又如何进一步了解编导的意图，如何融入节目的氛围？所以，主持人一定要勤于锻炼自己语言和语流上的基本功，要言语有心，言语用心，加强吐字归音的基本功训练，要把话说好、说通、说顺、说巧、说妙。

其次是清晰的逻辑思维。因为主持人无论是把自己的所见所闻，还是编导的意图传达给观众，都要把头脑中已有的东西按照一定的逻辑思维整理出来，然后再用言语表达出来。主持人最忌讳在言语表达上生搬硬套、张冠李戴。作为一名主持人，一定要做到心中有数，要刻意培养自己缜密的逻辑思维，使自己思路清晰、条理清楚，以利于更好地表达，更好地与观众沟通与交流。

最后是富有特色的语言。在语言表达上，要有自己的特色，富有感染力。主持人与观众的交流主要是一种情感上的沟通与交流。主持人是通过自己的语言、目光、手势、形态等与观众进行交流的，其中尤以语言为重，所以主持人的语言一定要富有感染力，才能吸引和打动观众。

2．非言语讯息的运用

非言语讯息，即人体语言，身态语言，形体语言，行为语言等。对非言语讯息的使用要掌握好一个度。忽视非言语讯息的使用，会显得刻板单调；手舞足蹈，过多使用非言语讯息又会显得层次低下。经常使用的非言语讯息有以下几种。

（1）距离

距离主要是指主持人与被访问者、参与演播者以及现场观众等之间应保持的适当距离。经研究，人类普遍存在一种私人空间的概念。霍尔博士曾提出："0～46厘米为亲密区，46～122厘米为朋友区，122～366厘米为社交礼仪区，而366厘米以上是公共区"。这是著名的霍尔区域定律。因此，主持人在工作中应该注意和别人保持适当的距离，一是不要过近，尤其不要轻易进入亲密区域，以免侵入他人的私人空间，引起别人的反感；二是不要过远，使人感到生疏。在多数情况下，主持人和别人保持的空间距离以介于私人区域和社交区域之间为宜，也就是1～2米，具体地说，就要看什么内容、什么形式的节目以及什么性别和什么风格的主持人。若被访者是领导，则应保持稍远的距离，若被访者比较熟悉或是岁数大的人，所保持的距离可稍微近些，但是决不能侵入被访问者的亲密区域，若是把手搭在被访者的肩上，那效果一定很糟糕。主持人的身体和别人所保持的距离，就是一种非言语讯息。

（2）握手

握手是运用非言语讯息的一个重要方面。比如，水均益在主持《国际观察》《高端访问》等节目的时候，他采访的对象一般都是具有世界级影响的人物，在节目的开始，一般都会把嘉宾先请上台来，此时就需要水均益先伸出右手，给嘉宾一个礼貌性地握手，让嘉宾觉得很温馨，放下情绪和紧张的心态，很自然地进入节目的主题。所以说，主持人使用握手的非语言，虽然与观众没有直接联系，却影响着合作者，也就是被访嘉宾，因而也影响着传播活动。当主持人把握手作为一种非言语讯息时，要注意：①应该先伸手。主持人同被访问者或参与节目演播者握手是一种职业行为，是表示对合作者的欢迎，不管对方是否欢迎自己，自己都要欢迎对方，因此，一般情况下都应该先伸出自己热情的手。②应该采取平等的握手方式。不卑不亢，平等地对待每一个被访问者。

（3）眼神

眼睛是人与人沟通中最清楚、最正确的讯号，因为它是人身体的焦点，也是最容易洞悉一个人内心的切入点。有关专家在研究用眼睛加强沟通方面，把注视分为以下几种：谈正事的注视，社交的注视，亲密的注视，轻轻地一瞥。主持人的眼神通常介于社会性注视和亲密注视之间，也就是说比一般社交性注视略为亲密些，又比亲密性注视略微严肃些。有些场合要用谈正事的注视，如访问高级领导人或谈论重大政治问题，绝不能用轻轻一瞥这样的眼神。主持人的眼神是非言语讯息的另一个重要方面，他的眼神不是做给别人看的，而是发自内心地对待被访者，使其流露出真切、自然的感觉。而做一档节目，光用眼神是不够的，在多数情况下，眼神要和面部表情以及语气、语调配合使用才能达到更好的效果。

（4）微笑

笑，分大笑、狂笑、微笑、冷笑等多种类型。每种笑容传达的讯息也不一样，主持人的笑，一般都是微笑，而不大笑，更不是狂笑、冷笑。主持人的微笑一般有两种情况：就主持人的个性而言，有天生的爱笑和不爱笑；就节目的内容而言，有严肃和活泼之分。主持人该如何掌握笑呢？要根据自己主持的节目风格而定。一般说来，当主持一档高端人物或领导人物访谈节目时，应保持自然的微笑，而不是大笑。比如央视的《对话》栏目，节目主题有"股市的留与不留""谈欧债危机""保障房""钱途"等话题，这时主持人的面部表情就应该自然一些，不要勉强地笑。过于勉强，会使人感到不自然，效果就不好了。当然，爱笑的人也要善于控制，对于上述栏目内容严肃的节目，笑容过多，往往会破坏节目的整体效果。一般说来，抿嘴笑比张口大笑的信息量要大得多，是主持人应该学会和掌握的重要技巧。主持人不可不问青红皂白，出面就笑，也不可不问节目内容和对象，一本正经。试想，如果让中央电视台《新闻联播》的主持人笑着播新闻，而让鞠萍姐姐板起面孔主持《七巧板》，观众会是一种什么样的感受呢？这说明主持人的"笑"不单要自然，而且要受到节目内容和风格的限制。主持人对"笑"的掌握，还同有声语言相关，除了礼貌，要求主持人适当微笑外，多数情况下是根据节目内容需要以微笑来配合，使说话和笑容，表意和传情融为一体。

（5）手势

很多主持人在自己主持的节目中都有着被观众熟知的标志性手势，比如《我们约会吧》里邱启明的"OK手势"；原《非常6+1》主持人李咏的招牌手势。这些手势的运用既可以增加节目的趣味性，又能提高主持人的识别度。手势作为一种特殊语言，它的位置、方向、力度都与情感息息相关，手势本身也有极其丰富的含义，在主持过程中对于手势的运用要注意以下几点：根据主持内容和情感表达的需要选择手势，做到"不鸣则已，一鸣惊人"。要带有鲜明的个性，配合自己的年龄、气质、性格选择适当的手势。在主持过程中，每一个手势的运用都要事先精心设计，哪怕是即兴发挥，也必须确保手势的准确性。

总之，更好地把握非语言的沟通，更有利于在主持节目中传情达意。而忽视非语言的沟通，或使用不适当的非言语讯息，会不同程度地影响节目效果和主持人的形象。一个有较强能力的主持人，不单会不断发出准确而简练的非言语讯息，而且能从合作者或在场者发出的非言语讯息中判断其参与程度，随着做出相应的调整。①

2 沟通实训

1. 针对某个热点事件或社会焦点话题，采访熟悉的人。

从身边人（如同学、教师）开始，理解采访是沟通的艺术，捕捉个性化言语和挖掘精彩故事。比如，让两个学生先围绕某一话题进行主持演说，像《开讲啦》，让其他学生以此设立采访提纲，然后同学之间互相采访提问，老师也可加入采访提问为学生做示范，最后由教师做点评。此外，在模拟操作训练中，学生可充分发挥各自的特长，进行多种形式的节目主持练习。例如：模拟现场报道、网络采访等形式。

2. 身体语言训练。

播放电视主持节目，把语言声音关掉，试着仅由图像显示的人体姿势来猜想、理解内容，每隔一定时间，把声音打开，检验自己的理解是否正确。

① 刘凤芹：《沟通能力训练》，科学出版社，2014年版。

第四章
主持人综合技能训练

在此前的章节中已经阐述了主持人的外部技巧和内部能力训练，相信通过这些训练学生已经对主持人的基本能力有了基本认识。但是，电视节目主持人的基本技能训练绝不仅仅是外部技巧和心理能力上的，需要将两者有机结合才能进一步提升。本章将技巧和心理两方面进行结合，通过综合技能训练提升主持人的能力。

第一节　交流感训练

学习播音与主持专业的学生经常会有这样的感觉，如果你与亲朋好友围坐交谈，你会很自然地说话，你的节奏、音高、语气、肢体动作等都是自然而然的，此时相互间的交流也十分容易。然而，当你在演播室里，面对着摄像机或是并不太熟悉的人时，就很难给出正确的反应，因此也很难做到即时的交流反馈。这就是本节所要讲述的主持人的交流感，它也是制约传播效果的重要障碍之一。

一、交流感的定义

交流感是主持人在主持创作实践中流露出的一种创作状态，并通过语言、动作作用于受众的听觉、视觉后，在内心产生的一种反应。"交流感"一词经常被业内人士挂在嘴边，可见主持人具备交流感的重要性。[1]

目前，业界大多数人认为，主持人和受众的交流应采用谈话体的方式，类似促膝谈心时的情境。谈话体的方式是"一对一"，即个人对个人，像朋友之间的谈心。这种交流使用的是商量的语气、探讨的口吻，可随时与特定的某个人谈话，亲切自然，热情诚恳，对象感较强。主持人要以第一人称的身份与某位受众直接交谈。主持人在与受众呼应时，不说"你们怎么样""大家如何"，而应该采用第二人称的手法，用

---

① 薛飞：《中国播音主持艺术》，测绘出版社，2013年版。

"你说对吗""你看如何""您看是不是这样""欢迎您继续来信"等方式，这样对象感比较明确，容易感染人，易于被接受。"一对一"的谈话体，有别于"一对众"的方式，它拉近了主持人与受众的距离，增进了彼此间的了解，加强了听众对节目和主持人的信任。

二、交流感的建立

前文中已讲到，主持人和受众的交流是"一对一"的交流，那么主持人首先应该明确自己所对应的受众到底是个什么样的人，因此，主持人在训练交流感时，有必要先建立受众的形象，也就是对象感。

1. 对象感

对象感作为业界一个专有名词，通俗的解释就是：要使每一位受众感到创作者的语言是说给他听的。对象感一词，大多应用在播音员、主持人在演播室、录音间不面对面地直接产生交流互动，独自完成节目录播或直播过程时。在此过程中，播音员、主持人不仅要表达出稿件的精华，还需要进一步与看不到的受众进行语言和肢体的交流，也就是说，对象感、交流感的建立，其实是播音员、主持人节目创作的一部分。

一些书籍对于"对象感"一词基本停留在解释状态即在播音或主持前，"要设想到观众的存在""可以想象你的观众、朋友就在你的面前"，甚至于"把摄像机假设成你的观众"等各种各样的说法，但具体方法并未写明。

中国传媒大学出版社的《中国播音学》中的一段论述，综合了这些解释：播音员就主体自我感觉而言，要想时时刻刻感觉到受众的存在和反应，就要展开想象，播者与受众之间思想感情的给予和接收是在想象中进行的。听众（受众）对传达内容的反映：哪些地方明白了？哪些地方不大明白？哪儿会有兴趣听，受众听到什么地方会流露出喜悦，怎样与播者的思绪同起伏……只有当传播者真的从自我感觉上时时刻刻感受到对方，受众的存在和反应才能与之产生语气、情绪、情感上的交流与呼应，播音员才能与受众"交流"起来。如果在传播的时候脑中没有展开想象，没有感受到受众的存在、反应，那么你的播音，尽管表面上热情积极，但因为没有具体的对象，就会变得像是对空播讲或是自言自语，让人感觉不到你是在给人讲……①

可见，对象感的建立不仅仅只是语言上的"呼应"，它更需要主持人根据不同的受众进行语言和肢体的变化。

2. 镜头感

电视节目主持人有别于其他节目主持人的一个前提条件，就是其一切演播活动都是在摄像机前进行。主持人的交流感是"一对一"的交流，即把摄像机想象成受众，与其进行交流。但是，摄像机并不是真正意义上的"人"，它没有感官，不能对

---

① 张颂：《中国播音学》，北京广播学院出版社，2003年版。

主持人的交流进行回应，因此，主持人和镜头的交流就不能完全和"人与人"的交流一样。

（1）看镜头

摄像机是电视节目主持中必不可缺的一件设备，没有这个设备，所有的电视节目将不能进行。而作为摄像机的成像硬件的镜头，则是记录一切活动的重要部分（图4-1）。电视节目主持人是通过摄像机镜头和观众进行交流，传递信息的，因此，如何看镜头，如何把镜头当作"观众"显得尤为重要，如果主持人不会"看镜头"则会让观众觉得别扭，会出现视线不对、晕镜头、眼神呆滞等状况。

图4-1　摄像机镜头

在人际交往中，对人说话时一定要注视对方，以此显示真诚，这个道理也同样适用于节目主持中。有人说，受众不一定永远是对的，但无视受众永远是错的。不过，在主持过程中，我们面对的可能是一群不碰面的受众，这种情况下，我们要怎样才能找到眼神交流的感觉呢？有这样一个文字公式：视线的可视点+心像的想象点=眼睛的神态。[①]

然而在实际操作中，很多人却容易出现双眼"死死盯着镜头"，或是由于不敢让视线离开镜头而出现头部、颈部僵硬等问题，解决这一问题首先要让摄像机与主持人实现平行，切忌含下巴或仰头，另外就是掌握"看面不看点""看虚不看实"这个要领。也就是说主持人首先切勿只盯着镜头这一视点看，因为镜头由多个透镜组合而成，如果长时间盯着镜头看会让主持人头晕，也就是"晕镜"。因此，主持人的视线范围应放在摄像机镜头周围一圈的面积（大小可以和人脸大小一致），并在这个范围内为自己设定一个摄像机的"眼睛"，这个"眼睛"可以是镜头四边的任意一个点，也可以是镜头偏上方的提示灯，或是镜头上方的摄像机logo，这样一假设后，摄像机在主持人的心理形象就像是一个"人"，一个正在听主持人说话的"朋友"。人与人之间说话聊天，礼貌的表现是看着对方的眼睛，但肯定不是四目相对，而是在对方的脸部范围内活动。因此，我们也采用这样的方式看镜头，也就是主要视线放在摄像机的

---

① 吴洪林：《节目主持艺术》，上海三联书店，2007年版。

"眼睛"上,但可以在之前设置好的视线范围内活动,这也是为什么我们经常看到电视节目主持人在演播中出现点头、摇头等动作的原因之一。

（2）"回应"镜头

主持人会"看"镜头后,接着就是和镜头说话交流了。人与人说话除了注视对方的眼睛外,还需要回应对方。主持人在与镜头交流时,同样需要"回应"镜头。

首先,主持人需要运用"心像的想象点"。其关键是想象,将镜头想象成为该节目的受众对象,用想象来调动情绪及生活积累。这样主持人就能把受众当作你需要重视的人,通过想象来调动情感、流露情感,让对方实实在在地感觉到这种持续的情感。因此,只有当视线的可视点与心像的想象点交织在一起、相辅相成,才能产生眼睛的神态,主持人与受众才会有真正意义上的眼神交流,才会有真正的"对象感"。

在交流时,主持人还需将平时生活当中与人交流时的感觉带入,不仅有眼神交流、肢体交流,还要有语言交流。比如在说到重点时点头、高兴时微笑、悲伤时流露出悲伤的情绪,同时配合相应手势;在提出疑问时,可以看着镜头,稍作停顿,似乎在等待这位"看不见的观众"的回应等。总的来说,主持人的交流感,其实就是把生活中自己与人交流的实际动作、情感带到节目中,与镜头进行交流(图4-2)。

图4-2　镜头

2 交流感实训

1. 眼神训练。

看镜头,但不说话,用眼神传递自己的情感,如"喜怒哀乐""赞同""疑问""否定"等情感。

2. 交流训练。

准备稿件,对着镜头开始主持节目,并加入表情、动作语言。

3. 主持交流训练。

设定受众，根据不同受众进行肢体、表情、语言的交流，要求主持人的镜头感需符合该节目的定位。

第二节　讲述感训练

主持人在节目中，经常会进行人事叙述，如何才能把故事讲得精彩？怎样才能使观众通过主持人的讲述投入其中？这就需要主持人拥有较好的表达能力，也就是我们所说的"讲述感"。

一、讲述感的定义

主持人的讲述感不同于书面语言，更不仅仅是把书面化的语言用口语背出来，或是照提词器念出来，主持人的讲述具有口语传播和口语交流的特点，媒体运用主持人样式的节目，无外乎是为了进一步吸引受众从而提高传播效果。所以，只有主持人语言组织得生动形象，口语表达才能富有吸引力和感染力。因此，主持人在面对特定的语境进行自由创作时，只有让句式与词语建立多种关系，使每句话语和词汇运用恰当，使每句话的语态更为鲜明，讲述感才会更加贴近观众的生活，才能吸引受众投入其中。

二、讲述感的建立

在生活中，我们每个人每天几乎都在进行讲述，你可能向父母讲述这几天的学校生活，也可能向朋友讲述最近身边发生的奇闻趣事，还有可能三五好友凑在一起讲述别人的故事……当然，一些人的讲述总是会获得倾听者的赞许，引发倾听者的共鸣，这是因为他的"讲述"抓住了听者的心，吸引了对方。"讲述"是我们每一个人每天都会进行的过程，可是，一些主持人在节目中进行讲述时，却会出现没有"讲述感"的讲述，比如照搬稿件内容、讲述时语言生硬无趣、大量采用书面语言、内容不生动形象等，这些都是主持人没有把握好自己的语态，没有进行好"讲述感"造成的。那么，主持人如何才能建立讲述感呢？

1. 备稿

主持人拿到稿件后首先要做的是备稿，备稿一般遵循"备稿六步骤"：第一，划分层次。所谓层次，是指稿件的布局、结构。拿到一篇稿件后，首先要对稿件的句、段进行整理，即从播音的角度对稿件中的自然段进行归并和划分。第二，概括主题。主题是指主要事实中包含的思想意义，也称"稿件的中心思想"。概括主题既要揭示深刻的思想含义，又要有利于调动播讲者的思想感情。第三，联系背景。背景，主要是指稿件的播出背景。播出背景包括上情和下情两方面内容。上情是指和稿件有关的党和政府的路线、方针、政策等。下情是指国际、国内各方面的现实情况及其变化。下情里还有"主流"和"支流"。分析背景是为了更好地把握稿件中的政策精神和播音的针对性。第四，明确目的。知道了稿件是针对什么而发的之后，还要进一步明确通过播出要达到什么宣传目的。播讲目的和稿件主题不同，稿件的主题具有稳定性和不变性，但播讲目的在不同时期有不同的表现，所以，必须结合现实情况去分析目的。第五，分清主次。首先要找出重点，找出重点是为了在播讲中有主有次。重点一般是指直接表现主题、体现目的、抒发感情、感染受众的地方。稿件内容的次要部分是指那些起说明、铺垫作用的词语和句段。次要部分为重点部分的表达服务。第六，确定基调。基调，是指稿件总的思想感情色彩和分量、播音时总的态度倾向。它是播讲者对稿件认识、感受的整体表现。可以说，一篇稿件播得是否成功，基调提供着最直观、最易感觉到的判断依据。实质上，基调要求播音的表达与理解感受统一，要求声音形式与稿件的体裁风格统一。

以上的"备稿六步骤"是不少主持人常用的一种备稿的方法，也是最为基本的一种方式，可是如果仅仅停留在此程度是绝对不够的，我们在理解稿件原本的基础之上，还得继续对稿件进行"加工"，也就是主持人的二度创作。

2．增强与受众的交流

本书在交流感训练时曾提到过，主持人与受众的交流，除了肢体、眼神的交流外，语言的交流也尤为重要。讲述感其实并不是主持人一个人讲述，更多的是让受众在看和听的同时，心随主持人，因此，主持人在讲述时，也应该与受众进行交流。那么，语言的交流应该如何进行呢？

（1）改变书面稿件，是增强交流感的前提

现在很多主持人的节目稿件原稿来自于书面稿件，因此，很多内容都是生硬的书面语言，书面稿件和电视语言有着根本区别——书面稿件内容可以较为复杂和深入，因为读者可以反复揣摩其中意义；而电视语言转瞬即逝，受众必须第一时间就听明白主持人在讲什么，不然就会觉得不知所云，进而换台，不再看该节目。所以，主持人的讲述显得非常重要，而讲述体稿件是主持人采用讲述的方式主持的依据。如何编写好谈话体稿件呢？一是要明确身份，使对象具体化。主持人采用的是第一人称"我"的口吻说话，采用"一对一""一对几"的交流方式，所以用"我"的身份和口吻写稿，写稿人要有明确的受众意识，有强烈的与受众交流的欲望。二是使用讲述体语言。讲述体语言，是有个性的语言。它既有别于书面语言，又区别于口头语言。它既吸收了书面语言的优点，讲究语法修辞，逻辑性强，准确、鲜明、生动，又吸收了日常口语自然、朴实、生动、起伏大、变化多的长处。

知识连接

日常用语——"从古时候到现在，酒跟人是有缘分的。一家人聚在一块儿呀，好朋友见了面呀，办个红白喜事，逢年过节，哪家都得喝酒。"

书面语言——"酒有悠久的历史，人们在聚会、过节的时候，喜欢敬酒助兴。"

讲述体语言——"可以这么说，千百年来，酒跟人结下了不解之缘，无论是亲人团聚、朋友相会，还是过年过节，大概都离不开酒。"

讲述体语言要求念起来朗朗上口，听起来顺畅悦耳，是生活化的语言。另外，主持人在进行讲述体稿件创作时，还需表现出想象力，这时选取的讲述角度尤为重要，因为选取独特的角度能够让主持人的语言组织富有深度。

案例分析

新闻节目主持人康辉在中华人民共和国60周年的庆典上这样说道：

60门礼炮齐整地排布在天安门广场南站，它将用穿透云霄的鸣响为新中国烙上峥嵘的纪念和和平的诤言。60声震撼的鸣响必将激荡千年古国的万里疆土，激荡中华民族的奔腾血脉。修葺一新的中国国家博物馆，厚重如山，巍峨屹立。60年来它见证了共和国奋勇前行的每一步，珍存了共和国喜悦变迁的每一天。新中国60年跌宕起伏，波澜壮阔，中国人民秉持着历来的艰苦奋斗，张开拥抱世界的臂膀，坚定开放发展的心态，从容涉过岁月的洪流。

而同样是新闻主持人的白岩松却选择了另外一个角度来讲述：

今年是牛年，60年正好是一个甲子，牛具有执着、勤奋的特点，永远绷着这种劲儿。每人都有一个属相，如果我们的祖国也有属相的话，那就是牛！但愿中国永远这么牛！

两位新闻主持人，虽然都是在庆贺中国成立60周年，但是由于选择的角度不同，节目的效果也完全不同，这就是主持人选择了不同角度让语言出智、出彩、出情、出趣的体现。[1]

（2）处处感觉到受众的存在，始终有一种想与之交流的欲望

主持人要做到"目中有人，心中有情"。可以从以下几点做起：走进直播室如

---

[1] 吴洪林：《节目主持》，中国广播电视出版社，2011年版。

同来到一个气氛和谐的家庭，和其中一个朋友进行亲切的交谈。对所谈事物有浓厚的兴趣，有与听众交流的欲望。交谈时语调要轻松、活泼、自然流畅，不使对方感到紧张、费力。语气、声调不能造作、虚假、拿腔拿调，要落落大方，实实在在。

（3）练好过硬的语言基本功

讲述体语言不同于日常生活用语，表达上也不是对生活语言的照搬，生活语言听起来亲切、自然，但是语病较多，不讲究吐字归音和发声控制。讲述式的主持语言要在生活语言的基础上加工提炼，取其精华，去其糟粕，没有过硬的语言基本功，势必会影响表达效果，有的还会产生歧义。主持人语言听起来轻松自然，像拉家常一样，其实这种语言是经过精心处理的，它坚持普通话的基本要求，讲究用气发声的科学和对语言的锤炼。

2 讲述感实训

1. 连词训练。

按时间、人物、事件将其串联起来，进行故事创作。如：中秋节、嫦娥、团圆等词。

2. 新闻复述训练。

复述热点新闻稿件，并加入合理的想象内容。

第三节 急稿播读训练

电视新闻分为"录播"和"直播"。目前，我国部分市级及市级以下电视台大多数新闻节目是"录播"，也就是提前录制出成片，经审查后再播出，以保证播出新闻的质量；而部分市级及市级以上电视台新闻节目大多数为"直播"，这样可以提高播出新闻的实效性。另外，还可以给受众更多的现场感受，让受众感觉亲切、可信。直播是电视的优势，当然，直播对节目主持人的要求会更高。

一、节目中出现"急稿"的情况

所谓"急稿"就是及时稿件，赶着播出的稿件。业内所指的"急稿"其时效性更高，通常情况，"急稿"会出现在新闻节目直播中。那么，什么样的稿件会在新闻节目正在直播时，突然加进串联单进行插播呢？第一，它具有重要性。第二，它具有时效性。因为如果时效性不强，电视台完全可以派记者前往现场进行采访后，以新闻成片的形式呈现，而不用直接在节目中插播。因此，急稿应该是在节目直播时突发的重大事件，如地震、重大空难、重大活动、重要紧急的通知等相当重要的消息。

2008年"5·12地震"发生时，多个电视台就曾以插播急稿的方式进行播报，还有莫言获得诺贝尔奖时，中央电视台也曾进行插播。

本书在前文中有提到，目前，电视媒体常用的提词器主要有两种方式，一种是通过摄像机录下稿件内容与提词器连线显示在屏幕上；另外一种是把稿件事先输入电脑中，经过与提词器相连硬卡的转换显示在提词器上。而电视台的成稿一般会经过层层审稿，很多电视台为了保证稿件的正确率，通常会采用纸质审稿，这样编辑、记者修改稿件会更加清晰。一些相当重要的稿件，还可能会经由当地（中央、省委、市委）办公厅（局），或是当地的宣传部门等再次审稿后才能进行播出或是编片，此时如果是急着播出的稿件，若是再将其输入电脑，那么在质量和时效性上就会大打折扣，因此，很多电视台选择采用纸质稿件播出的方法。如果该电视台采用的提词器是通过摄像机录下稿件内容与提词器连线显示在屏幕上，主持人可以采用看提词器进行播读稿件的形式。但如果该电视台需要把稿件事先输入电脑中，经过与提词器相连硬卡的转换显示在提词器上，则需要主持人进行"低抬头"的播读方式了。

二、"低抬头"播读方法

"低抬头"播读的方法，即主持人不看提示器进行播读。电视新闻节目主持人在播读新闻稿件时，根据稿件的需求，时而低头看手上的稿件，时而在需要时抬头与受众进行交流。"低抬头"播出与有提示器播出的最大区别就在于抬头交流。抬头交流主要指新闻节目主持人与受众交流时的抬头动作，包括所伴随的心理活动和面部表情。那么，为什么抬头、在什么地方抬头、如何抬头和受众交流等是此部分的重点。

1. 抬头的目光

这是由电视传播的特点决定的，电视节目最终是以电视画面的形式呈现给受众的，主持人在镜头前的画面如何，直接影响着传播效果。如果电视新闻节目主持人长时间只顾低头念稿，而不与受众进行面对面的交流，就会给人以"目中无人"的感觉，会给受众带来"被冷落感"，不利于双向交流。

所以，电视新闻节目主持人在无提词器播出时，要用头部、眼神、面部的一系列动作与受众进行交流，以增强沟通和传播的效果。电视新闻节目主持人在播读稿件时，应不时抬头与受众交流，向他们强调新闻内容，传递内心情感。表明自己是为受众服务的，渴望与受众进行平等的交流。由此可见，电视新闻主持中的抬头动作，既不是亮相展现自己的相貌与表情，也不是没有心理活动的空洞动作。与受众进行交流，不仅仅表现为心中有受众，更多的在于表达新闻节目主持人的观点与态度。所以，用抬头动作与受众进行交流具有双重内涵，一是心中有受众，二是引起受众的关注与思考。

值得一提的是，不少初学者在进行"低抬头"练习时，会出现翻白眼、低头没低下去，抬头又没抬起来等现象，这主要是由于初学者没有把握好"低抬头"的头部要领。主持人在进行"低抬头"播报时，首先要保持身体几乎不动，动的部位主要是脖子，通过脖子的抬和低来进行头部动作，而不是前后动身体。其次，主持人的眼球和头部动作是一致的，并且低头、抬头的过程在一条纵线上完成，也就是说，低头时，眼睛同时往下看，抬头时，眼睛同时向上看，直到与摄像机镜头保持水平。这个过程中，主持人可以自然眨眼，但是不能过于频繁，低头和抬头间的角度大约呈75度角比较合适，当然也有例外。再次，在低抬头的过程中，稿件也要根据自己的视点进行移动，便于自己在播读时看得更加清晰和自然。最后，还需注意，抬头时做到一边说话一边抬头，而低头时必须要完全低到最低点再说话，低头过程中自然换气，确保有声音停顿。

2. 抬头的位置

（1）句尾抬头、句首低头

体会与受众进行交流，可以先选择句尾抬头、句首低头这种直观方式。这种抬头方式略显机械化，但适用于初学者体会动作要领。（下列案例中"↘"表示低头，"↗"表示抬头）

例：↘28号，在韩国大邱举行的田径世锦赛上，中国老将李艳凤在女子铁饼决赛中以66米52的成绩夺得冠军，↗为中国队赢得了本届世锦赛上的首枚金牌。↘而在当天举行的男子百米决赛中，牙买加飞人博尔特因抢跑被取消参赛资格，↗爆出当天最大冷门。↘另外，在刚刚结束的男子110米栏半决赛第一小组的比赛中，中国选手刘翔以13秒31获得小组第一，↗顺利进入北京时间今晚20点25分进行的男子110米栏决赛。

（2）在表达重点时抬头

为了更加准确地向受众传达信息重点，在一条新闻的重点部分，应当抬头给予指点，以强调重要内容，从而达到强调重点的目的。抬头位置根据稿件具体情况灵活掌握，可在句中也可在句尾。

例：3月1日晚9时20分，10余名统一着装的暴徒蒙面持刀↗在云南昆明火车站广场、售票厅等处砍杀无辜群众，↘截至3月2日1点钟，暴力案件已造成28名群众遇难、113名群众受伤。↗公安干警当场击毙5名暴徒，↘其余暴徒仍在围捕中。

案件发生后，↗中共中央总书记、国家主席、中央军委主席习近平高度重视，立即做出重要指示，↘要求政法机关迅速组织力量全力侦破案件，依法从严惩处暴恐分子，↗坚决将其嚣张气焰打下去。

（3）在揭示逻辑关系处抬头

选择逻辑紧密相连的句子，或是一条新闻中的关系转折、递进处抬头。

例：今天上午9点42分，台湾花莲县附近海域↗发生6.4级地震，震源深度7千米。

震后不久，离台湾大约400多公里的浙江温州就有人感觉到了震感，随后，台州、宁波、杭州、绍兴、衢州等地↗均有网友"体会"到了这次地震。

浙江省地震局表示，这次台湾花莲县地震，是今年以来对我省影响最大的一次地震；↗不过，浙江省地震局相关人士表示，近段时间浙江发生5级以上地震的可能性并不大。

（4）启发性抬头及提示性抬头

启发性抬头，是指在稿件的提问、设问以及总结性词语处的抬头，目的是正确引导或引起思考。提示性抬头，指在连续报道中，根据一件事情的进展情况，通过抬头动作、眼神交流，来引起受众相关的回忆与关注。

例：广东省食品安全委员会5月23日晚公布了↗2013年抽检发现的120批次镉超标大米，↘其中由湖南厂家生产的多达68批次。从今年2月至今，广东食品安全监管部门陆续曝光部分流入市场的镉超标大米，来自于湖南益阳、攸县等地。↗为何水稻大省湖南遭遇前所未有的大米安全危机？↘面对"新华视点"记者的追问，湖南省食品安全委员会就有关情况核实了近三个月仍旧没有明确答复。受损的农民、停工的米厂、忧心的公众，↗仍在浓重的"镉霾"中茫然等待。

另外需要注意的是，急稿的播报，首先应该建立在主持人确保稿件播读的正确率上完成，因此低抬头不追求次数多，而是在保证稿件内容准确无误地播出的前提下进行交流。若主持人认为此稿件难度较大、备稿时间短暂，可以根据自己的情况删减抬头位置。

3. "低抬头"核心要领

在电视新闻无提词器播出的实践中，我们看到有的主持人只要抬头就停止播稿，亮完相再低头接着说，这样既打乱了新闻的整体节奏又给人以机械、生硬之感。这种情况的出现，是因为他们尚未掌握低抬头的核心要领。低抬头的核心主要是指主持人运用记忆技巧与有声语言相配合，完成无提词器的播出任务。

（1）什么是记忆技巧

记忆技巧是指电视新闻主持在进行无提示器播报时，利用瞬时记忆并结合长时记忆将抬头点后的语句内容背下，以获得抬头的主动性与时间基础。无提词器播出中的抬头交流与记忆有着紧密联系，因为播出时，不能抬头就停止说话，这需要主持人在抬头前用眼睛迅速看清后面的内容，利用视觉的提前量记住后面的词语，抬头时再将记忆的句子播出。

（2）如何运用记忆技巧

从表面看，抬头的主动权源于视觉的提前量，即主持人的瞬时记忆。特点是每次能记住的内容有限，保持时间较短，容易受干扰。实际上，它的深层原因在于人的长时记忆，即对时事背景的了解、各种知识的积累以及文化素养的积淀等。因此，播出时绝不能仅仅依靠瞬时记忆，它必须以长时记忆的积蓄为基础，与瞬时记忆相结合构成完整意义的记忆技巧，进而很好地完成播出任务。只有主持人的有声语言、抬头动作、内心感受、眼神交流四者有机统一起来，才能达到最佳的传播效果。

1. 主持人根据稿件内容，划分低头和抬头的位置，采用无提词器的方式播读。
2. 主持人在五分钟内，划分急稿低头和抬头位置，采用无提词器的方式播读。

第四节　即兴评议训练

一、主持人即兴评议的定义

主持人点评、议论简称为评议，它不同于主持人评论，既不能独立成篇，也不是多篇短评的集合。但它是主持人节目结构中一个不可或缺的组成部分。

主持人在节目中的评议无处不在，不仅新闻类节目中会出现主持人的评议，社教、娱乐等各类节目中都会出现主持人穿插其中的评议。评议短则一个字，多则数句话。如《新闻调查》节目中，主持人在评论前加的导语和评论当中的串词，《东方时空》节目中，主持人的现场评议，还有文娱晚会上的即兴评议等。评议不仅短小精悍，而且形式自由、不拘一格。

主持人点评、议论是任何一个主持人节目结构中都必不可少的重要组成部分，它起着支撑节目结构的组织功能。事实与说理是构成主持人节目的两个基本要素，缺一不可。如果说事实是基础、是依托，那么点评、议论则是对事实的理性升华，两者相辅相成、互为因果。随着现代多元化社会的发展和多元文化的需要，主持人点评、议论可谓内容广泛、形态多样，传播效果良好。

我国的主持人节目从诞生开始就十分重视点评议论。如今，评论说理已成为节目的主心骨和闪光点，成为衡量主持人水平的标准之一。主持人的点评、议论得当，不仅可以发挥舆论导向的作用，深化主题，还能提升主持人的个性魅力。因此，提高节目主持人的评议能力，对于提高节目质量以及主持艺术，具有重要的现实意义和指导意义。

二、即兴评议的要求

节目主持人的评议不同于平面媒体的评论，它是由主持人以第一人称的口吻进行表达，是主持人根据节目的内容有感而发的。因此，主持人在评议之前，应首先弄清楚"我"和"受众"的关系。"我"即主持人的本我，以这种身份来评议，主持人可完全站在自我的立场看待和评议新闻，这是一种个性化的评议，常给人留下深刻的印象。以这种身份评议时，主持人需设身处地地站在普通受众的角度，揣摩受众的心理，如此往往可以引起电视机前受众的共鸣。

1. 宁缺毋滥，有感而发

一些主持人为了显示自己的"独特"主持风格，每说一事，必加评议。殊不知，主持人的评议应该是真情流露、有感而发，切忌没话找话，为了评而评。这样"评议"的主持人通常都是照搬理论，言谈间充满枯燥的说教感，让受众反感。

2. 言简意赅、求精求实，忌泛泛而谈

主持人的评议要求能说到关键之处，起到拨开云雾、点石成金的作用。评议是主持人抓要点、摆事实、说道理的艺术，常常是结合某件事、某个问题有感而发，引起受众的共鸣和重视。它要求寓理于事、事理结合、情感真挚、一针见血、符合身份、恰到好处。

案例分析

云南"躲猫猫"事件发生后，经过工作组调查，最终真相大白于天下，当地警方原先给出的玩"躲猫猫"致死的调查结论成了永远的笑话。在评论此事时，某市级电视台主持人只引用了一句格言："真相可以被掩盖，但真相不会永远被掩盖。"整个事件全过程，受众已了然于心，孰是孰非已无需再说，一句格言既简单明了，又表明了主持人的观点态度，能给人留下深刻的印象。

3. 见解独到，忌人云亦云

国内外大量的事实证明，主持人独到的见解、新颖的想法、精辟的评议，最能显示其丰富的文化内涵和优秀的品格素质，这样的主持人最受受众的欢迎。这几年，我国也涌现出了一批颇有见地和影响的主持人，比如中央电视台主持人董卿、水均益、白岩松、柴静等。他们的表现真实地展示了主持人说出"人人心中之所有，人人口中之所无"的富有创意的评议艺术。主持人的评议如果只是就事论事、人云亦云，势必平淡无奇，也就吸引不了受众了。[①]

案例分析

浙江电视台《新闻深呼吸》一期节目中讲到，2010年底，广东东莞市一名妇女韩群凤溺死自己的脑瘫儿子后喝农药自杀未遂的事件，引起大家的广

---

① 陆锡初：《节目主持人导论》，中国传媒大学出版社，2013年版。

泛关注，大多数人表示非常愤慨，声讨这个母亲太狠毒，应该受到严惩。然而，主持人舒中胜却站在另外一个角度来看问题："表面上你站在法律的一边，其实未必。因为韩群凤生存的艰难、养育的不易，我们是体会不了的。是的，几乎所有的脑瘫儿童家庭都过得极度艰难，有些家庭陷入巨债，有些患儿的父母亲甚至会想到自杀，正如其中一位脑瘫儿母亲所说的：'想尽早结束这种看不到希望的无期徒刑'。这不是一个个案，我国脑瘫儿童约有300万~400万，每年新发病约6万例。而脑瘫患者面临的医疗缺失，不仅仅是经费上的，还有人才投入、知识普及方面的。而教育保障方面的缺失表现为大部分脑瘫儿童与学校无缘，家庭干预机制方面的缺失表现为家长精神层面的康复阻碍，最致命的缺失是未来患儿保障的缺失——我死后，我儿子、女儿怎么办？这是脑瘫患儿家长最过不去的坎，是这些缺失导致韩群凤做出了溺儿又自杀的举动。"

舒中胜没有像大多数人一样，一味指责这位脑瘫患儿的母亲，而是换了一个角度去深究韩群凤为什么会有这种举动，从而以点带面，总结出目前社会上脑瘫患儿家庭所面临的各种问题及问题的根本原因，最终得出结论。这样的评议，发人深省。

值得一提的是，近几年，在某些地方台的节目中，个别主持人在批驳社会上一些恶劣行径时，口不择言，经常通过责骂来凸显自己所谓的"个性"。不轻浮、有涵养，这是主持人的基本素质，把口不择言、脏话连篇当作"个性"，是对"见解独到"和"个性"的误读。因此，主持人在发表评议的时候，既要保持个性，出新出彩，同时还应该时刻把握主持人的舆论导向并注意公众形象。[①]

4. 通俗易懂、平易近人

主持人的语言应通俗易懂，尽量口语化。特别是随着电视媒体的发展和受众审美水平的提高，能够和受众平等交流、沟通的主持人更容易受到欢迎。因此，主持人的点评议论也应该遵循贴近生活、贴近群众、贴近实际的"三贴近"原则，用生活、生动的语言展示主持人的个人特色和魅力。

◆ 案例分析 ◆

江苏电视台《孟非读报》有一期节目，聊到某纸媒评论的关于某政协委员在全国两会中对于限制私车上牌的提案一事，虽然内容比较偏激，但是就"敢说"这一点，已经是一大进步了。关于此点观点，孟非在节目中议论道："我恰恰没有觉得这一提案表现了'敢说话'的意味。人大代表和政协

① 安徽电视台：说新闻节目中主持人的评论语言，2012年。http://www.xzbu.com/1/view-175388.htm

委员有一个共同的名字叫'民意代表'。'民意代表'就是要代表民意说话的，代表民意是他们的天职，可是在这份提案当中，内容和本质却是以限制一部分百姓的权利去保证另一部分百姓的权利，而对于这个事件的公权力没有一丁点儿限制，这算代表的哪门子民意？"

孟非用通俗易懂的语言，表明了自己的观点，同时也层层剖析问题，从本质上对这一事件做出了评议。简单易懂，使观众一听就明白。

三、即兴评议的方法

1. 即兴式

即兴式是主持人根据情景突然激发出来的。主持人可以就某件事或者某个方面、某个观点发表评议，多用于现场晚会中的即兴发挥。

案例分析

前几年湖南电视台有个魔术类节目《金牌魔术团》，在一期节目中，一个魔术师被淘汰了，但是挺不服气，就跟刘谦撒气。这个选手当时当着所有观众把魔术的破解方法全都说了出来，刘谦非常生气，说道："就你这种揭穿魔术密码的人没资格做魔术师。"

在这个尴尬状态下，汪涵通过现场的一段即兴评议，化解了尴尬的气氛："我觉得破解魔术不代表一个人有多么聪明，创造魔术才能代表一个人的智慧。你千万不要忘记，破解魔术是成千上万只眼睛在盯着破解，而创造魔术只有一个魔术师，躲在黑暗的房子里绞尽脑汁在创造，他是以一敌百，以一敌千，以一敌万，以一敌亿，所以我知道魔术师是值得我们尊重的，他用一个人的智慧愉悦了所有人的眼光。这个世界上什么人都有，什么事情都会发生，过去了就都过去了，接下来会有什么，会有同样精彩的魔术！"

汪涵简短的评议，不仅缓和了现场的尴尬气氛，同时发表了自己的观点，更从侧面批评了这位不断揭秘魔术奥秘的魔术师，也代表了大多数观众的意见。

2. 交谈式

交谈式是主持人利用和被采访者交谈的方式来进行点评，也可以是两三个主持人或受众之间的相互讨论。它要求所涉及的话题是大家共同的注视点和焦点，多用于谈话类节目。

凤凰卫视《一虎一席谈》一期"延迟退休应对养老是良药还是猛药"的节目中，主持人听完现场嘉宾从多个方面的所有发言后，评议道："除了刚刚的几位嘉宾之外，别忘了，延迟退休养老金的问题除了需要公平、平等、效率之外，有一个更重要的条件是诚信。今天假设我们的养老金这个缺口中，大家认为这个信息是公开的，大家是有诚信的，绝对不会造成这个画面（退休和工作冲突的漫画）的出现，不会是白领跟蓝领之间在拉扯，不会造成社会之间的分裂，不会是劳工跟企业领导之间的对立。所以，探讨这个问题，信息的公开，诚信的对待，我想是至关重要的。"

胡一虎的评议不仅填补了现场嘉宾话题讨论方面的缺失，同时又可以引导受众关注新的一个层面，也是最根本的一个层面。这既是对本期节目讨论话题的总结，同时也是一个新层面的思考。

3. 评论式

评论式是主持人以旁观者的身份，按照新闻事件的发展顺序，或顺着被采访者的思路，抓住某一点或者某一个镜头来进行点评，多用于新闻事实报道。

中央电视台《焦点访谈》一期"中国足球改革开始了"的节目中，主持人劳春燕进行了这样的评议："用彻底的改革扫清国足发展中的障碍，要想完成绿茵场上的崛起，中国既需要更加健康的足球体制，也需要更加庞大的足球人口。足球从来都不是一项投入之后就能够立竿见影的事业，它要的是扎扎实实从基础做起，夯实金字塔的底部，让更多的孩子喜欢足球、享受足球，在他们中间，这五万所足球学校里，会诞生中国的梅西、齐达内或者是马拉多纳。从这个意义上讲，中国的球迷不仅需要热情，也需要更多的耐心。"

主持人的评议内容来自于节目之前所涉及的相关专家的采访、新闻事件等。劳春燕不仅抓住了采访和新闻事件中的亮点，同时还加入了自己的观点进行评说，使这段评议有理有据，同时又显得合情合理，人情味十足。

4. 现场式

现场式是主持人结合现场的情与景进行点评，体现了主持人对新闻事件的直接评价，多用于图说新闻节目中。

◆ 案例分析 ◆

　　江苏电视台《图说天下》的一期节目，盘点了几位身在英国的中国人是如何度过中秋节，如何思念家乡的新闻，这其中有悲有喜，主持人最后这样评议道："我想无论是独在异国他乡，还是与家人团聚，中华儿女都可共赏同一轮明月，心中共此时，快快乐乐地过中秋。"

　　主持人并未过多停留于新闻事件，而是根据节目中的几个新闻事件，评出了其共同点，愿大家都能快乐地度过中秋节。

　　特别要提出的是，四种点评方式的运用，并非固定模式，可根据节目内容和需求，选择合适的点评方式进行运用。[①]

即兴评议实训

　　1. 即兴式评议训练。

　　（1）节选综艺节目的一段视频，如《中国达人秀》选手展示完之后，对其表现进行点评。

　　（2）节选一段新闻，让学生对其进行即兴的短评。

　　2. 交谈式评议训练。

　　由教师指定话题，一位主持人与两位嘉宾展开话题。主持人组织讨论并在交谈过程中进行点评，交谈后进行总结。

　　3. 评论式评议训练。

　　展示网络热门图片，并让学生进行评议，各抒己见，表达自己不同的观点。

　　4. 现场式评议训练。

　　播放一段节目视频，让学生把自己定位成该节目的主持人，对这段视频进行点评，然后再播放该节目主持人的点评，进行对比，让学生改进。如，播放2005年春节联欢晚会由中国残疾人艺术团表演的《千手观音》舞蹈节目，然后让学生进行串场主持，现场评议并引入下一个节目。

---

① 陆锡初：《节目主持人的点评议论艺术》，《现代传媒》，1998年4月刊。

第五节 采访训练

在一般的受众心目中，主持人是真实的记者。对于主持人采访来说，有积累材料、观察实际过程的内部采访，同时还有向听众观众阐明、传播消息的外部形式。后一种方式是直接出现在观众听众面前的，带有强烈的现场性。由于现场采访可以让受众感受到主持人采访的能力，更重要的是它关系到一条新闻的成败，因而就显得非常重要。现场采访有利于再现事物的本来面目，同时可增强新闻的可信性和感染力，如闻其声，如见其人。主持人在节目中的作用除了串接、引导、传播信息外，若能出现在新闻现场，就能够突出和强化主持人的主持作用。由于现场采访为万人所瞩目，因而主持人的政策水平、知识深度、分析能力、敏锐反应、口语能力将会从这个侧面得到反映。

一、电视节目主持人与记者的采访区别

有人说："节目主持人虽然也属于新闻工作者，但在工作和生活方式上和记者有着本质的区别，记者需要更多的理性，主持人需要更多的感性；记者多数报道正在或者刚刚发生的事实，主持人多数在事实发生之后走进事实。"也有人说："记者每天奔忙于各个新闻现场，主持人可以在一个新闻事件中深入感悟；记者似乎对社会看得很透，觉得一切'不过如此'；主持人往往对社会越来越好奇，直到有一天悟出'原来如此'。"

随着广播电视改革的深入，主持人节目类型的不断丰富，不同节目类型中主持人应承担的功能与职责也更加明确和清晰。"主持人"也不再只是一种话语方式，正逐步承担和发挥本应具有的职责与功能。在一些节目尤其是新闻节目中，采、编、播的界限被打破。一方面，主持人早已从过去单纯的串联功能走出来，参与前期策划，直面新闻事件和采访对象，把握节目进程；另一方面，既有丰富的采访经验、又有良好镜头前语言表达能力的记者开始走上主持岗位，成为记者型主持人。

时至今日，记者和主持人，早已不是两个互不相干的概念，二者的角色功能也日渐交叉与融合。"一名优秀的新闻节目主持人必定先是一名优秀的记者"成为业内人士的共识。这方面的成功者不乏其人，如央视的水均益、白岩松、张泉灵等在这方面都表现出非凡的能力，给观众留下了深刻印象。在记者和主持人中间并没有不可逾越的鸿沟，平面媒体记者的工作状态和主持人的工作状态有很多的相似之处。所不同的是，一个是在现场挖掘客观报道，一个是在演播室里主观评说，而所要求的素质和能力基本是一致的，只要把握好其中一些技巧，就可把两个角色的工作都完成得很出色。[1]

---

① 郝杼雁：《浅谈电视节目主持人与电视记者的现场采访技巧》，《赤峰学院学报》，2001年第1期。

二、采访的方式

总的来说，采访分国内采访与国外采访、常规采访与热点采访、直接采访与间接采访、战役性采访与突击采访、集体采访与个别采访、显性采访与隐性采访等。具体地说，各类采访中又包含着各种具体采访形式。各类采访有各类采访的规律，各种采访又有各种采访的特点和方法。掌握各种采访的方法和特点，是迅速进入采访"角色"，获得成功的前提。这里重点介绍直接采访、间接采访、隐性采访、战役性采访四类区别较大的采访。

1. 直接采访

这是记者或主持人到现场即新闻事实发生地向现场及当事人采访的一种形式。它有别于间接采访，是获取第一手新闻材料的基本形式。直接采访，一般包括现场采访、当事人采访、视觉采访、街头采访和独家采访五种方式。

（1）现场采访

这是记者或主持人亲自到新闻事实发生现场踏看、体验、调查、访问的一种方式，也是抓"活鱼"的必然途径，有利于把握新闻事实的细节、气氛、环境，做出准确的分析判断，是目前大力提倡的采访作风和方法。

（2）当事人采访

当事人是记者或主持人采访的主要对象，但他可能在新闻事实发生现场，也可能不在新闻事实发生现场。采访方法可以是集体访问，也可以是个别采访，但一定要找到最关键的当事人（如果有两个人以上的当事人的话）。这是获取独家新闻的最好机会，关键在于谁最先找到主要当事人。

（3）视觉采访

现场情况变化多端，一般来不及详细笔录，记者或主持人主要通过视觉抓取情节和线索，然后再通过当事人采访完成，这便是视觉采访，它有利于锻炼记者的现场捕捉能力。

（4）街头采访

这也是记者或主持人常用的一种采访方式，所不同的是带有"找新闻"的性质。而且，这种采访分有主题采访和无主题采访两种：有主题采访着重于寻找与主题相符合的形象题材和行人交谈的事实、观点；无主题采访则在于听取反映，发现新闻线索。或者做些社会调查，积累材料，写某种新闻题材的综述。或者发现线索，跟踪采访，写独家新闻。这是锻炼记者现场捕捉能力的重要途径。

（5）独家采访

顾名思义，这是要抓独家新闻的采访活动。这种采访必须具备三个条件：一是事实或者问题或者人物重要；二是必须最先发现这一重要线索；三是排他性的采访行动，不允许别的新闻传媒插手，即不等别的新闻单位知晓，就已把材料采访到手并及时发表了。这是记者或主持人常关注的线索和所盼望的采访机会。

2. 间接采访

这是指记者或主持人失去现场采访机会或无法进行现场采访时采取的采访活动。这类采访包括知情人采访、目击者采访、委托人采访、电话采访、书信采访等，凡属现场采访之外的非当事人采访均属间接采访。

（1）知情人采访

知情人有目睹者、亲闻者和参加者，也有通过正式渠道间接了解情况的，还有通过非正式渠道获得的间接知情人。这三种人要区别对待，应主要采访第一种知情人，对第三种知情人提供的情况应做追踪核实采访。

（2）目击者采访

这是知情人采访中另一个方面的人物，也是知情人采访的主要对象。从他们那里不仅可以得到准确的材料，还可得到比较可靠的有关细节，是间接采访中不可或缺的重要采访。

（3）委托人采访

一般属于补充采访的性质。因材料不全，记者或主持人本人又不能前往补充或者不值得再亲自去一次，就委托当地的有关朋友前去代为采访；还有种情况是，因路途遥远，时间紧迫，就委托当地有采访经验的朋友去采访。这是万不得已而为之的办法。

（4）电话采访

这种采访是在下述三种情况下采取的：一是个别事例或情况的补充；二是时间紧迫，已来不及亲自去采访时；三是所了解的事情并非主要事实时。这也是万不得已而为之的办法之一。

（5）书信采访

这是在时间允许情况下的一种补充采访形式。可以是为核实个别事实所采取的方法，也可以是为补充某个细节而为之，或是为证实耳闻的某个新闻线索。这多用于电话联络不方便的地方。

3. 隐性采访

这是指记者或主持人不宜以公开身份进行显性采访的相对举措。这种隐性采访必须是既不公开记者或主持人的身份，又不公开记者或主持人的姓名，它多用于检查、揭露性的采访活动，目的是为了防止对方订立攻守同盟，不吐真情，或者为了防止弄虚作假，欺上瞒下，或者为了防止坏人对记者的危害等。但这种采访最好有两人以上，而且还应是两个不同新闻单位的记者或主持人在场的有证人采访，以防对方事后改口或者完全拒认。

4. 战役性采访

这是指时间、空间跨度较大的连续性的宣传报道的采访活动。它根据任务的需要，既可能包括直接采访也可能包括间接采访，可能包括常规采访也可能包括热点采访，可能包括显性采访也可能包括隐性采访等。但它主要是根据自身任务的需要和新闻事件的发展而进行连续采访、深度采访和跟踪采访。

（1）连续采访

连续采访即就某个新闻事件或某个报道主题所做的分段式的采访。这种采访的主题或事件是前后密切关联的，被采访对象可能是一个或几个当事人，也可能是更多的相关联的人，且每次采访都要有新的发现、新的事实。

（2）深度采访

深度采访即在连续采访中就战役性报道的主题所做的深入挖掘工作，每次采访都要有新的思想、新的意义、新的高度。

（3）跟踪采访

跟踪采访即在连续采访中就其中正在发展的主要事实进行跟踪，不间断地观察、调查、采访，并不惜运用各种采访形式，以求每次采访都抓住新的动态、新的趋势。这种战役性采访，侧重于动态采访和深入调查采访两个方面，适用于重大事件性新闻，不是一两个记者或主持人可以完成的。

此外，还有对外采访。它包括在本国的外事采访，在国外的出访采访，国际会议采访，外国国家首脑采访以及常驻国外采访等。这些采访，除了礼节不同、民族风俗各异、国家制度不同等方面要特别注意之外，其他具体操作与国内采访基本相同。

三、主持人的采访技巧

在纪念梅兰芳先生100周年诞辰的活动演出现场，有位记者这样采访道："请您谈谈对京剧的看法。"他采访的是一位中年观众。这位中年观众说："京剧是一种综合艺术，唱念做打，处处体现出演员的技艺，给观众以美的欣赏，国外还没有这样的一种形式。我认为京剧是国粹。"这位主持人说："喔，知道了。"后来，这位主持人又采访一位大学生，他提出的问题是："请您谈谈看完京剧的感受。"大学生回答说："这是我第一次看京剧，以前只是偶尔从收音机听到，不太喜欢。这次我耐心地看完了一出戏，它给了我一种全新的感受，我第一次体味到了什么是艺术。想起来，过去显得太不成熟了。"这位主持人接大学生的话问道："你认为京剧有存在的必要吗？"当时，被采访的两位观众说："啊，当然有存在的必要了，因为它是国宝啊！"

且不说这位主持人采访提问的方式，仅看他在采访中的内容，思维的混乱足可窥见其本人的素质。因此，主持人的采访能力是主持人本人全面能力的综合反应。当然，采访技巧也是伴随主持作用而来的。作为一名主持人或记者，一方面要围绕中心话题，大致上按照采访提纲指出问题；另一方面又要灵活地抓住谈话中发现的新观点即兴提问，挖掘预料之外的材料，把自己需要提出的问题融入融洽的交谈中去，让对方在谈话中不知不觉地就回答问题。另外，在交谈过程中，如果能够机智地抓到某一个有意义的话题，因势利导地"点拨"一下，就能把谈话引向一个高潮，得到一些更为生动、深刻的东西。

关于采访技巧，有这样一个故事：美国一位很有名的女记者芭芭拉奉命去采访阿拉法特等三位总统，可当时会场又不允许记者采访，怎么办呢？芭芭拉灵机一动，写了三张纸条，托人分别捎给了三位总统，上面写道："我是一名记者，我坐在第三排的记者席上，穿一件红色的衣服，若您能对我微笑一下，便预示着能接受我的采访。"当然，这三位总统都不由自主地把目光投向了第三排穿红衣服的芭芭拉。她的采访成功了，这充分地显示了她的灵活敏捷以及高超的采访技巧。

采访技巧主要以下几个方面。

1. 开门见山法

开门见山就是直截了当地提出问题。

这种方法适合采访一些领导干部以及专家学者等，因为他们都是有知识、有见地的人，跟他们交谈无需绕弯子。当然，这里所说的开门见山，也不是见了面就直接发问，在提问之前，简要说几句得体的话也是很讲究的。

案例分析

下面是杨澜与姜昆主持《正大综艺》的一次开场白。

杨："各位来宾，电视机前的热心观众朋友们，你们好！"

姜："也许你刚刚脱去一天的疲惫，泡一杯浓茶坐到电视机前；也许你正觉得无聊，想不出家门就看到外面的世界；也许你刚刚做完老师布置的作业，希望在休息之前从我们这里得到一点精神享受。"

杨："那好吧，就让我们带着您跨越时空的障碍，到世界各地去领略一番异域的风情，聆听美妙的音乐，因为——不看不知道，世界真奇妙！"

这里主持人通过真诚的问候，关切的话语，自然地引入了节目的正题。再比如，下面是白岩松在主持《东方之子》栏目时对文化部部长孙家正专访的一组提问：①在过去十个多月，在文化部部长的生活当中，您是否经常思考：作为文化部门的领导，应该怎么样跟更多的文化人、文艺界的人打交道？②您要在内部制造凝聚力，靠什么呢？③您经常要求文化部的下属四个字，要"出于公心"。反过来，这是不是也是您经常提醒自己的四个字？④您说文化部长不好当，不好当在哪儿？

2. 迂回启发法

迂回启发法即不直接提问，而是从侧面绕点圈子，然后再把谈话引上正题，或者通过人文关怀，让被访者感受到是在于朋友的聊天。这种办法适用于不肯谈、不善谈，而且见了记者就拘束的人。在谈话前，尽可能地熟悉对方的特点，从对方最熟悉、最关心的事情和问题谈起。比方说，可以谈一些社会观象、自然现象，以至柴米油盐等，这些绕圈子的话实际上也是在沟通双方的感情。

案例分析

在采访上饶县枫岭头中心敬老院时，记者发现院里正在进行装修，院长和一些身体比较好的老人也在帮忙打扫卫生。在采访中，记者没有问开始准备好的问题，而是问到一些装修的事情，如为什么装修，资金来源等。由于这是正在发生的事情，院长侃侃而谈，随后记者转入自己准备好的问题，一直到采访结束，采访都是在一种愉悦轻松的状态中进行着。

3. 激将法

有的采访对象心里有很多话，可由于种种原因，却不愿意谈，或者只是说一些言不由衷的话。在这种情况下，记者就要适当采用刺激对方的办法，用比较尖锐的问题激发对方，促使对方谈心里话。

案例分析

一次，有一个记者到厂里去采访厂长的模范事迹。刚开始的时候，职工们纷纷争讲干部如何带领他们大干苦干，可是当记者打开摄像机，提着话筒采访时他们却一言不发，这时记者就放下了手中的设备，和大家平心静气地唠起了家常，这种与工人交朋友的方法立即拉近了记者和工人之间的距离。讲话投机后，他们故意激怒职工，讲厂长的"坏话"，说厂长的干法是小题大做，像他这样干是蠢干。听到这儿职工们不让了，个个站出来为厂长申辩。这时他们打开摄像机机头，拍下了所需的全部素材，播出后真实感人，在社会上引起很好的反响。

4. 抛砖引玉法

有时采访对象本身材料很多，只是每天的工作、生活已经成了习惯，觉得没有什么值得谈的。在这种情况下，可以讲一些类似的事例，引起对方的联想，从而让他谈出更多有价值的话。但切忌不可诱使对方说假话，也要防止对方为迎合记者的口味顺着竿子爬，讲一些捕风捉影的东西，完全失去信息原有的价值。

案例分析

曾有一期节目叫《田老太太心太野》，讲述的是一位七十多岁的田阿姨退休之后到西藏打工的事情。而对这样一个与众不同的老人，应该从哪个角度来提出问题，让老人打开话匣子呢？主持人做了一番思考后，提的第一个问题："阿姨，你知道大家背后都怎么说你吗？人家都说你这个老太太不安分，心太野了！"老人一听就乐了："是啊，我一直就心野，年轻时就这样！"于是这个节目不仅避免了平淡，通过这一问，老人不仅很自然地把年轻时的经历讲述出来，而且把古稀之年去西藏的故事娓娓道来。①

2 采访实训

1. 看完下面两段访谈，请说说你的看法。

（1）本地一家媒体在采访奇瑞汽车有限公司总经理尹同耀时，问道："大家都知道，人才是企业发展的关键，那么，你对吸引人才有什么看法？"回答："一、……二、……三、……"（此处答案略）

（2）同样的问题，央视《对话》主持人这样问尹同耀。

主持人："听说你把不少汽车制造方面的人才挖到了奇瑞，你见到他们时，你怎么和他们谈？比如说他是你的老同学，你特别想把他拉到奇瑞来，你会怎么说服他？"

尹同耀："这种说服，按北方话叫作'忽悠'吧。（现场观众一起笑起来并鼓掌）我们往往采取相对比较忠诚的做法，学《水浒传》里的宋江，讲你的水平比我高，你来领导我做。有很多人比较谦虚，就变成我的手下了。"

主持人："我觉得这是其中的一种叫诱惑。你是不是还有什么其他的杀手锏？"

尹同耀："我们因人而异啦，像许博士这样的人（奇瑞汽车研究院院长），我们就用一点"攻击性"的语言：当时你是芜湖高考第一名，上了非常好的大学，教育部又把你派到海外去学习，结果你就留在国外了，你这样能对得起国家吗？"（在场的许博士和观众都笑了起来）

2. 中央电视台的节目主持人白岩松曾说："采访中，我们的提问你无法删掉。"请说说你对这句话的看法。

3. 网络上流传着一段对话，是日本共同社记者采访一个北大学生的问答记录，请你评价该记者的提问技巧。

问："你支持抵制日货的这种观点或行动吗？"

答："每一个人都是一个个体，每个个体都是自由的。我无法左右别人的思想，也无权控制别人的行动。"

问："你如何定位中日关系？"

答："客观定位，平等互利关系。"

---

① 郝抒雁：《浅谈电视节目主持人与电视记者的现场采访技巧》，《赤峰学院学报》，2010年第1期。

问："从学生的角度看，你认为两国关系中最大的障碍是什么？"

答："显然，日方在很多方面做出了错误的言论和举动，而这是我们不能接受和容忍的！一句话，改善中日关系需要日方正视历史，拿出善意和诚意。"

问："你个人使用日货吗？"

答："有，马桶。"

问："那你告诉我，为什么日本的马桶会比中国的好？"

答："在中国，这种话题是不登大雅之堂的，在公共场合谈论这种话题是很变态的。当然，我不知道是你有这样的嗜好，还是贵国有这种习惯。"

问："关于历史问题，中日两国是否有途径可以卸下这个'沉重的包袱'？"

答："请注意你的用词！我不同意你的这种说法。你的这个问题本身就在诬陷中国。自古至今，中国从不存在什么'沉重包袱'。中华民族是心胸开阔、豁达前瞻的优秀民族，宽厚待人、睦邻周边是中国的美德。因此我们正视历史，但绝不以怨报怨。我们容忍和解，包括对待日本。请问，中国和中华民族的历史包袱是什么？中国人民做过对不起日本的事吗？问题恰恰是侵略中国、犯下滔天罪行的日本不正视历史，在中国烧杀掠夺，疯狂地要灭绝中华民族。犯罪的日本不向中国和中国人民认罪赔偿损失，还要叫嚣海外出兵扩疆，分裂中国，霸占中国国土，激怒中国人民。这样的史实太多。请问，这是中国背历史包袱吗？"

问："我也经常看新闻，最近一段时间，中国生产事故频发，死亡率想必不会低吧？"

答："同你们国家一样，每人死一次。"

问："在中国大学校园里，学生自杀频繁发生、屡禁不止，这是为什么？"

答："事实上，学生自杀最多的是在你们国家。许多稀奇古怪的自杀方式就是你们国家的自杀一族发明的。在联合国公布的相关资料中，日本的自杀率排名世界第一。我不知道你手上有什么足够的证据来证明我国的校园自杀事件。毛主席有一句名言'没有调查就没有发言权'。希望你做客观真实的报道。对你刚才提问中使用的词语我有必要纠正，在中国汉语语法中'频繁发生'和'屡禁不止'是重复的，你的用词存在错误。而且，你的说法不符合事实。"

问："在日本留学的中国学生非法窃取日本的机密情报，你知道吗？"

答："我无法核实你的消息的准确性和真实性。这种荒唐说法就跟布什打伊拉克是因为萨达姆偷了布什家的高压锅一样可笑。"

在广播电视飞速发展的浪潮中，主持人节目和传播方式发生着日新月异的变化。单一的演播室节目已不能满足电视节目发展的要求和受众审美水平的需求。特别是生活服务类节目，因其节目大多是服务大众、贴近生活、贴近百姓的内容，这类节目往往需要主持人从演播室走到户外，在与节目内容相关的实地环境中和百姓进行沟通。于是，在传播手段多样化的背景下，"外景主持人"应运而生。

目前，一些初学者在进行外景节目主持时，经常会出现服装与实地场景不搭、主持人说话的内容无重点，或是内容可有可无，要不就是出镜内容脱离现场等问题，这些都是因为不明确外景节目主持人这一角色造成的。

一、外景节目主持的定义

外景节目主持是指主持人走出演播室，来到自然风光或人文环境中主持节目。外景主持人兼具主持人和记者、编导等多重职责，发现、搜集信息并有效进行整合，并传达给观众。比如，美食节目中，外景主持的场地可以是餐馆、厨房；旅游节目中，外景主持的地点可以是景区；健康类节目中，外景主持的场地则可以是医院等。也就是说，主持人在各个和节目内容相关的真实场景中完成节目主持。

二、外景节目主持的要求

1. 着装要求

外景节目与演播室的节目，对于主持人而言，最显而易见的就是服饰的要求。在演播室主持时，主持人通常穿着相对正统、端庄并符合节目定位的服饰，比如综艺娱乐节目要求主持人穿着时尚、靓丽的服饰，如果是综艺晚会，主持人还需穿着相应的礼服。但是，若是主持人从演播室走到外景进行主持，那么服饰的变化就会根据节目实地现场进行变化了。比如，综艺娱乐节目的外景部分，通常是竞技类节目，因此主持人一般穿着轻便、舒适、颜色靓丽的服饰，像有领有袖的T恤衫搭配纯色牛仔裤或者休闲裤就比较合适；旅游节目中，主持人就应穿着适合旅游的服饰，比如冲锋衣、运动装等；农业节目中，主持人则应穿着朴素、大方，甚至能够体现实景场地特点的服饰，像雨鞋等特殊装束。当然，这些只是一般情况，也不能一概而论，因为在特定节目中，主持人的装束还是应与节目的内容和实景相搭配，比如之前提到的旅游节目中应穿着运动装，但是如果此次节目是以介绍人文、历史为主体内容，那么主持人也可以穿着有领有袖的T恤衫或者比较具有文化气息的裙装等；如果这期节目是介绍云南哈尼族这样的具有民俗特色的内容，那么主持人还可以穿着当地的特色服饰来拉近主持人与现场的距离感。总之，外景节目主持人的服饰，关键是根据不同的场合进行搭配（图4-3至图4-5）。

图4-3 外景节目主持人着装（一）

图4-4 外景节目主持人着装（二）

图4-5 外景节目主持人着装（三）

另外，在外景节目主持中，主持人的妆容也应比演播室内稍淡为宜，因为在自然环境中，如果主持人的妆容过于夸张，会显得与当地的人文、人情不太相符，特别是在采访中，更会使主持人看起来与受访者格格不入，从而也会拉开与观众的距离。

2. 话语要求

在外景节目主持中，主持人通常需要介绍当地的人文、地理环境，当然，介绍的内容不能像记流水账一样一一说出来，而应该详略得当。那么，哪些应该详细介绍？哪些又该简单带过呢？当地的特殊性肯定需要详细呈现给受众，而大众化的内容则可简单带过。那么，这就要求主持人要学会发现外景中的特殊性也就是我们常说的"亮点"。

寻找"亮点"的方式有很多，主持人首先可以在到达外景地点前，通过查阅大量相关资料对外景地点进行了解，清楚这个地点的人文、历史、地理知识，并进行详、次详、略内容的划分，大体明确自己在接下来的节目中哪些方面可以进行出镜主持，哪些内容用画外音的方式呈现。

当然，以上的准备工作都是在外景主持前准备的，到实际地点后肯定会出现变故，这是很正常的情况，因为很多时候，我们的想象和现实还是有差别的，但是前期的准备工作肯定能为主持人提前积累更多的旅游方面的专业知识，是必不可少的。

到了外景现场，主持人应该说什么，怎么出镜，那就需要在现场进行"发现"。通常情况，主持人可以通过自我发现，比如觉得这个建筑物比较特别，或是之前已经了解到这个建筑物比较特别，但是它的具体的特殊之处是什么就可以通过采访当地的历史专家、负责人等方式来获知，然后根据采访的内容来进行整合。另外，主持人还能先通过与当地的民众或是负责人的采访、聊天中获得，然后再进一步去详细了解这个地方的"亮点"。总之，就是主持人的出镜主持的内容要能体现当地的特色，并能展现当地的与众不同。

3. 表达要求

目前，外景主持中，除了要求主持人做到演播室主持人的表达要求——准确、流畅、生动、亲切外，还要求富有环境感。外景主持人的环境感不仅仅来自于主持人的语言和肢体动作，还需要主持人在现场利用镜头语言进行调度，也就是通过自身设计的走动轨迹，让镜头"动起来"。

（1）富有环境感的语言和肢体动作

外景节目主持人在语言表达和肢体动作上，除了具备主持人有声语言和肢体语言的基本特点外，应该在此基础上更加亲切、自然，还有一个特别重要的要求就是具有环境感。

外景主持人的出镜通常都是设定在一个生活场景中，因此，外景节目主持人的语言和肢体动作就不能照搬演播室主持人的语言，而是要把演播室的语言变成自己在现场"第一人称"的所见所感所触，及时加入个人感受和评价并配上相应的肢体语言，既让现场感十足，又能让节目内容更加丰富和生动。如果加入有价值的个人点评，还能彰显主持人的个人魅力，对节目起到画龙点睛的作用。

例如，一段介绍峨眉山奇景佛光的稿件这样写道："乐山大佛有非常巧妙的排水系统，它的两耳和头颅后面，具有一套设计巧妙，隐而不见的排水系统，对保护大佛起到了重要的作用，使佛像不至于被雨水侵蚀。清代诗人王士祯在咏乐山大佛诗中就写到'泉从古佛髻中流'，原来，在大佛头部的18层螺髻中，第4层、9层、18层都各有一条横向排水沟，分别用锤灰垒砌修饰而成，衣领和衣纹皱褶也有排水沟，并与胸和手臂处的排水沟相连，因此使雨水能及时排走……"

而这段内容如果放到乐山大佛外景节目中，主持人出镜语言就不能照搬原稿了，主持人应该将此内容进行适当改变，首先应该找到适合这段外景出镜的地点——大佛头部旁的栈道，并根据稿件内容进行走动轨迹的设计，在出镜的时候带动镜头让观众看到更多的景别，同时融合自己在具体环境的真实感受："乐山大佛之所以能够屹立数百年，除了独特的地理位置外，还有一个重要的原因就是它具有一套设计巧妙的排水系统。可能电视机前的您会觉得奇怪，（边说边转身看大佛之后再转向镜头）这套排水系统到底在什么地方呢？清代诗人王士祯在咏乐山大佛诗中就写到'泉从古佛髻中流'，您看（指向大佛发髻）！乐山大佛头上的这些发髻，总共有18层，而这些发髻中隐藏了不少横向排水沟，比如那边（指向4层、9层、18层处），还有那边有些横沟的地方，这些不引人注意的沟壑其实就是排水沟了。（转向镜头，边说边向镜头方向走动）这些排水沟分别设置在大佛发髻的4层、9层和18层，用锤灰垒砌修饰而成，（走动到镜头中出现大佛衣领的地方）而且您看这里（指向大佛衣领处）大佛的衣领处的褶皱同样也隐藏着排水沟，（继续边走边说，直到镜头出现胸部和手臂的景别）这些排水沟与大佛的胸口和手臂处的排水沟相连，（转身指向大佛胸口处的排水沟）对，就是现在大家看到的那些凹槽就是排水沟了。所以，每当下雨的时候，（指向江面）雨水就会顺着这些排水沟流到这三江汇源处……"

外景主持人提前踩点，进行现场设计走动的轨迹，通过自己的所见所感，加入富有变化的有声语言和肢体语言，不仅让自己的外景主持和现场实景有机融合，还引领镜头，带领观众看到了与自己语言一致的现场环境，生动的现场感油然而生。

（2）调动相应感官系统的体验式主持

什么是体验式主持？其实就是主持人通过调动其全身相应的感官系统，如视觉、触觉、嗅觉、味觉、听觉等，来感受和体验外景现场的细节，并把自己的感受告诉受众。因为，一般在具体的外部环境拍摄中，主持人都会碰到实实在在的物品，比如水果、树木、房子、汽车、科技产品等。这些实物通过摄像机拍摄后，仅仅能给观众呈现出其外形。而每一种物品的特点并不是只有其外表而已，并且观众想了解的并非只是这些实物的表象，大家更希望深入了解这些实物的更多特点。这时，主持人就应该充当起观众的导航器，帮助观众在现场进行深入感受。通常做法是，想表现物体的外形采用视觉，即主持人所看到的景象。表现物体的材质，除了视觉外，还应该加入触觉、味觉，即主持人看到、摸到、尝到的感觉。表现物体的声音，则应该采用听觉，即主持人在现场听到的声响。当然，一些不常见的物体，或是主持人自己也没有见过、碰到过的东西，体验后并不能非常详细地表述出来，这时可以借用一种大家常见的物体来与此物体进行比较，如"……跟……的感觉相似"。在运用感官系统进行体验式主持的时候，主持人同样要时刻将自己放入该环境中，采用相应的环境语言及肢体动作，让观众有身临其境之感。

案例分析

台湾旅游节目《世界那么大》一期介绍泰国的节目，女主持人走到一个村庄的造纸厂，带着大家一起去看泰国"莎莎纸"的制作过程的一个片段中，主持人说道："（走进厂房）这里有好大一台做纸的机器，这里面装满了一些奇怪的东西（伸手去捏机器里的糊状物），好像是卫生纸和水合成的。"经过采访，得知原来这就是泰国的造纸机，并且刚才的糊状物其实是泰国的一种树皮。

主持人："（手里接过树皮）天呐，原来这就是树皮！（并用手捋开）可是它好薄哦……泰国特有的造纸树，（用手拉扯树皮）这个树皮非常有韧性，很有弹性。所以泰国刚好就利用这个树种来振兴这样的产业。"

此段介绍泰国造纸的原料时，主持人就运用了体验式的主持方式，通过自己的视觉、触觉等感官系统来为受众介绍这种泰国特有的造纸树，让受众似乎亲身感受到了这种树种的特殊之处。语言虽然不多，但是画面却生动而形象。

2 外景节目主持实训

1. 环境感的语言和肢体训练。

主持人根据特定场景的实际情况，寻找该"亮点"，并设计走动轨迹，进行现场主持片段练习。

2. 体验式主持训练。

主持人根据某一实物（如某款汽车、手机、厨具等）进行现场体验式主持片段练习，通过多种感官系统突出该物品的特殊性。

第五章
优秀电视频道及节目赏析

第一节 中央电视台优秀节目

一、中央电视台综合频道

1. 频道简介

中央电视台综合频道（频道呼号：CCTV-1综合）于1958年9月2日正式播出，前身是中国中央电视台新闻·综合频道。中央电视台综合频道是中国中央电视台拥有的一套以普通话为主的综合节目频道，该频道集合了新闻资讯、综艺娱乐、少儿、电视剧、生活服务等各种节目类型，也是中国中央电视台开办最早、影响力最大的综合频道，现已实现全天24小时播出。

2. 代表节目分析

（1）《朝闻天下》

①节目类型：新闻资讯类

②节目代表主持人：海霞

③播出时间：每日6：00

④节目概述：《朝闻天下》是中央电视台2006年推出的一档新闻节目，由《早间新闻》改版而成（图5-1）。节目整合了早间时段的《6：00早新闻》《媒体广场》《7：00早新闻》和《新闻早8：00》，以新闻和服务资讯为主，6点至9点每小时一档节目。2009年7月27日，《朝闻天下》进行改版，主持人和节目包装上都有改动，时长由150分钟增至180分钟。180分钟的节目中，每小时以天气预报的方式，提供一次天气出行服务，同时还在节目中以滚屏字幕方式全程发布天气信息，并全程加挂标准时钟，以吸引观众锁定频道，并形成收视习惯。在保持原有国内国际时事新闻权威性的同时，《朝闻天下》强化了对社会民生新闻、天气出行资讯、文化体育资讯、时尚生活资讯等可视性强的题材的报道，同时在表现方式上强化电视特性，突出视听感受。

⑤节目代表主持人分析：节目主播海霞整体主持风格稳中有激情，音色清亮、动听，在播报新闻时流畅自如，与他人搭档协调，端庄大方。而作为一档国内权威新闻资讯类节目主持人，海霞将"播"与"说"结合得十分到位，在权威感与亲切感间切换自如，对于政论性新闻和民生类新闻的语言样态把握恰到好处。

图5-1　《朝闻天下》

【节目播出实稿】

主持人A：朝闻天下，开启全新一天。观众朋友，早上好！

主持人B：早上好，这里是中央电视台综合频道和新闻频道并机为您直播的早间节目《朝闻天下》，欢迎您的收看！

主持人A：今天是2015年5月15号星期五，现在是北京时间早上6点，我们首先来看时政要闻。（进入画面）

主持人B：昨天，财政部公布了4月份我国财政收支情况，4月财政收入同比增长8.2%。（进入画面）

主持人A：虽然4月份财政同比只实现了个位数的增长，但是支出仍然保持了两位数的增速，达到33.2%。（进入画面）

主持人B：13号，菲律宾巴伦苏埃拉市一家拖鞋厂发生了火灾。14号，本台的记者对火灾的现场进行了探访，我们来看报道。（进入画面）

主持人A：欢迎回到正在直播的《朝闻天下》，这几天的节目中我们为您讲述了发生在天津市监狱的故事，高墙之内有很多像寇友一样的服刑人员正在积极地接受改造。在感恩和梦想的舞台上，他们反思着自己的罪行，也说出了对父母对家庭的愧疚，以及对一些他们曾经伤害过的人的深深的忏悔。（进入画面）

主持人A：更多的消息，来看一组简讯。

......

（2）《等着我》

①节目类型：大型公益寻人服务类

②节目主持人：倪萍

③播出时间：每周二22：37

④节目概述：《等着我》是中央电视台综合频道制作并播出的国内首档大型公益寻人服务类节目，也是中央电视台2014年重磅推出的全新公益节目，旨在发挥国家力量，打造全媒体平台，帮助更多人圆自己的寻人团聚梦，它既是一档节目，同时也是一次凭借国家力量全民范围的公益寻人活动。

栏目组集聚各方力量，有民政部、公安部等国家部委力量，还有公益明星、志愿者和广大热心公益的观众群，致力于帮人们找到希望重逢的任何人，包括亲人、朋友、走失家属、战友、恩师等。

⑤节目主持人分析：节目主持人倪萍是央视资深主持人，在这档大型公益寻人节目中以"邻家大姐"的形象出现在荧屏，在访问每一位寻人者时关切的语态以及略带幽默的风格，使整档节目情感丰富又不过于煽情。倪萍在这档节目中的主持风格已与以往完全不同，人生的阅历加上岁月的沉淀使她在主持这档节目的语言神态以及主持风格更贴近一位"知心人"的角色，并且十分符合这档节目的定位。

（3）《喜乐街》

①节目类型：即兴喜剧真人秀

②节目主持人：王雪纯

③播出时间：每周五22：38

④节目概述：《喜乐街》是中央电视台综合频道继《谢天谢地，你来啦》之后着力打造的"升级版"即兴喜剧真人秀节目。《喜乐街》中，几位主演在没有剧本、仅知道故事大纲的情况下，即兴共同完成一幕戏的表演。在表演过程中，导演将通过耳机随时对演员发出指令，演员必须遵照指令即时做出相应的反应。这档节目最主要的现实意义在于倡导一种"充满智慧、乐观友善"的生活方式、价值观念以及思维模式。通过喜剧的人物、幽默的语言，抒写平凡生活中的乐天情怀。通过对青年男女择偶、大学生就业、都市邻里关系等社会热点话题的再现与解构，在潜移默化中完成综艺节目对普通百姓现实生活的善意关照。

⑤节目主持人分析：王雪纯不仅是这档节目的主持人，还有着一个特殊的身份——节目的"指令导演"。在这档节目中，王雪纯会首先向各位演员以及观众阐述节目大纲，然后就会以"指令导演"的身份向演员发出指令，在发指令时，王雪纯不仅只是用语言在阐述指令内容，还会加入一些情感的表达，使观众更好地理解指令内容，从而更容易理解节目内容。

二、中央电视台财经频道

1．频道简介

中央电视台财经频道（CCTV-2）于1987年2月1日正式播出。该频道以专业财经信息为核心内容，以生活服务和消费时尚为辅助内容。财经频道除了在交易日固定的财经类节目和财经新闻报道以外，在周末和节假日还会播出部分生活消费、综艺娱乐与科教类节目。现已实现全天24小时播出。

2．代表节目分析

（1）《环球财经连线》

①节目类型：财经资讯类

②节目代表主持人：谢颖颖

③播出时间：每日11：50（午间档）、22：30（晚间档）

④节目概述：《环球财经连线》是中央电视台财经频道（CCTV-2）午间、傍晚时段的资讯主流框架，是以国际化的视野为特色和追求的综合财经资讯频道。节目以北京为出发点，放眼全球，选取有国际影响的中国新闻和中国人最关注的国际新闻，做到给国内新闻一个国际视角，给国际新闻一个国内落点。纵观全球市场、全球关注、全球资源、全球智慧，横穿十二时区，纵贯南北半球，节目将力求给观众带来环球财经旅行的全新感受（图5-2）。

节目充分利用财经频道全球直播站点，连线新闻当事人、媒体记者、市场分析师、财经评论员，对新闻进行多角度的报道、点评、分析。在每一次连接中，节目的视角将得以拓展，节目的深度将得以挖掘，节目嘉宾、主持人、观众的思想将得以碰撞和交流。"让每一次连接都有价值"，这是《环球财经连线》的最高追求。

图5-2 《环球财经连线》

⑤节目代表主持人分析：该节目主持人谢颖颖的主持风格清新自然，对节目节奏把握十分恰当，非播音主持科班出身的她，主持时不失专业性的同时多了一份亲切，使观众在收看节目时会对节目内容产生进一步了解的欲望。

【节目播出实稿】

主持人：中央电视台财经频道，这里是正在为您直播的环球财经连线，晚上好！我是章艳。首先，我们来关注印度总理莫迪访华的消息。应李克强总理的邀请，印度总理莫迪从今天开始对中国进行访问。莫迪这次访华一直从今天持续到16号，3天的行程当中，他将依次访问西安、北京和上海三座城市。

主持人：这是莫迪就任印度总理之后首次访问中国，也是去年中国国家主席习近平访问印度之后一年之内，双方领导人实现互访。今天习近平主席在西安会见了莫迪，莫迪表示希望继续加强中国同印度之间的经贸关系，密切同中方在亚洲基础实施投资银行的合作，他认为亚投行将为本地区国家经济社会发展发挥重要作用，印度欢迎中国加大对印度的投资，莫迪还表示中印两国都向南亚有关国家提供着帮助和支持，中方提出了一带一路倡议，印方同样重视南亚地区互联互通建设，认为这将促进本地区的发展繁荣，印方同意加强同中方在这一领域合作。

主持人：莫迪访华为什么第一站会选择西安百亿经贸大单？将会有哪些突破呢？我们一起来梳理莫迪访华最值得关注的四大看点。

（进入莫迪访华四大看点具体内容）

主持人：那么对于莫迪访华外界都有哪些关注点呢？我们再来看一看CMBC的报道。

（进入CMBC报道）

主持人：莫迪决心解决基础设施和制造业落后的问题，而中国又是领先的基建大师，莫迪访华后的未来中印经济关系是否会从简单的贸易关系转变为大规模投资的贸易伙伴呢？针对相关话题我们请来了中国改革论坛马佳丽副主任来为我们一起做分析和解读。

（2）《是真的吗》

①节目类型：大型互动求证类

②节目代表主持人：陈蓓蓓

③播出时间：每周六19：30

④节目概述：《是真的吗》是一档在中央电视台财经频道播出的大型互动求证节目。节目首创网台联动的全新方式，携手电视观众与广大网友，通过各大新媒体共同互动求真，对网络流言进行专业验证与权威实验，探求真相。每期节目由脱口秀、真相视频调查、现场真假实验、嘉宾猜真假游戏环节等构成，将新闻调查与综艺娱乐、脱口秀元素相结合，用最幽默的语言讲述最严肃的事件。

⑤节目代表主持人分析：主持人陈蓓蓓在节目中对主持与做实验两个任务游刃有余。在做科学实验时不能有太多的临场发挥，必须是以科学为前提，主持人陈蓓蓓在做实验时的语言组织能力和思路都特别清晰。而在这档节目中陈蓓蓓自然地流露出严

谨又不失亲切的一面。

（3）《经济信息联播》

①节目类型：经济新闻类

②节目代表主持人：章艳

③播出时间：每日20：30

④节目概述：《经济信息联播》为中央电视台财经频道播出的一档经济新闻类栏目，是国内最具时效性的直播经济新闻栏目，在第一时间真实、准确、时效、鲜活地报道国内外的重大经济新闻，当日新闻比例超过90%。并在"头条"中对全球的重大经济事件进行深度报道，栏目精确把握中国经济的主体脉搏，是中国经济界最具影响力的经济新闻联播，记录和推动着中国经济成长。

⑤节目代表主持人分析：节目主持人章艳风格清新，主持自然得体，镇定大方，亲和力十足，对于时效性很强的经济新闻的播出语态掌握得十分恰当。在主持时的语言风格以及节奏都能很清晰地体现出经济类新闻的特点。

三、中央电视台综艺频道

1. 频道简介

中央电视台综艺频道（CCTV-3）于1986年1月1日开播，1995年11月30日面向全国播出，前身是中央电视台戏曲·音乐频道。中央电视台综艺频道是中国中央电视台拥有的一条以普通话广播为主的综艺频道，该频道为中国中央电视台以娱乐节目为主的专业频道，是中国中央电视台影响力最大、最专业的综艺频道。

2. 代表节目分析

《开门大吉》

①节目类型：大型益智游戏类

②节目主持人：尼格买提

③播出时间：每周日19：30

④节目概述：《开门大吉》是中央电视台综艺频道2013年重点推出的全新大型益智游戏类综艺节目。鼓励普通人通过努力去实现家庭梦想，普通人报名参加节目的门槛大幅度降低。不用死记硬背，无需能歌善舞，只要怀揣或浪漫、或勇敢、或疯狂的家庭梦想，勇于接受挑战，就有可能站在央视的舞台上，实现给家人和朋友的美好愿望。《开门大吉》有三大看点：第一看点，是将益智和情感进行结合，挖掘展现普通人的人性光辉，引发观众的情感共鸣。第二看点，是节目形态完全不同于国内现有的电视综艺节目，融合真人秀、脱口秀、游戏秀、益智秀、音乐秀、明星秀等各种节目元素，具有独特的视觉识别符号和艺术效果。第三看点是，《开门大吉》在中国电视节目中首次采用二维码实时同步互动，开创了世界最大的电视实时互动游戏，在世界电视界也具有领先意义（图5-3）。

⑤节目主持人分析：阿布都热合曼·尼格买提·苏巴特。中国知名电视主持人。1983年4月17日生于新疆维吾尔自治区首府乌鲁木齐市，毕业于中国传媒大学播音系，2006参加中央电视台经济台开心辞典"魅力新搭档"选拔，取得第二名并被王小丫钦点为新搭档，成为中央电视台主持人，和王小丫一同主持"开心辞典"栏目，以其帅气的异域面孔及幽默机智的主持风格著称。

图5-3　《开门大吉》

四、中央电视台军事·农业频道

1. 频道简介

中央电视台军事·农业频道（频道呼号：CCTV-7军事·农业），于1995年11月30日开播，前身是中国中央电视台少儿·军事·农业·科技频道，是中国中央电视台拥有的一条以普通话广播的公共服务频道。该频道是以军事节目和农业节目为主的半综合类频道。农业节目由中国农业电影电视中心制作；军事节目由解放军电视宣传中心制作，发布比较权威的军事新闻，展示中国军队风采，传播国防科技知识，追踪世界军事风云，反映军队生活。

2. 代表节目分析

（1）《科技苑》

①节目类型：农业科教类

②节目主持人：陆梅

③播出时间：周一至周五18：30

④节目概述：《科技苑》是中央电视台军事·农业频道农业类节目中开办最早的涉农节目之一。栏目以介绍政府主管部门在全国推广的、农民迫切需要的、切实可行

的、容易掌握的、周期短、见效快的实用技术项目为主，包括种养加、农林水、农业机械化、生态农业与可持续发展等诸多领域的成熟的新技术。

⑤节目主持人分析：主持人陆梅十分具有亲和力，说话有力，对于这档节目的收视群体——农民来说，主持人话语亲切，让人感到十分信服，对于节目重点内容的描述得当。并且对于各类信息评述有度，对于一些知识介绍比较客观。

（2）《军事报道》

①节目类型：军事新闻播报类节目

②节目主持人：丁丽

③播出时间：每日19：30

④节目概述：《军事报道》是中央电视台军事·农业频道的一档新闻播报节目。节目发布权威军事新闻，报道国防建设成就，展示中国军人风采，传递军事科技信息，追踪世界军事动态，传播现代国防理念。

⑤节目主持人分析：节目主持人丁丽的主持风格清晰明快，在播出军事类新闻时不仅有主播应具备的基本素质，更多了一份军人的气质与干练，军事类新闻的针对性与政治性很强，丁丽在主持时很好地把握住了这一点，又巧妙地避免了强硬的态度。

（3）节目名称：《乡约》

①节目类型：户外访谈类

②节目主持人：肖东坡

③播出时间：每周六21：17

④节目概述：《乡约》是一档中央电视台军事·农业频道播出的一档走进地方进行拍摄的大型户外访谈节目，采访对象以政府当家人、受人尊敬的乡贤、产业能人、部门领导、农民代表为主。节目采取主持人与主谈嘉宾相对而坐、观众围坐四周的录制形式，在节目中会穿插当地特色文艺表演、相关嘉宾访谈、点评嘉宾互动点评。

⑤节目主持人分析：主持人肖东坡的主持风格十分幽默、睿智，他朴实生动的风格与栏目定位极其吻合。在节目中，他的角色更像是一个普通的观众因为对于受访人物的好奇而去了解这个人物，所以每一次发问都十分深入人心，这档节目的受访者大多没有很高的文化水平，所以肖东坡的发问方式和问题也更易被受访者接受，从而可以更好地引导受访者进行讲述。

五、中央电视台科教频道

1．频道简介

中国中央电视台科教频道（CCTV-10），前称中国中央电视台科学·教育频道，于2001年7月9日开播，是为顺应中华人民共和国政府"科教兴国"方略，以提高国民素质为宗旨，以教育、科学、文化为题材内容的专业电视频道。自开播以来，始终坚持"教育品格、科学品质、文化品位"。经过几年改进、提高、推广，频道树立了"服务社会、服务大众"的理念，正在走向以"专业频道品牌化建设"为核心的发展之路，已经成为中央电视台一个特色鲜明的专业频道。自2010年12月12日起，科教频道以新版节目亮相荧屏。改版后，科教频道重点加大了对科学发现、科学知识普及、生产生活中的技术推广和科学生活方式的宣传力度，在节目表现形态方面有创新、有突破。四档日播新栏目将登陆频道主力时段，扩容频道知识含量，提升频道品质内涵，丰富频道节目形态，为科教频道的品牌升级注入新的活力。

2．代表节目分析

（1）《走近科学》

①节目类型：大型科普知识类

②节目主持人：张腾跃

③播出时间：周一至周四20：34

④节目概述：《走近科学》于1998年6月1日开播，是中央电视台首个大型科普栏目。该节目以传播科学知识为宗旨，已成为电视科普的一面旗帜。在每期节目中，栏目组会针对事件调动人力、物力，找到相关专家，详细讲述并分析整个过程，力图从科学角度破解谜团。而该栏目的精彩之处就在于通过营造对方被关注的话语环境，将单向的信息传递变为双向的信息分享，《走近科学》所做的就是让大众与他们一起分享科学之光。通过故事化娱乐化的节目形式，深入浅出地讲述科学等专业知识，以戏剧化的故事为载体，用故事的元素来建构节目，力求情节引人入胜、分析细致入微，把科学道理拆解开来，用浅显、通俗、直白的形式展现给观众，达到了大众化的收视效果（图5-4）。

图5-4　《走近科学》

⑤节目主持人分析：张腾跃在节目中的每一个专题都十分认真地设计一些小道具和实验，把深奥的科学原理用简单的道具表现并讲解出来，具有清淡简朴的风格。张腾岳做了近15年科普节目，把自己定位于电视里的科普知识传播者，在真正切实的传播知识之间，在严肃科学与文娱科学之间寻找着平衡点。

【节目播出实稿】

金钟罩，传说中让人刀枪不入的绝技，高手现场表演，主持人亲身体验，揭开绝技的奥秘。

在人类发展的历史长河中，战争始终伴随着我们的左右，古代战争中，短兵相接成了双方将士最常见的对抗方式。因此，身体的强壮程度及技击格斗技术的优劣，将直接界定战斗的胜负。这其中固若金汤的防御，往往让敌人非常头痛。在中国武术中有一种绝技，称为金钟罩铁布衫，据说这是一种顶级的防御术，金钟罩高手可以在瞬间让身体达到如钢似铁的的状态，即使是锋利的刀枪，也无法伤人分毫。那么这种武功绝技是如何在瞬间把血肉之躯变得如钢似铁的呢？

胡琼，40岁，自幼喜爱武术，精通多种硬气功绝技，自称已练成金钟罩铁布衫。个头不高的胡琼看上去与普通人并没什么不同，难道他真的练就了刀枪不入的金钟罩铁布衫绝技吗？在这次节目中，走进科学主持人张腾岳同清华大学著名科普专家高云峰老师一起，利用先进的科学仪器设备和您一起探索胡琼金钟罩体的秘密。

难道是胡师傅异于常人的头部构造，造就了他的铁头功绝技吗？在高速摄影的镜头中，我们可以清楚地看到，铁条和砖块接触头顶的瞬间，仔细看过胡琼的表演后，高云峰老师发现了一个细节，为了让表演更容易成功，胡琼师傅明显选择了一个比较有利的方式。仔细观察录像可以发现，无论是钢条铁条甚至砖头，在接触头部的一瞬间，他都将撞击点选择在物体靠下三分之一的位置，这个点就相当于杠杆的支点，使得胡师傅可以将最大的力量作用在上面，上面留出更多的余量也会使物体更容易弯折，同时生铁和砖头比较脆容易折断，所以表演效果非常惊人。

虽然我们看到胡师傅的表演只有短短的几十秒钟，但是背后凝聚的是他数十年如一日的训练。长时间的训练难道真的让胡琼师傅的头部发生了变化吗？高云峰老师所说的人体经过训练之后的变化到底是真是假呢？我们带着胡琼师傅来到了清华大学附属玉泉医院，准备在科学仪器之下一探究竟，看看胡师傅头部是否真的有异于常人之处。

原来金钟罩中的铁头功是因为头颅经过长期的耐受训练之后，颅骨骨骼密度逐渐增加，同时头皮增厚，这样头部变得更耐击打。再加上表演时利用物理原理，再挑选些比较脆的物体，就达到了如此惊人的表演效果。当然，这看似简单的表演和原理，背后是胡师傅几十年的功力，普通人千万不要模仿。头部有颅骨保护，经过训练可以提高硬度这并不难理解。可是人体没有任何保护的部位，是否能够同样经过训练提高耐击打能力呢？咽喉可以说是动物最脆弱的位置，很多猛兽在攻击猎物的时候都会咬向这个地方，一击致命。人体的咽喉是身体上最为娇嫩的部分，这里似乎难以承受巨大的力量。然而在随后的表演中胡琼师傅将用脆弱的咽喉顶向锋利的金属枪尖。难道人的肉体真的可以刀枪不入吗？

意外真的发生了！但不是锋利的金属枪尖刺入了胡师傅的咽喉，反而是用于表演的枪尖竟然因为承受不住巨大的力量而折断了。柔弱的咽喉怎么会将锋利的金属枪尖顶弯呢？我们的主持人在观察了胡琼师傅的表演后决定亲身体验一下金枪刺喉的感觉。金枪刺喉的绝技展示完毕后，我们将看到胡琼师傅的最大绝技——金枪刺身碎大石这一表演项目，胡琼师傅曾经在一次节目中表演过，不过那时候他用的是5支枪顶在身子的五个部位来表演的，而这次胡琼师傅将再次挑战自己的极限，用3支枪支撑起全身的重量来表演。胡琼经过简单的准备，表演开始了。

60千克的人本身就有风险了，更何况背上再增加一块重40千克的石板，最后再用铁锤砸碎背上的石板，可是表演过后，锋利的枪尖仍然没有能刺穿胡琼的皮肤。这种令人不可思议的事情，竟然就发生在所有人的眼前。那么胡师傅究竟是如何做到用血肉之躯来抵挡锋利的枪尖呢？这其中究竟有怎样的秘密呢？

虽然主持人亲身体验了背后碎大石，但是胡师傅用三根金枪撑起身体再碎大石的绝技却无法模仿。那么在胡琼表演枪上碎石时三支枪所承受的力到底有多大呢？为了揭示这个绝技的原理，我们和胡琼师傅一起在北京体育大学的实验室里进行了更精确的测试。胡琼师傅体重和石板的重量加起来共100千克，一开始，胡琼师傅背上石板在枪尖上静止的时候，咽喉受到的重量是30千克，而两条腿加起来是70千克。大腿上的两支枪承受了整个身体大部分的重量。而在锤子砸下的一瞬间，力量瞬间增加了将近80千克，这一瞬间咽喉分担了其中的25千克，两腿分担了55千克，从数据上我们发现，咽喉处的受力总是最小的，尽管这样，其在瞬间也承受了将近55千克的力量。这相当于胡师傅自己的体重，难道脆弱的咽喉真的能经过锻炼增强耐刺力吗？我们检查了胡琼师傅几个关键部位的神经敏感程度，结果会是怎样呢？

因为长期练习铁头功，胡师傅头部的练习区域已经对疼痛变得不敏感了。那么三枪刺身碎大石的关键着力部位咽喉是否也是因为训练而失去痛觉了呢？

原来，人体咽喉部位原本痛觉就不敏感，而胡琼又经过特别的训练，使咽喉部位的痛觉敏感度大幅度降低。再加上表演时，大腿两个部位的受力点分担了大部分的力量，因此在实际表演中虽然瞬间碎石时咽喉部位也承受了55千克左右的力量，但枪尖对经过训练的胡琼来说并没有造成伤害，他也并没有感受到很痛的感觉。通过科学检测，我们试图解释出武术绝技金钟罩体的秘密，尽管了解到其背后的许多真相，但还是叹服胡琼师傅勤学苦练的超人毅力，也明白了人体看似如此脆弱，经过锻炼原来竟然也能承受巨大的力量，也许对于我们人体自身的潜力还有很多未知的领域留待研究。通过大量的训练，借助于科学的原理，胡琼师傅的确为我们带来了让人震撼的表演，让我们在赞叹之余再来欣赏一下胡师傅精彩的表演吧。

（2）《讲述》

①节目类型：讲述纪录片

②节目主持人：张小琴

③播出时间：每周六、周日22：40

④节目概况：《讲述》是由中央电视台社会专题部推出的一档口述体纪录片，节目以故事为载体，每天讲述一个真实生动、曲折典型、充满悬念、催人奋进的故事。

它以洗练的形态，承载最恢宏的人生百态，以一种特有的人文关怀为那些珍视人性的真善美和人类价值的人守护着生命的源头和灵魂的中心。《讲述》的节目形态是以访问人与被采访人一对一的谈话形式，由被采访人讲述为主。周末版还将有专家、嘉宾以及演播厅的观众对讲述中有疑问的情节和有争议的观点进行讨论。《讲述》从透视心灵、展现人性入手，使这档传播道德的节目丝毫不带说教色彩。不论是什么人，也不论是什么事，只要进入《讲述》栏目，首先都回归心灵的朴素状态，接受人性的拷问，然后再接受道德的价值判断。《讲述》的成功在于理性与感性的交织，将潜在的道德法则与人格力量通过生动的细节、具体的人物事件表现出来，做到栏目的教育功能和观众的审美取向的统一，有效地发挥了导向作用。

⑤节目主持人分析：张小琴曾经是山东电视台的名牌法制栏目《道德与法制》和《金剑之光》栏目的主持人、制片人，经过在《讲述》栏目中三年的历练，她一改在法制节目中锋芒毕露的主持风格，在与《讲述》栏目的融合中，变得从容淡定。她结合节目特点，发挥自身优势，形成了简明凝练的主持语言和端庄沉稳的主持风格。

六、中央电视台少儿频道

1. 频道简介

中国中央电视台少儿频道是中国中央电视台拥有的一条以普通话为主要语言、以少年儿童为对象而开设的电视频道。频道的核心理念是尊重、支持、引导、快乐。即尊重少年儿童权益；支持少年儿童发掘自身潜能；引导少年儿童健康成长，让每个孩子都有最佳的人生开端，都有欢乐无限的生活空间。CCTV-少儿频道的主题词是"引领成长、塑造未来"。少儿频道将以先进的理念、全新的形象、国际化的标准，创办成国内一流、世界前列的电视频道。

2. 代表节目分析

（1）《小小智慧树》

①节目类型：少儿幼教类

②节目主持人：红果果、绿泡泡

③播出时间：周一至周五10：00

④节目概况：《小小智慧树》是CCTV少儿频道一档专门给"1~3岁婴幼儿"及其爸爸妈妈共同观看的节目，也是中国目前唯一的一档适合1~3岁孩子观看的栏目，可以说，《小小智慧树》是中国最大的"空中早教亲子中心"。《小小智慧树》关注的重点正是极易被电视节目忽略的未识字的婴幼儿这一特殊群体，在某种程度上担当起家庭早期教育的责任（图5-5）。

⑤节目主持人分析：红果果原名为陈苏，中央戏剧学院表演专业毕业，自2003年至今在中国中央电视台少儿频道担任《小小智慧树》栏目女主持人，曾获央视2008

年度优秀播音员主持人，2012年度中国播音主持"金话筒奖"。绿泡泡原名为耿晨晨，2003年开始在中央电视台少儿频道担任《小小智慧树》栏目主持人。红果果、绿泡泡在节目中定位成小朋友们的好伙伴儿，带着大家唱歌、跳舞、做手工等，在娱乐的同时教给小朋友知识。两位主持人主持风格活泼、亲切，既没有装可爱扮小孩，也没有高高在上地严肃教育小朋友，而是以朋友的身份朴实地和小朋友受众交流，深受观众的喜爱。

图5-5 《小小智慧树》

【节目播出实稿】

开场曲《我爱你》

智慧树上智慧果，智慧树下你和我，智慧树前做游戏，欢乐多又多。

红果果，绿泡泡：小朋友们！大家好，欢迎来到智慧树乐园！

《巧巧手》板块：

红果果：大家好！我是爱做手工的红果果！

绿泡泡：嗨！你们好！我是喜欢动手动脑的绿泡泡！

动画木木：大家好！大家好！我是你们的好朋友木木！

红果果，绿泡泡：木木你好！

红果果：木木，快告诉我们今天的手工作品是什么吧！

木木：想知道今天要做什么好玩儿的手工作品吗？让我来告诉你们吧！（动画视频）我们要做的是漂亮的蝴蝶头饰！手工老师林红媛，来自北京军区空军蓝天宇峰幼儿园。

媛媛老师：大家好，我是媛媛老师！

红果果：欢迎媛媛老师，欢迎您！

绿泡泡：欢迎！

红果果：和我们一起做手工的还有皮皮小朋友和她的爸爸。

皮皮：大家好，我叫皮皮，今年六岁了，这是我的爸爸。

皮皮爸：大家好！

红果果，绿泡泡：欢迎你们！

绿泡泡：好的，电视机前的小朋友们，今天的手工作品你们是不是很喜欢呢？很想和我们一起来学吧！别着急，在做手工作品之前，我们先在自己的周围寻找一下所需要的材料吧！

（找材料视频操）

红果果：好！材料已经找好了，接下来我们要活动手指了。

活动手指操（食指拇指碰碰，食指中指并拢，做把剪刀剪剪，我的手指好灵活）

红果果：好，手指已经活动开了，媛媛老师赶快教我们怎么做吧！

媛媛老师：今天我们要做漂亮的蝴蝶头饰，我们需要用到彩色的纸盘，老师选用的是粉颜色的，我们在纸盘的正面画上蝴蝶图案，先画出蝴蝶的身体。

红果果：今天我们既然要做头饰啊，就应该把这个头饰装饰的漂亮一点。

绿泡泡：刚才我们的媛媛老师啊，给我们展示了她做的这个头饰，非常漂亮。当然电视机前的小朋友如果有其他的方法也可以，可以根据自己的喜好把头饰装饰的漂漂亮亮的。

媛媛老师：画好以后我们请刻刀来帮忙，在画线的位置上切一个小口，这样我们的剪刀就能够进去了。

绿泡泡：这个步骤呢，我们要用到刻纸刀了，小朋友们一定要注意安全！我觉得这个步骤还是请爸爸妈妈来帮助你们完成吧！

媛媛老师：我们把蝴蝶剪下来。

红果果：好，小朋友们，这个步骤我们要用到剪刀，所以我们一定要注意安全。

媛媛老师：我们把多余的部分剪下去，蝴蝶的底部不要剪断，接下来我们拿出白颜色的油漆笔画出蝴蝶漂亮的花纹，我们画一些波浪的线，小朋友可以像老师这样画，接下来我们拿出漂亮的扣子和精美的水钻进行装饰，我们在这些位置上贴一些漂亮的贴纸。

红果果：装饰的物品有很多，像这个扣子啊，小钻啊，还有小朋友喜欢的小贴画呀，都可以来装饰我们的头饰哦！

绿泡泡：除了我们拿的这些，小朋友们还可以在自己家里找一找，肯定还有很多东西可以用来装饰这个头饰，最好可以把废物都利用起来。

媛媛老师：我们现在来粘这个彩色的扣子，粘好扣子后，我们来安装蝴蝶的触角，接下来我们拿出蓝颜色和粉色的毛杆插上蝴蝶的头部，插好以后我们将露出来的毛杆缠在一起，我们的蝴蝶做好了，用打孔器在盘子的边缘打上两个孔，把丝带从孔中穿过，我的头饰做好了。

红果果：我们的也做好了，我做了一个红色的草莓小帽。

皮皮：我做了一只粉色的小蝴蝶。

绿泡泡：大家看我做了一顶国王的王冠，上面还装饰了很多小钻，威武吧！

红果果：小朋友们快快开动你们的脑筋，做出更好看的头饰吧！

（2）《大风车》

①节目类型：少儿大型杂志类

②节目代表主持人：刘纯燕（金龟子）

③播出时间：周一至周五19：30

④节目概况：《大风车》以3~14岁儿童和少年为收视对象，属于大型杂志类栏目。该栏目强调"以儿童为本"的创作思路，以"尊重儿童、支持儿童、引导儿童、

快乐儿童"为宗旨，注重"儿童写儿童、儿童拍儿童、儿童评儿童"的制作理念，注重孩子对电视节目的参与，相继推出了《玩偶1牵1》《顽皮家族》《新闻袋袋裤》《童年》《我看见》《4+4》《其实你不懂我的心》等众多的子栏目，这些栏目内容新颖，形式多样，节奏明快并充满童趣。此外，该栏目还拥有孩子们喜爱的鞠萍姐姐、董浩叔叔和霍小雷等优秀儿童节目主持人，深受广大少年和儿童的欢迎，其作为栏目串联部分的节目《风车工作室》别具一格，由儿童自己担当小主持，评述消息，报道《大风车》的台前幕后，不仅增加了儿童参与电视的机会，也更贴近儿童，得到了广大小朋友的认可，至今已播出近20年。

⑤节目代表主持人分析：刘纯燕在央视少儿节目中以"金龟子"形象在电视上出现整整20年了，"金龟子"烙印在一代又一代人的童年印象中。刘纯燕的"金龟子"不仅成为央视的第一个卡通形象主持人，也成了刘纯燕的标志。她以自己特有的表演特质成功地将一个普通孩子的喜怒哀乐融进了这个卡通形象中，赢得了许多小朋友的喜爱。

七、中央电视台法制频道

1. 频道简介

中国中央电视台社会与法频道是播出道德和法制类节目的专业频道，该频道依托中央电视台长期积累的传播资源，以社会、道德、法律等为主要内容，以新闻、专题、访谈、现场直播、电视剧等多样的节目形态树立频道生动活泼的形象，保持频道引人入胜的魅力。"公民、公正、公益"是"社会与法"频道的核心理念和诉求。该频道以社会、道德、法律等为主要内容，并汇集新闻、专题、访谈、现场直播、电视剧等多样的节目。

2. 代表节目分析

（1）《道德观察》

①节目类型：社会教育类

②节目主持人：路一鸣、徐郡

③播出时间：每日21：59

④节目概述：《道德观察》是中国唯一一档在全国平台播出的道德类全日播栏目，为了给观众搭建一个展示个性观点、探讨道德观念的平台，突出体现栏目的"观察"功能，展示道德的多元，栏目组以普通人、公众人物、具争议性人物为对象，讲述他们的道德故事。既有观众的现身说法，还有嘉宾的平民视角参与，再加上主持人的穿针引线，节目流畅又有节奏。直击种种道德事件，一方面对可歌可泣的高尚行为进行讴歌，在感动中激发每个人心中向善的力量；另一方面对种种不道德的行为进行揭露和鞭挞，在震撼中使每个人思考，完成心灵的净化，成为"深刻反映中国道德现状、深入进行道德思考、促进中国道德生态建设"的电视互动平台。

⑤节目主持人分析：路一鸣主持风格简洁，敢于表达自己的观点。让节目以更有人情味的一种方式播出，让观众获得的是一种理性的认识。主持法制类节目时能够根据自己的理解说出让观众易懂的话，用最贴切的语言把道理润物无声地传递给他们，使法律的内容情感化，让观众以一种易于接受的方式来接触法律，从而以一种正确的法律思维来引导观众思考问题及解决问题的方式（图5-6）。徐郡则以一种更加亲民的方式在节目中进行主持，提出问题，抛出悬念，引导受众思考节目中的法制问题，同时通过通俗易懂的讲述，将一些法律专业术语变得更加浅显易懂，让受众能够看得懂节目内容，更加喜欢节目。

图5-6　路一鸣

【节目播出实稿】

主持人：2013年3月22号，江苏省泰州市高港区滨江派出所接到报警，在辖区的江边，有一对行为怪异的母女。（视频）

主持人：现场的村民告诉民警，他们看到一个神志不清的农村妇女在附近游荡，而她身边的小女孩不断地向过路的村民求助。

主持人：这个小姑娘叫兰兰，那时候只有10岁，站在一台电瓶车的踏板上，无助地看着赶来的民警，当时兰兰的母亲于秀兰骑着电瓶车，兰兰在后边追了3个小时，那也是滨江派出所所长第一次看到兰兰，他完全不清楚兰兰到底处于一个什么样的困境当中。但是他已经从这个孩子的眼里看到了太多的惊恐、焦虑。几天之前，有村民曾经看见于秀兰挥舞着菜刀砍村里的树，还有村民反映于秀兰把农药洒在村民们的菜地里。这回，于秀兰带着女儿在江边险些失足。

主持人：原来于秀兰有20多年的精神病史，周围的邻居都知道，这个人不能受刺激，不能生气，一点小事就会激发她潜在的病根，所以大伙儿都躲着她。平时，于秀兰也是深居简出，不跟人来往，所以她这个奇怪的行为渐渐地就被人忽视了。所以了解于秀兰的人很少，大伙儿也不知道她们家究竟发生过什么。为了弄清楚于秀兰的真实情况，民警们试着和兰兰交流，因为孩子不会说谎。可是怎么让孩子开口呢？

主持人：在派出所民警的询问下，于秀兰被送往了医院接受治疗，初步治疗期为30~40天，兰兰就在派出所住下了，白天由民警们轮流照顾。我们都觉得奇怪：兰兰失去依靠的日子里，兰兰的父亲从来没出现过，甚至兰兰家任何一个亲戚都没有询问过任何消息，这母女两个人好像被人遗忘了一样，她生活在自己封闭的世界里。孩子不能没有父亲吧，可是他的父亲在哪儿呢？这一切现状和于秀兰的精神上出现的问题有没有关系呢？滨江派出所的民警决定去兰兰所在的社区走访，因为只有这样才能知道，这个家到底发生过什么。

主持人：于秀兰的病情稍稍稳住了，这让滨江派出所的民警们感到欣慰，他们也把这个消息告诉了兰兰，但是于秀兰还得住院治疗，还有60天的治疗期，此期间兰兰得有一个安定的居所，同时这件事经泰州电视台跟踪报道以后，在当地引起了很大的反响，大伙儿都很心疼兰兰的遭遇，觉得兰兰命运不公，很多人都很热心地希望能收养兰兰，这本来是件好事，但是兰兰能不能收养难倒了民警们。

主持人：这个时候对于兰兰来说，有一个安稳的居所，有老师的陪伴都很重要，经过这么一段波折，兰兰有点儿变了，变得敏感、脆弱。大人们都能看出来这个孩子极度缺乏安全感，她不愿意失去母亲。她本来就不是在一个健全的家庭长大的，虽然于秀兰百般呵护，但是兰兰从小是缺乏亲情和关爱的。她身上折射出来的反应无声地爆发了。

主持人：兰兰最终还是回到了母亲的身边，这是最好的结果吗？我一直在想是不是经济条件优越，对孩子成长来说就是好的理想环境呢？如果是这样，那兰兰应该被收养。况且在法律上于秀兰的精神问题是属于限制行为能力人，兰兰可以更换监护人，但兰兰没有，我们不知道答案，但至少我们现在可以看到母女俩在一起是幸福的。

（2）《夜线》

①节目类型：情感互动直播类

②节目代表主持人：张越

③播出时间：周二至周四22：20

④节目概述：《夜线》是社会与法频道开办的一档大型情感类互动直播节目。它充分协调人们对他人情感的窥视欲和对自己情感生活的困惑，理性讨论现实存在的社会化的情感问题，策略性完成人们共需共鸣的情感知识的传播。栏目由《还原》《围观》《约见》《说道》四部分构成，每期节目寻找一个有进程感的新闻事件或当下百姓最关心的情感话题贯穿直播的全过程，增加节目的未知感和期待感。

⑤节目代表主持人分析：张越，主持风格机智、简练、亲切、平和，与其他主持人相比有更为深厚的文化底蕴和对平民生活的热切关注，在主持中突出个体差异，张扬嘉宾个性，尊重多元表达，在理性的争论、碰撞中策略性完成情感知识的传播。能够准确把握各类话题的情感基调，转换自如。

第二节　地方台优秀节目

一、湖南卫视

1．频道简介

湖南卫视（湖南广播电视台卫星频道）是中国湖南省一家省级电视媒体，是湖南省最权威的电视机构，是湖南省对外宣传的主流电视媒体。2004年，湖南卫视正式确定打造"中国最具活力的电视娱乐品牌"的目标，秉持"快乐中国"的核心理念。其中，《快乐大本营》《天天向上》《我是歌手》《爸爸去哪儿》《花儿与少年》等热门综艺节目创下综艺收视传奇，开下卫视先河的《跨年演唱会》连续问鼎收视冠军，金鹰独播剧场为全国最有影响力的电视剧播出平台之一。

截至2014年10月，湖南卫视在中国内地的受众已达到10.76亿，湖南卫视和湖南卫视国际频道已在中国香港、日本、澳大利亚、北美洲、东南亚、欧洲等国家和地区落地播出。

2. 代表节目分析

（1）《快乐大本营》

①节目类型：综艺游戏类

②节目主持人：快乐家族（何炅、谢娜、李维嘉、杜海涛、吴昕）

③播出时间：每周六20：10

④节目概述：《快乐大本营》是一档综艺性娱乐节目，节目内容以游戏为主，辅以歌舞及各种形式，强调贴近生活、贴近观众，以较高品位的娱乐形式给广大观众带来快乐。作为国内首屈一指的王牌综艺节目，《快乐大本营》拥有国内综艺节目中顶级的嘉宾和明星资源，《快乐大本营》的品牌影响力不仅在国内综艺节目中独占鳌头，更是同国际接轨，传播快乐文化。其推崇的"快乐向上，健康娱乐"的快乐文化更是湖南卫视所推崇的快乐中国品牌中最不可缺少的重要一环，以何炅为核心的快乐家族主持群在青少年观众中更是有着无与伦比的影响力和号召力。《快乐大本营》的长盛不衰不仅得意于它青春向上的快乐气质，更是充分彰显了湖南卫视品牌在全国的真正影响力。

⑤节目代表主持人分析：快乐家族是2006年国内选出的新一代主持团体，由何炅、李维嘉、谢娜、杜海涛、吴昕五人组成，号称"中国第一歌唱跨界主持天团"，主要主持湖南卫视综艺节目《快乐大本营》。何炅，主持风格集一流学识、亲和力、急智、控制力与喜感于一体，最大的优点是能够掌控全局，可以说节目所有的流程的进行全都在他的掌控之中。他的语言既不夸张也不粗俗，但却充满着幽默和智慧，出色的表现能力以及突出的语言运用能力为节目增添了许多亮点，幽默而不失稳重的主持方式更是凸显了他智慧的魅力。谢娜则擅长嬉笑搞怪的主持风格，在节目中经常调节节目氛围、缓解嘉宾的紧张情绪，因而被观众所接受和喜爱。李维嘉时常以阳光大男孩的形象在节目中出现，他既不像谢娜那么"奔放"，也不像何炅那么"沉稳"，而是以一种活泼、豁达的主持风格示人，也是快乐家族的"调和剂"。可以说，快乐家族的五个主持人个个风格迥异，各具特色，被观众所喜爱。

（2）《天天向上》

①节目类型：娱乐脱口秀

②节目代表主持人：天天兄弟（汪涵、欧弟、钱枫、小五等）

③播出时间：每周五20：20

④节目概述：《天天向上》是湖南卫视打造的大型礼仪公德脱口秀节目，用各种形式来传播中国千年礼仪之邦的礼仪文化，让国民在娱乐嬉笑之余感受中华传统美德的精髓并借此发扬光大，是节目定位的深度体现，也是节目创建的一种背景。随着节目题材范围的拓宽，节目的核心气质是青春励志，并将把"青春励志"和"传统礼仪"作为必守的原则。节目的主题固定为礼仪公德知识。节目以风格各样的嘉宾秀融合脱口秀的形式开场，用栏目剧的形式来演译和诠释生活中常见的礼仪知识，再加上跨国界的嘉宾访谈互动环节，让国人更加掌握文明礼仪，让世人更加了解中华礼仪，节目本身包含了公益性、教育性、知识性。节目进行过程中除了访谈之外，还穿插进行歌唱、舞蹈、情境表演、与场内观众互动等环节，着力彰显"秀"的特点。在一种节目形态中，融合了多种节目的类型与元素，集多种特点于一身。

⑤节目代表主持人分析：天天兄弟是湖南卫视脱口秀节目《天天向上》主持群的代称。成员包括汪涵、欧弟、田源、钱枫、小五、俞灏明、矢野浩二，但目前个别成员已离开此节目。汪涵，湖南卫视当家男主持，是国内著名娱乐节目主持人。节目风格风趣、幽默、睿智、反应超快。汪涵的最大特点是能合理地使用方言，巧妙地利用方言的优势，很好地把握使用方言的度，又不对沟通造成障碍，而且符合自身特点，这是非常绝妙的神来之笔。汪涵的主持风格有点像单口相声，又有脱口秀节目的风格。汪涵体现的是一种平民的娱乐，既不是自嘲，也不是故意搞怪，而是一种比较自然的幽默，在节目中，他经常亲自参与其中，用自身的体验展现节目的特点，挖掘节目中的亮点，而不是简单的评判者和旁观者，深受观众的喜爱。欧弟原为我国台湾节目主持人，2008年加盟湖南卫视《天天向上》节目。欧弟主持风格幽默与机智相结合，他将台湾娱乐节目的轻松和"全民娱乐"范儿带到了《天天向上》，让节目跳出固有的主持模式，经常制造惊喜。同时，他具备多种才艺，在主持节目的时候将自己的模仿技能尽情发挥，可以让现场气氛活跃起来。

（3）《播报多看点》

①节目类型：生活资讯类

②节目代表主持人：杨铱、赵靓

③播出时间：每日7：30

④节目概述：《播报多看点》是一档大型原创资讯生活节目，关注热点时事和健康资讯。在户外用国内独创的"走上街头，向人们面对面播报资讯"和在棚内用国内独创的"资讯聊天剧"的新颖形式——主持人在清新明快时尚的演播室里，或者"喊话式评论"，或者"角色扮演式评论"，风格清新自然（图5-7）。

⑤节目代表主持人分析：杨铱，美丽大方，主持风格清新、幽默。在主持娱乐播报类节目时采用活泼、轻快的语言方式为受众带来最新资讯，既不扭捏造作，也不低俗，可以用"清新"来形容她的主持风格。

图5-7 《播报多看点》

【节目播出实稿】

【主播】各位早上好，欢迎收看《播报多看点》，何娟在长沙祝您早安！

科幻电影《阿凡达》中受伤退役军人杰克，靠意念远程操纵其替身，在潘多拉星球作战。在国防科技大学有一只研究大脑的创新团队，目前他们已经试验出了用大脑控制机器人和汽车，也许在不远的未来，人们只需要通过脑电波，就可以轻松打开家门。

【配音】这是国防科技大学认知科学基础研究与创新团队正在进行的脑控机器人试验，眼前的这个小小的机器人正灵巧而不失谨慎地前进、转向，但它的这些动作并非人脑操作，而是由人脑直接进行控制。

【同期声】（介绍机器人原理）

【主播】把人脑作为一个环节切入系统，利用人脑的智能提升整个系统的智能水平，这个科研团队的脑控技术为我们提供了一种除电器系统人手之外的另外一种系统的操控手段，不久的将来，残疾人可以通过脑控制轮椅来代替双脚行走，而对于不少开车一族来说，将来也许可以实现脑控驾驶。

【同期声】（此科技的发明意义）

【主播】近几年，欧美亦相继启动各种人脑计划，中国也在全面推动脑科学的基础研究和应用研究，未来的战场上，单兵不需要背负太多作战装备，只需要背负一个作战系统，就可以提高单兵运动负荷的能力，在复杂的环境中，也可以实现人脑与人脑之间的通讯，脑控枪、脑控车等都可以在战场上得到重要的应用。

【同期声】（目前状况）

……

二、湖南经视

1. 频道简介

湖南广播电视台经视频道，简称湖南经视，创立于1996年1月1日，是中国省级地面频道中最有实力、最负盛名的一家，被誉为"电视湘军的黄埔军校"。频道通过有线及无线方式覆盖湖南及周边地区近9 000万人群，并通过网络传播辐射全国，是全国所有地面频道中唯一一家受邀直接进驻全国两会报道的电视媒体。

该频道在中国电视改革、电视剧拍摄出品、综艺节目创新、大事件直播等方面具有创新领航者的地位，电视剧《还珠格格》《宫》系列是中国电视剧经典，《幸运系列》创造了中国综艺栏目的空前热潮，《直播大事件》代表了当前中国大型挑战竞技、突发事件等活动的最高直播水平。在以湖南卫视为首的电视湘军的崛起中，湖南经视的先锋式探索与改革是最为重要的推动力之一。

2. 代表节目分析

（1）《幸福向前冲》

①节目类型：户外游戏竞技类

②节目主持人：蒋宏杰

③播出时间：每周六、周日13：00

④节目概述：《幸福向前冲》是一档充满了创意和惊喜的大众户外运动节目，其间巧妙结合了趣味竞技比拼和创意秀。形形色色的车和各种各样的人使该节目成为单车与人展示的大舞台。为了增加比赛乐趣，《幸福向前冲》鼓励选手对自己的爱车进行改造包装，选手还可携带有趣的道具全力配合一冲到底。作为一个单车大国，可能大家平日对单车并不陌生。不过，一辆普通的单车，经过精心改造即可变得颜色鲜艳、外形夸张，如果骑上这么一辆拉风的潮车，在搭建在湖面上的彩色障碍赛道上驰骋，最后拉响终点胜利的铃铛，在这个炎炎夏日该是多么刺激新奇的体验！

⑤节目主持人分析：继李湘、舒高陆续"触电"被全国观众熟知之后，湖南又一位青春偶像派主持人蒋宏杰再度受到关注。蒋宏杰，湖南火爆娱乐节目《FUN4娱乐》的主持人，也是湖南经济电视台在投拍了琼瑶系列剧集和《还珠格格》之后新拍偶像剧《爱情海》以及《幸福生活呜哩哇》的女一号，多年的主持和演员经历，让她积累了丰富的经验，再加上外形的靓丽，更为她添彩，让她成了观众心目中既能表演又能主持电视节目的优秀主持人。继《奥运向前冲》《快乐向前冲》引爆全国电视冲关风后，2012年再次以创新形式引领了湖南电视户外冲关节目的风向标，第28期节目融合快乐竞技、励志向前与环保单车的特色，创下白天时段收视高峰，在湖南省长沙市场同时段获得21次第一。也可以说这档节目是最具励志活力的户外冲关节目。

（2）《钟山说事》

①节目类型：新闻评论类

②节目主持人：钟山

③播出时间：每日18：30

④节目概述：

《钟山说事》是湖南经视频道创新竞争力的一大亮点，也是湖南电视节目中的一道崭新风景，它创立了湖南电视节目的一种新形态。节目以评论为主体，打破了声画两张皮的传统新闻节目格局弊端。无论从内容到形式，还是从编排到结构，节目始终以一种创新、个性的姿态，展现在观众的面前。《钟山说事》选取最新时事进行犀利点评，一系列别致的观点是其特色。节目也因其敢爱敢恨的风格让观众啧啧称道。该节目的主持人兼制片人钟山，因其犀利尖锐的风格被观众赞为"最有血性民生时政主持人"（图5-8）。

图5-8　《钟山说事》

⑤节目主持人分析：《钟山说事》在短短两年时间里，荣获"中国十佳电视栏目""电视民生类年度增长潜力节目"等众多奖项，这与主持人钟山对时事民生的深度剖析和犀利点评的出色表现是分不开的，此节目创立了湖南电视节目的一种全新形态，打破了传统新闻节目的格局，以创新的方式让观众来接受。由于钟山之前做过文字编辑，因此他打下了深厚的文字功底和对于事情独到的看法，这些成了他在主持路上最好的帮助。钟山犀利的言辞，独到的观点，一下子就吸引了很多观众。

【节目播出实稿】

铃铛一响，钟山开讲。这里是钟山说事。在火车站，在步行街，我们总能看到停在那里的无偿献血车。你或许一直会有一个疑问解不开，既然献血是无偿的，那么为什么用血却是要花费高价呢？那些挽起胳膊义无反顾走进献血车里的人们，也许更关心从自己体内抽出来那么一大管热血，到底到哪儿去了呢？5月3日，长沙市民蔡晓明，心里也有这样的不解，于是他向长沙血液中心寄了一封《政府信息公开申请书》，申请公开受血者相关信息，如：血液采集费用，受血者支付费用等。蔡晓明的想法很朴素，普通献血者应该对采血用血信息有知情权，献血可比捐钱的代价要大多了，心里要不是怀着对生命的温情和敬意，不怕疼的爷们或者女汉子，这事儿还真的办不了。所以我想蔡先生的这点要求应该不过分吧。面对提问，长沙血液中心相关负责人，还真的接招了。他说：献血者可到血液中心查询血液去往哪个医院，但目前无法做到采血用血信息完全公开，"不能公开具体受血者的信息，也不能查询他人的献血信息"，理由是什么呢？根据血站的要求，这是供血方和受血方双方的隐私，是中国发展无偿献血延续国外的惯例，那至于成本他是说："用血费用都是按照物价局的规定来的，至于血液在采集、储存、分离、检验、运输过程中所耗费成本及其依据，暂时没有要求公开。"拿隐私说事儿，怎么说还算有点靠谱，不过最核心的要素成本方面，依旧是一副打哈哈的姿态，这种模糊的表态，不能不让我们浮想联翩啊。我们先来看看其他血液中心是如何回答成本这个问题的，北京市血液中心主任刘江，在2012年接受采访时说："血液本身是没有价格的，但是血液不会自动从这个人身上到那个人身上，中间它有很多环节，比如要把血采出来、化验，要消耗一些血袋子、试剂等等，还要包括储存、管理、运输等等，所以现在所谓的血液价格，实际上是这个过程中消耗的成本。"他介绍，"现在患者临床用血的每袋210元，是国家发改委制定的全国统一价格，而且这个价格还不包括人员工资。"长沙和北京的血液中心在回答同一个问题上的措辞何其相似，简直就像是事先商量好的口径。曾经我们以为人的血是鲜红的和献血车上的红色是同样纯洁的颜色，于是献血的人只管抡起胳膊，不问其他。只是后来我们发现，鲜红的标志下面并不一定是一颗红色的心。当然了，钟山我相信这些黑暗只是存在极少数的角落，绝大多数血站和血站的工作人员，都有一颗红亮的心，只是负面新闻虽然不是太多，但也足够让那些前往血站献血的热心人们停下脚步。身正不怕影子斜，血站为何不抓住这个机会，公开信息为自己证明，还自己一个清白。

三、深圳卫视

1. 频道简介

深圳卫视于2004年5月27日正式试播，2004年5月28日正式开播，该频道信号通过中星6A号覆盖全国。深圳卫视直属于深圳广播电影电视集团，集团于2004年6月28日正式挂牌成立。集团以资产和业务为纽带，以深圳电视台、深圳广播电台、深圳电影制片厂、深圳市广播电视传输中心等单位为主体整合而成。

2011年，美兰德全国电视频道覆盖数据表明：深圳卫视覆盖人口达8.14亿，比2010年增长6100万人，覆盖位列全国省级卫视第十。深圳卫视正以每年超过50%的成长速度，成为覆盖范围最广、最具传播价值的省级卫视之一。深圳卫视还落地日本、韩国、泰国、美国、加拿大及港澳台等地区，全天通过两套节目24小时不间断播出，成为中国在海外华人中最具影响力的省级卫视频道之一。

2. 代表节目分析

（1）《军情直播间》

①节目类型：军事类新闻类

②节目主持人：张美曦、赵昊

③播出时间：每周二21：20

④节目概述：深圳卫视全新打造的深度军事类新闻节目，采用目前中国电视界最先进的视频技术，打造全三维虚拟演播室，以现代包装手段达到酷炫震撼的视觉效果，主持人张美曦播报一周最新的环球军事资讯，介绍最前沿的武器装备，并邀请两

岸三地的军事专家分析世界各国之间的军事角力与博弈。

作为地处珠江东岸、毗邻港澳台的前沿卫视，深圳卫视全新推出的深度军事类新闻节目《军情直播间》，由《直播港澳台》团队倾情打造，"前沿、南派"风格十足，也是国内地方级卫视的第一档军事新闻节目。

⑤节目代表主持人分析："把老百姓的心声说出来"，这是张美曦常挂在嘴上的一句话。事实上，她也做到了知行合一。做民生新闻节目主持，与观众有效沟通成了看家本领。做民生新闻久了，反而让这位曾自称"生活常识少"的美女主播更接"地气"，更懂得站在观众的角度思考问题。在《直播港澳台》的观众互动环节中，张美曦相信自己的表现能让观众尤其是网友们满意。从外景主持到娱乐节目主持人，再到美食类节目主持人，后又转换跑道，她当了民生节目主持人。在同事眼中，她简直是个"全能超人"，其可塑性让人称道。而她"微波炉"式的学习适应能力也让人刮目相看。而据深圳卫视透露，亮丽的外表只是挑选主播的参考条件，《直播港澳台》作为目前大陆极少数能够同时整合两岸三地"名嘴"资源的节目，节目更看重主播与嘉宾沟通以及对内容的驾驭能力。而张美曦通过各种类型节目的历练，已经具备了应对《直播港澳台》节目挑战的实力。

（2）节目名称：《年代秀》

①节目类型：明星互动真人秀类

②节目主持人：赵屹鸥

③播出时间：每周六21：15

④节目概述：《年代秀》是一档由深圳广播电影电视集团深圳卫视制作的号称"内地综艺旗舰节目"的全明星代际互动综艺秀，该节目由深圳广播电影电视集团深圳卫视斥巨资，邀请各界300多位一线明星、名人和内地一线电视制作团队，经过近一年半时间精心打造才终于和观众见面。每期节目邀请60、70、80、90、00五个年代的10位明星嘉宾同台互动，有不同年代的明星激活的有趣往事，有温暖的动情时刻，有斗智的竞技氛围，有无数的欢歌笑语。节目中，五代人组成各自的年代小组，进行各种形式的共同娱乐，每一个小组背后还邀请了相应年代的观众为其加油助威。在综艺节目百花齐放的当下，一档定位新颖、具有明星号召力效应的国内第一档全明星代际互动综艺节目《年代秀》，于2011年5月27日晚21：20分在深圳卫视首播。这是最多明星同台的真情阐述，这是最多火花的跨年代沟通互动秀。穿梭时光隧道，中国人60年的光影记忆，60年最流行的风尚文化，尽在《年代秀》。

⑤节目主持人分析：赵屹鸥，曾担任中央电视台节目主持人。1984年，他考入了中国人民解放军空军第二航空学院，成为第一批的大学本科飞行员。1988年，他考入了上海戏剧学院导演系，1999年应邀主持中央电视台《神州大舞台》栏目，与此同时，主持上海电视台的《大话爱情》。2004年主持中央电视台《欢乐中国行》。2011年开始主持河北卫视《万事如意》。配音、导演、主持、表演、出书，这些都是赵屹鸥热爱的事业。2011年，在深圳卫视全新代际互动综艺节目《年代秀》中，其沉稳、

大体、风趣、幽默的主持获得了《年代秀》观众的肯定和支持。多年的主持经验，再加上之前在配音、导演、表演等行业都有所涉及，这对于他日后的主持也起到了很大的帮助，一方面是经验的积累，另一方面也是多个行业的涉及让他对于节目的掌控也更加纯熟（图5-9）。

图5-9　赵屹鸥

【节目播出实稿】

赵屹鸥：现场和电视机前的各位观众大家好！欢迎大家光临《年代秀》。

赵屹鸥：有一个问题Allan Wu，我们看到的《极速前进》的前两期，你的模样有点发生变化了，因为前两期主持人（安志杰），好像五官有一点走位。

Allan Wu：其实刚好就是前两集，是我的好兄弟（安志杰）他可能因为档期的问题，没办法再继续主持下去，所以就交棒给我了。

赵屹鸥：档期的问题啊？如果你接下来档期有问题，给我打电话，call me。我想问一下现场的各位嘉宾，在参加这个节目之前，你们当中有谁关注过这个节目？

陈小春：可不可以讲广东话啊？我已经看了很多季，因为他已经做了25、26季是吧，我是从20季开始看，是非常刺激的一个节目。

李小鹏：我是因为安琪的原因，安琪本身是美籍华人，基本上都是看美剧，《极速前进》我们很早就开始看了，非常喜欢，这也是我们来参加很重要的一个原因。

赵屹鸥：用一个最简单的关键词，告诉我你参加这个节目的感受？

应采儿：虐，被虐，被节目虐。但是我们自己愿意被这个节目虐。

张铁林：我有一个悔字，后悔的悔。我和他们前面所有的嘉宾情形不同，我完全不知道这个节目，我哪怕只看过一期这个节目，我都不会来。我完全以为这是一个娱乐性的节目，之前也看过一些国内的所谓真人秀节目。

赵屹鸥：张铁林老师，我得告诉你这确实是个娱乐性的节目，只是你娱不娱乐不要紧，我们很娱乐。其实我们得说，各位辛苦的努力在当中一路狂奔，带给大家非常真实的，平时我们所见不到的一面，如此的狂奔为了什么呢？大奖！我今天就可以马上告诉你们，大奖就是我刚才出场开的那辆车。

应采儿：我们家里有啦！

……

四、东方卫视

1. 频道简介

东方卫视（番茄台）是具有国际视野、中国顶尖的电视新闻、节目内容制作与内容平台运营商。电视内容覆盖发行达十多个国家，服务超过8亿人口。东方卫视24小时全天候播出，主要播出包括新闻、影视剧、综艺、生活服务等类别的节目，它的前身是1998年开播的上海卫视（全称为上海卫星电视，英文缩写为SBN），是SMG（上海东方传媒集团有限公司）的重要窗口。

2．代表节目分析

（1）《今晚80后脱口秀》

①节目类型：脱口秀节目

②节目主持人：王自健

③播出时间：每周六22：45

④节目概述：《今晚80后脱口秀》是东方卫视全新打造的高端文化脱口秀，也是中国唯一一档欧美风格脱口秀节目，于2012年5月13日开播，80后新锐相声演员王自健倾情加盟，每期通过脱口秀的形式，展现年轻人对社会热点、文化事件、时尚潮流的态度和思想，幽默风趣却又不失智慧与锐度。以"冷面笑将"王自健为核心，用爆笑脱口秀的方式讲述年轻人的生活。《今晚80后脱口秀》节目具有欧美脱口秀风格，贴近年轻人生活，时尚而具有国际气质。

⑤节目主持人分析：王自健独特的幽默风格是节目的一大特色。他是80后新生代相声演员，十分巧妙地将中国传统相声与欧美脱口秀有机融合在一起，达到一种十分有趣独特的表达方式。其语言随和幽默，内容在联系生活时往往很有智慧与锐度，也常常让人在捧腹之余，得到对生活的体味与感悟。他擅长在节目中时不时对生活中的不良风气进行夸张地表达演绎来进行反讽，如选秀感动之风、伪时尚之风等等。他的语言和形象深入人心，也因其随和真实的性格广受观众喜爱。

（2）《东方直播室》

①节目类型：专题谈话类

②节目主持人：骆新

③播出时间：每周一、周二21：15

④节目概述：《东方直播室》是一档将电视手段、网络媒体、短信直播有机结合的新闻专题节目，关注当下热点新闻事件以及引起广泛关注、值得讨论的社会现象，直播转型中的中国。节目邀请新闻事件当事人到现场，正反双方意见嘉宾深入探讨核心问题，给予各方观点平等、公开的表达机会，在观点的激荡中提供有价值的新闻信息和建设性意见，体现社会关怀。《东方直播室》的栏目名称延续了1993年上海东方电视台开播的、我国内地最早的新闻直播类节目《东方直播室》。时隔20多年，栏目组接过老一辈电视人手中的品牌，也接过老电视人对《东方直播室》的寄托和期望。

节目开播首期就引起同行关注，不仅集团内部多个频道、栏目前来学习和讨论，江苏、河南、山东等7个省市的同行也纷纷前来学习，《媒介》《传播研究》等全国8家杂志专门对《东方直播室》进行专版分析。2011年，《东方直播室》被《新周刊》"2010年中国电视榜"评为年度最佳脱口秀节目。评语里这样写道：它是最具海派气质的脱口秀，唇枪舌剑中蕴含着温文尔雅；它是最具思维跨度的脱口秀，娱乐话题中表达着社会关怀；它既是圆桌会议，也是表演舞台，既是辩论赛，也是疗伤室，既是个人故事，也是普适指南。它用"我视角"兼容"他视角"，用主持人和嘉宾的互动带出观点的激荡（图5-10）。

图5-10　《东方直播室》

⑤节目主持人分析：骆新，上海东方卫视创意总监、新闻评论员。2003年年底，曾在中央电视台工作多年的骆新，加盟到改版开播的东方卫视。针砭时弊已成为上海电视突出的"亮点"，他冷静、独到、犀利的评论，不但赢得了广大观众的喜爱，也得到国内同行的高度评价。他有强烈的社会责任感以及鲜明的观点，也引起了舆论界的关注。他长期主持并主讲"东方讲坛"，为广大青年人进行国情教育，热心各类公益和慈善活动。骆新对自己主持风格的评价是：犀利而不失亲和，关照而不失独特。他成熟而睿智的词锋给人们留下深刻印象，他还表示，如果不做主持人，他会选择做人文学科的大学教师、学者。

【节目播出实稿】

骆新：话不说不清，理不辩不明，这里是东方直播室，我是骆新。感谢互联网，去年下半年啊，这首歌一下子成了全民的洗脑歌。也让大伙记住了庞麦郎这个名字，不过今天站在我身边的这位，不是庞麦郎。他是这首歌曲最早MV的制作者，也是最早让庞麦郎进入他的录音棚录这首歌的音乐人李达，欢迎你李达！今天站在这里的为什么不是庞麦郎本人？

李达：庞麦郎失踪了，我也一直在寻找他。

骆新：失联了？这不仅是你的疑问，也是我们所有人的疑问，所以今天我们要通过这个节目，帮助您寻找庞麦郎走进今天的《东方直播室》。

骆新：我想问一下李达，你最后一次见到庞麦郎是什么时间？

李达：最后一次大概在2014年的11月底，他来找我拿拍摄的MV的视频原著作，最后我把这个视频拷给了他，然后我们大概吃了饭聊了聊之后，就再也没有联系过，没有见过。

骆新：离那个时间到现在为止，已经将近有4个月了，在这期间你打过电话给他吗？

李达：他的手机换过，现在在哪里我也不清楚。

骆新：你想找他，但他至少不愿意联系你这是可以被肯定的一个结论。你在录制他这首歌之前，你认不认识庞麦郎本人？

李达：认识，当他走进我现实生活的时候，我是以一个粉丝的心态去接近他的，然后就成了他的脑残粉。可以从歌词里面了解到很多，有励志和矢志不渝的精神。一直在为自己追求自己那种理想，不断奋进的那种感觉。我觉得他打动了我。

骆新：我特别想知道你对庞麦郎的评价是？

李达：我觉得他是一个茹毛饮血的音乐人，他给了我们一种崭新的视听感受，他在这个雅俗共赏的年代，让我们知道不用被太多音乐旋律所束缚。他是一个没有音调、没有音准甚至节奏感非常弱的一个人，但他可以将这样一首歌走红，让我们可以体验到原来快乐可以这么简单，然后让一群年轻人，因此得到了感动。

（3）《谁能百里挑一》

①节目类型：生活服务类（相亲节目）

②节目代表主持人：伏玟晓

③播出时间：每周六21：15

④节目概述：《谁能百里挑一》是由东方卫视于2011年8月11日推出的生活服务类栏目。在东方卫视播出，主持人为骆新和伏玟晓。作为《百里挑一》的姊妹篇，同一个班底制作的《谁能百里挑一》将真正意义上实现节目的联动，使《百里挑一》和《谁能百里挑一》互为前传，互为结局。在节目中，女嘉宾将戴着面具出场，自我介绍后接受现场观众及在线网友投票，超过70票方可进入下一环节，获得和现场16位男嘉宾直接交流的机会。女嘉宾需选择最心仪男生和不心仪男生，男嘉宾将评价对女嘉宾的第一印象，观看短片并提问交流，交流过程中通过翻牌形式投票，最后进入表白环节，看结果能否牵手成功。

⑤节目代表主持人分析：伏玟晓，从学生时代开始，伏玟晓就积极参与各种商演活动的主持来锻炼自己，从《百里挑一》节目嘉宾蜕变为《谁能百里挑一》节目主持人，再到单独主持节目《谁是大播主》，她的经历堪称传奇。关于主持，伏玟晓对自己的要求是：不断增强电力，做舞台上那盏明亮温暖的聚光灯，照亮每个需要被照亮的角落，尽量呈现精彩的真实和完整。

五、上海星尚频道

1. 频道简介

星尚无线电视频道目标观众以20～40岁有高收入、高学历和高消费能力的女性为主，频道口号为"爱我生活"，节目内容主要为展现、解读全球时尚文化的流行趋势，记录、发现都市生活形态的细节变迁，节目类型由资讯、专题、谈话、综艺、真人秀、栏目剧和纪录片等构成。节目运营方面，星尚电视倡导"在播、在线、在场"相结合。2011—2012年度，星尚电视自主版权、自制节目日播出量超过6小时。

星尚数字电视（星尚酷）覆盖中国大陆一千六百多万用户，频道目标观众为16~35岁年轻一族，节目内容为酷文化、潮生活、IN时尚。根据移动人群制作的星尚手机电视，正在快速向长三角地区和全国发展。

2. 代表节目分析

（1）《左右时尚》

①节目类型：生活服务类

②节目代表主持人：郑琳、雅静、张颖

③播出时间：周一至周五22：00

④节目概述：《左右时尚》是上海电视台生活时尚频道于2008年创办的全球明星和时尚资讯栏目。每周一至周五22：00—23：00播出，由雅静、张颖主持。《左右时尚》节目为星尚传媒著名的三大资讯节目之一，在上海、北京、香港、纽约、巴黎、伦敦、米兰、东京等地分布有记者或通讯员，每天及时报道和专题分析全球时尚活动以及明星时尚生活方式、生活态度。

⑤节目代表主持人分析：郑琳，2003年毕业于上海戏剧学院，2003年9月进入电视台工作，担任过上海电视台生活时尚频道《左右时尚》《今日印象》《美丽中国》《对决06》主持人。清新自然的郑琳自幼能歌善舞，曾获桃李杯舞蹈比赛第二名、2002环球小姐最上镜奖和中国赛区第四名。作为后起之秀的郑琳，每天以她清新时尚的主持风格带给我们缤纷多彩的时尚印象。从参赛后到主持电视节目，越来越熟悉电视节目的流程和控制。

【节目播出实稿】

郑琳：左右时尚，时尚我左右。感谢大家在每晚10点锁定我们的左右时尚，我是郑琳。有一个女演员四年前在电视剧《北京青年》中崭露头角，一年前因为一段恋情名声大噪；有一个女演员她谈恋爱的时候被旁观者形容为爱得死去活来，而一旦决定分手又果断干脆，挥一挥衣袖，看不到一点悲伤；有一个女演员在面对谁出轨、谁被甩、谁插足、谁受伤等一连串的关系到面子和自尊心的问题时，始终保持谨慎和大度。她刚刚拿下年度风尚女艺人奖，刚刚在上海时装周上压轴T台，在传言满天飞的敏感时期，也没有矫情地取消采访，她就是张俪，因为大气而格外美丽。

华演世界有一个存在了18年的神秘组织叫"朋薇党"，这望文生义就是一大波特别特别喜欢苏有朋和赵薇的人。他们细心罗列出关于苏有朋和赵薇你不能忘记的100件事，真的这个数字很惊人啊，他们在苏有朋和赵薇的每一篇访问当中搜罗字里行间的隐秘信息，在每一次电视节目当中捕捉两个人提到对方时的眼神情绪，用各种似是而非的蛛丝马迹来证明赵薇苏有朋曾经相爱过，可惜终错过，那两个人之间到底有没有萌生过爱情我们不知道，但昨天当赵薇作为嘉宾出现在苏有朋导演的《左耳》发布会现场时，粉丝们真的是都激动疯了。有人说这两个人在一起就是最美的阵容了。

（2）《生活大不同》

①节目类型：生活服务类节目

②节目主持人：朱赤丹

③播出时间：每周六21：00

④节目概述：《生活大不同》节目中来自不同国家、地区的国际友人们共聚一堂，以"小"见大，从一个小话题切入，看大千世界中的不同风俗习惯，来一场中西文化大交流。万千世界，生活中总有不同的东西，正是这些不同，才有了中西文化的大对比，《生活大不同》就是带观众感受各国的不同习惯、不同风俗，让观众感受世界文化。

节目每期话题皆取自生活中最常见的事物，如各国不同的"坐月子"风俗、各国减肥小秘方等。观众不仅能在节目中获得欢乐，也能从中大开眼界，了解各种生活实用资讯。

⑤节目主持人分析：朱赤丹，1997年考入上海戏剧学院，2001年从上海戏剧学院电视艺术系毕业后在上海东方电视台音乐频道工作，主持音乐频道综艺节目《东方新人》、LIVE歌迷会《校园行》和流行音乐排行节目《天地英雄榜》，以及教育服务类节目《妈咪宝贝健康天地》。曾经主持过江西省赈灾义演等大型文艺晚会，飞利浦热舞全国争霸赛，辛晓琪、毛宁、纪如璟、杨坤、孙悦演唱会。"校园行"黄大炜、SAYA、丁薇、罗中旭、魏雪漫、五月天、文章、光良、汪峰、胡彦斌、B.A.D、大地组合、达达乐队、花儿乐队等专场演唱会，雪村新专辑新闻发布会、大国唱片王蓉专辑新闻发布会等，以及MILD SEVEN、海尔电器、美国华尔电推剪等。现担任《新智力大冲浪》和《相约星期六》的外景主持。在主持工作的这段时间，她对电视行业的了解越来越深刻，之所以如此优秀，一方面是她对工作的热爱，另一方面是她对节目的掌控越来越熟练。

六、浙江卫视

1．频道简介

浙江卫视是中国最早上星的省级卫视之一，享有很高的知名度和美誉度。浙江电视台于1960年10月1日开播，是浙江省的主导电视台和电视新闻中心。创办有包括浙江卫视在内的9套节目，日播出节目达到117小时以上，其中自办节目量达到1590分钟。重点反映浙江"民营经济""百姓经济"的发展经验以及众人关注的浙商现象。上星播出以来，推出了《中国好声音》《中国梦想秀》《我爱记歌词》《奔跑吧兄弟》《爸爸回来了》等一系列王牌节目。浙江卫视节目抓品牌、上品位，主打娱乐纵贯线，展示人文素养，追求实时新闻，"中国蓝"影响波及海内外，对促进世界了解浙江、浙江走向世界发挥了积极作用，年度收视率领跑其他卫视，在全国有着超高影响力，在浙江全省覆盖率达97%。

2. 代表节目分析

（1）《中国好声音》

①节目类型：音乐选秀类

②节目主持人：华少

③播出时间：每周五21：00

④节目概述：好声音系列节目《中国好声音》（*The Voice of China*），是浙江卫视在2012年7月3日开播的真人秀节目，源于荷兰节目《荷兰之声》，由刘欢、那英、庾澄庆以及杨坤担任评委以及导师。该节目的版权引进中国后，选择最具实力和潜质的选手进行后续比拼，过去内地一些选秀节目曾以炒作、毒舌、绯闻为卖点，而该节目则延续*The Voice*一贯风格，以正面、励志的态度去选拔最佳歌唱家。节目于2012年7月13日正式在浙江卫视播出，获得广泛关注及颇高收视率。

⑤节目主持人分析：作为浙江卫视当家主持，华少身兼多个栏目，为大众制造快乐，传播幸福。华少主持风格轻松而又沉稳，幽默而又不失风度，特别是其对现场的把控能力以及气氛的调动。而华少的个人魅力和超高的人气，也让他达成与众多行业的合作契机，并不断收获极高的评价和认同。华少主持《中国好声音》因超快语速而被誉为"中国好舌头"。《中国好声音》栏目播出之后，收视率急剧上升，华少也进一步受到观众的好评和喜爱。

（2）《我爱记歌词》

①节目类型：综艺娱乐类

②节目主持人：华少、朱丹、伊一

③播出时间：每周六晚21：21

④节目概述：《我爱记歌词》是浙江卫视推出的一档歌唱类综艺节目，于每周五晚间21点21分播出，主持人是朱丹和华少。《我爱记歌词》兼具娱乐性和益智性，结合了中国老百姓最喜爱的娱乐方式——卡拉OK和风靡欧美的歌词记忆游戏，节目选取中国各个年代脍炙人口的流行经典歌曲，通过设计唱歌游戏，让参赛者现场回忆歌词，并大声唱出，唱对歌词最多的参赛者就是当场比赛的冠军。《我爱记歌词》并非以考验参与者演唱水准为终极目的，而是借助唱歌这个低门槛、易传播、有群众基础的娱乐方式，来吸引大众的关注度与参与性，从某种层面上看，这是一个挑战记忆力的节目。不比歌喉，不比音准，不比舞台表现，只要唱对歌词，就有机会成为爱心大使，所得到的获奖金额将以慈善金的形式全部捐赠给慈善机构，调动了全民的娱乐积极性。节目优点在于：第一，全民大联欢的节目策划理念；第二，"去评委、去明星、重互动"的节目模式；第三，"领唱、歌曲、氛围、预告"节目元素的精致包装；第四，明星主持群的打造。

⑤节目代表主持人分析：华少（原名胡乔华），曾主持《我爱记歌词》《中国好声音》《华少爱读书》等节目。幽默风趣，对象感强，能够掌控整个节目，能够带动气氛，在与嘉宾对话时，有很强的对话能力、逻辑能力以及应变能力。拥有好的专业

素质、较硬的专业基础与能力，是众多优秀主持人中具有个人特色的一位。

伊一的主持风格活泼清新、大方得体，活泼不失优雅，其青春、阳光、活力四射的精神状态总能让人如沐春风，她的一颦一笑一回眸瞬间陶醉众人，仿佛使人回到初恋时那个怦然心动的时刻，她也被大家称为"校园初恋女神"。

七、江苏卫视

1. 频道简介

江苏卫视（荔枝台）是江苏广播电视总台（集团）旗下的卫星频道，于1997年上星播出，节目信号播发范围北到俄罗斯，南至澳大利亚，东到日本，西至东欧、北非，覆盖全世界72%的人口。1960年5月1日，江苏卫视的前身南京电视台开播。1997年12月28日，江苏卫视开播。2004年，江苏卫视频道以其独特的情感定位脱颖而出，2008年上半年成为收视排名增长最快的卫星频道，全国卫视总排名第二，率先覆盖全国31个省会直辖市，并完全覆盖全国337个地级市。以现代感、传媒感、资讯感及江苏文化风味形成江苏现代电视传媒的鲜明特色，频道划分为新闻版块、娱乐版块、电视剧版块，清晰地将新闻、综艺、电视剧三项最受观众喜爱的栏目形式呈现给全国观众，成为全国卫视频道中备受瞩目的电视新生力量，拥有与江苏经济文化教育大省地位相符的传媒位置。2004年江苏卫视确立了以情感为特色的频道定位，通过一系列卓有成效的节目创新，形成了差异化的竞争优势，依靠王牌节目《非诚勿扰》收视率一路攀升，在全国省级卫视的激烈竞争中胜利突围。2007年伊始，江苏卫视收视大幅度提高，晚间黄金时间段进入全国包括央视在内的所有频道的前十名。2004年，江苏卫视频道以其独特的情感定位脱颖而出，2008年上半年成为收视排名提高最快的卫星频道，2012年江苏卫视晚间时段收视居省级卫视之首，《幸福剧场》收视居省级卫视黄金档剧场之首，《非诚勿扰》收视居省级卫视常规栏目之首。

2. 代表节目分析

（1）《南京零距离》

①节目类型：民生新闻类

②节目代表主持人：聂琪、大林

③播出时间：每日18：40

④节目概述：《南京零距离》是江苏省广播电视总台城市频道倾力打造的一档日播类新闻直播栏目，该栏目于2002年1月1日开播，节目面向省会南京，以报道南京、服务南京、宣传南京为宗旨，由社会新闻、生活资讯、孟非读报、观众热线、现场调查等构成。该栏目一经推出，即受到了广大电视观众的热烈欢迎和广泛好评，真正实现了与电视观众"零距离"，被誉为"南京人的电视晚报"。

⑤节目代表主持人分析：大林，新闻广播节目主持人，16年媒体从业经历，主持过各种类型的广播电视节目，多家媒体特约评论员，江苏总台先进个人，十佳主持

人。2010年、2011年被聘为江苏邮政形象大使。现主持新闻广播"政风热线""大林评论"和江苏城市频道"南京零距离"。其主持风格自然、亲切，没有很严肃地去播报新闻，而用调侃的方式播报新闻及评论，服饰搭配符合节目风格，大方得体。主持人说话发音很标准，声音动听，这是值得我们学习的优点。

【节目播出实稿】

A：主持人　B：嘉宾

A：咱们这部电影和原著是符合的吗？或者说有多大的差距？

B：可能我们是还原度最高的，因为我觉得小说里有的，我们都有，首先说角色，"小耳朵"这个演员是大家都认同的，她是一个纯素人，走位等等什么都不懂，跟"小耳朵"这个人物特别像。

A：那你觉得你们所选的角色是不是都特别满意？

B：我觉得都是非常好的，每个演员都跟小说里的人物特别的相似，感觉就到点上了。就像欧豪一样，他也不懂表演，可就希望他试一试张漾这个角色，当时只想他试一试，因为没有找到合适的人来演张漾。他回去准备了一下，自己也很喜欢张漾这个人物，后来试演后我们才发现他能做得到。

A：那他后来演得怎么样？

B：他两个多月都不怎么说话，就是为了体验张漾那种满腹心事的感觉，跟我们说话很少，跟他妈妈也很少打电话，还让他妈妈担心了，他自己在生活中就在体验这个角色。

A：那您和苏有朋搭档得怎么样？

B：其实是非常开心的，他真的很聪明，他的智商很高，情商忽高忽低，他可以很透彻地了解我的这个作品，所以我觉得我交到他的手里他应该可以拍得很好。在剧本这件事情上边，我觉得导演有朋对我的帮助也非常大，他的要求非常严格，我是一个射手座，他是一个处女座，然后当射手遇到处女一定是个灾难，因为射手永远都大大咧咧，这句话这样写也行，那样也可以，这样演可以，那样演也行，但是他不是这样，他一定希望是准确的。

（播放视频资料）

（2）《非诚勿扰》

①节目类型：大型生活交友类

②节目主持人：孟非

③播出时间：每周六、周日21：10

④节目概述：《非诚勿扰》是中国江苏卫视制作的一档生活服务类节目，节目中有24位单身女生以亮灯和灭灯的方式来决定报名男嘉宾的去留，经过"爱之初体验""爱之再判断""爱之终决选""男生权利"等规则来决定男女嘉宾的速配成功，后增加"爆灯"环节和"心动女生"设置。在这样一个"剩男""剩女"广泛存在的年代，速配相亲类节目聚焦最受关注的情感话题，为人们提供了宣泄渠道，从而

获得一定的收视认可。然而，这不代表电视节目可以变服务为欺骗，变婚恋交友为恶俗游戏，更不能靠宣扬丑恶来迎合公众的猎奇心理。电视台的节目制作体现了媒体的品位和对社会伦理道德的认识和把握。

⑤节目主持人分析：孟非，1992—1996年在江苏电视台文艺部体育组担任摄像，开始了新闻工作生涯。2002年因主持《南京零距离》而成名，2003年获得第六届"百优电视节目主持人奖"。2007—2009年主持江苏卫视《绝对唱响》《名师高徒》。2010年1月15日起主持《非诚勿扰》，节目播出后受到广泛关注，2010年位居全国同时段综艺节目收视率第一位。2011年6月8日起与郭德纲合作主持《非常了得》。2012年获得第九届"金鹰奖最佳主持人"奖。

孟非是一位天才主持人，他以主持民生新闻的历练和主持娱乐选秀的经验，为《非诚勿扰》设定出既悬念又不矫情、既多姿多彩又风格清新的尺度感，可模仿，难超越。他能让嘉宾说真话、演自己；也能与点评人相得益彰，并让后者也精彩纷呈。以人心自度，为男女指点迷津，亦让节目更具温情；他幽默节制，以人性为本，为时代传输正能量，亦让观众保持新鲜感。在这个众声喧哗、娱乐至死的年代，他永远以理性之姿面对复杂中国、以善良之心面对个体。其主持特点：幽默风趣，多姿多彩，风格清新，对话能力和应变能力很强，能够很好地引领嘉宾，让嘉宾说真话，做自己，有掌控全场的能力，专业素质高，专业能力强。

八、南京电视台

1. 频道简介

南京电视台成立于1980年1月17日，在南京地区有三个频道播出：12频道、28频道全天播出自办节目，每天播出总量为40小时；15频道全天转播中央电视台第二套节目。南京有线电视台自办5套节目，即有线二套、有线一套、生活频道、音乐频道、财经频道。南京有线电视台超大容量宽带网已经建成。50%的网络完成了750MHzHFC的升级改造，城区有线电视网络覆盖率已达95%，用户总数超过60万户。在完成"五县四郊"有线电视联网工程后，又在国内有线电视系统中较早开通数字光纤传输系统。先导网实验达到国际先进、国内领先水平，填补了江苏省信息网空白。目前已完成了750MHz有线电视基本业务、同轴话音业务NV0D、准视点播业务、数据通信部分等功能的实验，基本掌握和跟踪上当今国际有线电视技术潮流，在全国有线电视行业占据领先地位。

2. 代表节目分析

（1）《直播南京》

①节目类型：直播新闻类

②节目代表主持人：周学、大刚、龙洋、张影、施源

③播出时间：每晚18：00

④节目概述：《直播南京》开播于2003年3月，是国内第一档时长90分钟的大型直播新闻节目。全国电视百佳栏目、江苏省名优栏目《直播南京》开播于2003年3月，是国内第一档时长90分钟的大型直播新闻节目。《直播南京》分4个板块："第一时间"记者现场叙说新闻，随时直播突发事件；"东升工作室"动真情、讲实话、办实事；"特别关注"讲述百姓故事，聚焦社会热点；"时事要闻"播报时事快讯、追踪富民进程。《直播南京》的节目理念是"弘扬主旋律，坚持'三贴近'"。它是一档直播民生新闻类节目，随时直播突发事件，第一时间能够叙说新闻，帮助百姓解决更多的困难。一是以正面报道为主，绝不会反映低俗的民生新闻；二是不会仅限于只是揭露某一事件，而是更关注怎样去解决问题；三是紧贴跟老百姓的生活息息相关的内容，比如就业、理财、新书上市等，让观众觉得看这档节目很实用；四是继续扶危济困，关注弱势群体，同时也会兼顾一些在经济、文化、艺术上的精英人物。通过2005年和2011年的全面升级，有了全新的主持阵容，启用的全新全媒体高清演播厅号称"亚洲第一"，不仅技术一流，其中长20米、高2.4米的LED显示屏是目前亚洲最大的背景屏。新的演播厅带来了新变化，主持人可以用坐播、站播、走播等各种方式播报新闻。《直播南京——微博帮忙团》首次实现网友深度介入新闻制作过程，网友可以在微博发布求助信息，节目则可以迅速帮助其解决困难。

⑤节目主持人分析：龙洋，南京电视台新闻综合频道《直播南京》栏目新闻主播。大学期间，她参加主持人大赛，在湖南广播电视集团实习，担当娱乐节目《花儿朵朵ting》的直播主持、资讯节目《天天低碳》的直播主持、悬疑推理《风声》的主持工作。2011年毕业时尽管是个新人，但龙洋的舞台经验在学校时就已相当丰富。不断地提升自己的专业水平，一次次的大赛锻造了她过硬的心理素质，一次次的直播也练就了她灵活的应变能力。其主持风格自然清新，活泼可爱，有独到的见解；实力过硬，应变能力强，很符合现在年轻人应具备的各方面的素质要求，在现场能够很好地掌控现场，是一位很棒的主持人。

（2）《大刚说新闻》

①节目类型：民生新闻类

②节目主持人：大刚

③播出时间：每日17：30

④节目概述：30分钟的直播栏目中网罗天下趣闻，述说传奇故事，并集萃网络优秀新闻。《大刚说新闻》栏目曾经获得全国城市台"十大优秀电视新闻栏目"称号，主持人大刚曾获得"全国电视十佳新星主持人"奖，国家广电总局曾专门为该栏目组织了全国性的研讨会。《大刚说新闻》栏目获得了全国城市台"十大优秀电视新闻栏目"称号，节目内容是来自国内国际的大事、奇事、趣事，伴以风格独特的"漫画图示"，更贴近百姓生活，不仅幽默生动，而且评论性也很强。其节目特点：第一，用特殊的节目形式说新闻，很新颖；第二，节目内容贴近百姓，受众广泛；第三，主持人生动、幽默地评论每则新闻，吸引观众；第四，虽然娱乐化，但

是贴近民生。

⑤节目主持人分析：大刚，曾获得"全国电视十佳新星主持人"奖，从简单的新闻写作、采访拍摄，到主持各种不同类型的电视节目，如投诉类节目《热线900》大型益智节目《绝对能赢》、娱乐新闻《E代星闻》、评论类新闻《每日观察》、大型直播新闻杂志类节目《直播60分》及《直播南京》的《东升工作室》，到今天的《大刚说新闻》，大刚以座右铭"平淡心，平凡事，平常人"来勉励自己，用自己的聪明才智和勤劳质朴迎接明天，赢得骄傲。主持风格幽默生动，用幽默的语言去说新闻，睿智大方，评论一针见血，交流感强，舆论性强，评论性高，主持人说话时吐字很标准，声音动听，以特殊的说新闻的形式，获得了全国新星的主持人奖。

九、北京卫视

1. 频道简介

北京电视台是中华人民共和国首都北京市的一家电视台，1979年5月16日成立，2001年6月合并了原北京市有线广播电视台，节目覆盖中国、亚洲和北美地区。北京电视台是北京电视产业发展集团的母公司，旗下成员包括北京电视台黄金海岸培训中心、北京电视文化旅行社、北京卡酷动画卫星频道有限公司、北京电视台电视购物。北京电视台地处首都，尽享政治、文化中心的优势。北京深厚的文化底蕴和国际大都市的影响力，形成北京电视台独有的优势地位。近年来，北京电视台勇于面对激烈竞争，合理配置资源，优化频道结构，丰富节目内容，拓展多元盈利模式，不断增强自身实力和市场竞争能力，实现了全面、协调、可持续的发展。强大的内容生产能力是北京电视台参与媒介竞争的核心优势。一批影响广泛、交口赞誉的品牌节目，赢得国际、国内新闻奖和广播电视奖等多项大奖。

2. 代表节目分析

（1）《北京您早》

①节目类型：新闻资讯类

②节目代表主持人：徐韬、马迟、杨朔、孙颖

③播出时间：每日7：00

④节目概述：《北京您早》于1991年7月开播，是国内开播最早的一档早间电视新闻节目。它力求突出首都都市化生活的特点。在每次的节目里，突破地域限制，荟萃国际、国内、本市多种新闻，快节奏、大信息地向观众播报，为京城提供一道最早的新闻大餐，以实现"昨天的新闻我们报道最全，今天的新闻我们最早发现，新的一天从《北京您早》开始"的传播理念。《北京您早》第一时间看北京，看中国，看世界昨夜今晨——浓缩夜京城的都市状态；京华新气象——以切身感受传递气象信息；晨读时光——览报刊网络之精粹，解重大事件之深度；学英语，看天下——英语解说新闻关键词（图5-11）。

图5-11　《北京您早》

⑤节目代表主持人分析：徐滔，1999年和其他同事共同筹办北京电视台第一个日播的法制栏目——《法治进行时》，现《法治进行时》已进入全国所有电视台、所有频道。1991年从中国传媒大学电视系毕业后分配至北京电视台工作，先后在《北京您早》《北京新闻》《法治进行时》栏目从事记者、编辑、主持人工作。在此期间，她参与了全国第一个早间栏目《北京您早》节目的创办工作，第一年的新闻作品《传单诊所》即获中国新闻奖。另一部作品《跨世纪之路》较早的将特技手法用于新闻节目的制作中，播出后引起了广泛的关注，该作品荣获"中国电视奖"一等奖。其主持风格端庄大方，举止优雅，对新闻有独到的见解，有专业的素质和专业能力，有足够的新闻素质和新闻敏感能力，在工作中有奉献精神，曾参加多次抓捕行动，进行采访，也获得很多奖项。被誉为京城"战地记者"。

【节目播出实稿】

主播：孙扬、天旭

天旭：15号内蒙古自治区阿拉善盟阿拉善在其发生了5.8级的地震，由于震区波及整个阿拉善左旗，其受灾面积达到8万多平方公里，而且很多地方通讯不畅，当地相关部门正在挨家挨户地排查灾情。

孙扬：下面我们要关注的是持续升级的南非排外暴力事件。3月25号南非德班附近的一个小镇爆发了排外暴力事件，主要针对来自非洲其他国家的外国移民，随后骚乱迅速蔓延，排外对象也扩大到了所有外国人。中国外交部发言人洪磊16号表示：中国驻南非使领馆已经向当地警方提出了交涉，外交部驻南非使领馆将密切关注事态的发展，积极维护中国公民在南非的安全和合法权益。

天旭：再把目光转向德国，德国科隆大教堂当地时间4月17号举行仪式，悼念"德国之翼"航班失事仪式的150名遇难者。德国总统高克和总理默克尔以及法国西班牙等政府高级官员出席了仪式。

孙扬：现在违法建设在很多小区是屡见不鲜，不仅影响居民的生活，而且还存在很大的安全隐患，昨天市规发委表示正在违法建设的举报平台，是为了方便大家对正在违法施工的建设进行举报，预计在下半年就可以建设了。今年各居县全部签订了军令状，保证违法建设零增长。而对于历史形成的违法建设也将会分批分期地进行处理。

天旭：下面要说的是同样影响城市环境的小广告。其实有关部门也在严查散发张贴小广告的违法行为。14号下午东城城管东华城门南池子大街查处了一起散发非法一日游小广告的行为，当场没收了非法一日游小广告3 000多张。

（2）《五星夜话》

①节目类型：访谈类

②节目主持人：徐春妮

③播出时间：每周五21：35

④节目概况：《五星夜话》每期都会有四位重量级嘉宾做客"五星阵"，这些嘉宾都是来自各个领域的大师级，很有权威性的人物，包括一些名导演、名演员和京城的文化名流。他们对当代的各种文化热点现象做一个梳理，阔评寰宇。此外，场上嘉宾与场下嘉宾的互动也是《五星夜话》栏目的特色之一。整个舞台是一个360°的全景舞台，整个栏目是一种开放式的姿态，每期都会有60～80名对当期节目持有观点的场下嘉宾做客栏目，他们除了可以发表自己对当期文化热点现象的观点和看法外，还可以和场上嘉宾进行互动探讨。

《五星夜话》不仅要追踪热点，而且要引领中国文化时尚，带来一个更清新、高远的视野：通过节目传递新的思维方式和新价值观，摆脱认识误区；通过新锐学者的观点魅力，展现文化交流的独特美感；节目追求收视率，更追求美誉度；通过有前瞻性、建设性的"策论"内容，在政要层、学知层的高端人群中形成共鸣。

⑤节目主持人分析：徐春妮，中国传媒大学播音系毕业，现为北京电视台著名主持人，曾获得第21届中国电视金鹰奖优秀主持人奖、中国广播电视学会优秀播音与主持作品二等奖、春燕奖最佳主持人奖等重要的奖项，也被评为2003—2004年度北京市优秀新闻工作者。所参与创作主持的节目也多次获得国家及北京市的重要奖项，获2006年中国播音主持最高奖"金话筒奖"。其主持风格端庄大方，自然得体，给人一种值得信赖的感觉。有专业的素质和专业能力，对话能力很强，以及对象感和交流感很好，能够很好地掌控现场，具备优秀主持人应有的素质，服装搭配得体，声音自然不做作，是一个值得学习的优秀主持人。

十、云南卫视

1. 频道简介

云南电视台，又称孔雀台。云南电视台坚持"新闻与特色立台、资源与品牌强台、人才与管理兴台"的办台理念。树立"绿色人文、经典品质、内容为王、品牌制胜"的媒体文化，依托民族文化，旅游，面向东南亚、南亚，生态四大资源优势，积极进取、勇于创新，打造出一批颇具特色的品牌节目，成为在全国具有较强竞争力和影响力的省级电视媒体。

2. 代表节目分析

（1）《民生大议》

①节目类型：电视民生抗辩类

②节目主持人：倪萍

③播出时间：周五20：08

④节目概述：大型电视抗辩节目《民生大议》为升级版脱口秀节目，完全突破《实话实说》所形成的"软性访谈"格局。每期有一位公民作为提议人提出具有全国意义的民生大议案，作为节目核心话题，两位社会嘉宾作为附议人组成现场的提议阵营，接受评议席七位评议人的质疑。双方就《提议案》展开现场辩论，精彩剖析观点，展示个人魅力。评议席由各种身份的社会名流、百姓代表组成。节目既有思想内涵性，又有趣味观赏性，是全国首个以民生权益为主体内容的抗辩性节目。《民生大议》以中国公民社会人文价值的大视野，关注民生焦点，提升社会话题，以社会人士关于民生的权利提议案、互相抗辩、民众代表聆审质疑和观众投票决议来展现时代的人文关怀和时代进程。节目以主持人引领、现场辩论和民众评议聆审、投票决议等手段烘托节目的言论氛围，使节目在彰显双方观点激烈争锋的同时，突显情义法理的纠结和冲突，增强民意沟通，以法治意识和人本精神将社会中的民生权益纠纷演绎为一场发人深省的现场抗辩，用以区别一般的以讲述案例和警示灌输为主的节目。

⑤节目主持人分析：倪萍，著名优秀主持人，她很善于把握人的感情心灵，做到以情动人，她在主持方面有很高层次的专业积累，在她身上看到了一个主持人的最真实状态。倪萍本身就具有主持人、演员两个身份。她既是优秀的主持人之一，也曾经给人带来很多优秀电影作品。在多届春晚和无数大型晚会的磨炼之下，倪萍对于大场面的掌控能力已经浑然天成，更重要的是她还具有重大晚会的仪式感和庄重感，这样的"沉"远非现在一般的主持人所能体味。倪萍那种真情实感的煽情主持风格是她独有的。特别是倪萍能在几分钟内让人流泪的功力在现在的主持人中屈指可数。虽然在很长一段时间之内，倪萍被质疑这样煽情的主持套路是否还适合时下的电视业，但倪萍也用自己在新节目旅游卫视《2009我的梦想》的表现证明，真情永远是电视观众所需要的。而在主持节目的过程中，对于节目情感的控制上倪萍依然是宝刀未老，让整个节目非常温暖。

（2）《新视野》

①节目类型：国际新闻

②节目代表主持人：张齐、沐婷婷、曹曒、王芊荷

③播出时间：每周一至周五23：10

④节目概述：2009年1月1日，《东盟新视野》栏目亮相云南电视台卫视频道，这是云南电视台第一个国际新闻节目。2009年3月，按照省委省政府主要领导的要求，

在栏目中增加南亚方面的消息，随后，栏目名改为《新视野》。栏目在新闻的选择上不刻意追求"新"和"快"，而把深度解读作为栏目的主要特色和特点，主打主题式新闻，每期节目都有1~2个主题新闻，始终坚持与北京演播室视频连线的节目样式，形成栏目独特的节目风格。节目的深度解读还表现为跟踪新闻事件的发展历程，一连几天进行连续的报道。甚至不惜节目版面，就某些话题做特别节目，从而取得了很好的收视效果。节目还以"权威、公正、友好"为目标，适时加入中国和云南元素，以较大的篇幅报道中国（图5-12）。

图5-12　《新视野》

⑤节目代表主持人分析：张齐，曾获全国电视文艺"星光奖"三等奖，2000年中央电视台"荣事达杯"全国主持人大赛银奖及观众提名奖，在第五届"金话筒"奖评选中，获全国"百优节目主持人"称号。主持风格敏锐机智，现场控制能力较强。从中学时代主持学生节目开始至今，主持过青少、社教、谈话、新闻以及大型综艺节目，形成了亲切大方、端庄自然的主持风格。

【节目播出实稿】

您好，这里是云南卫视《新视野》，欢迎收看。首先来关注新加坡前总理李光耀的病情。17、18号新加坡总理办公室连续两天发表文稿，表示新加坡国父李光耀的病情进一步恶化，医生正在密切观察。从上个月5号，因严重肺炎住院以来，91岁高龄的李光耀，病情一直受到各界的关注。李光耀的长子，现任新加坡总理李显龙，也在社交媒体当中引述总理办公室的文稿，指父亲的病情恶化引来数千则留言与关注。

有关李光耀入院的消息，最早是在2月21号公布的。当时，新加坡总理公署发文稿称：李光耀5号因感染严重肺炎入院，在中央医院加护病房接受治疗。不过文稿中提到，他的病情稳定，人也清醒，医生在给他少量的镇静剂。消息一传出，新加坡社会各界通过不同方式为李光耀献上祝福，祈祷着李光耀先生能够尽快摆脱病魔，早日康复。

李光耀于1959—1990年担任新加坡总理。此后，先后留任国务资政和内阁资政至2011年5月。他目前仍是国会议员，被称为新加坡国父。有评论说，李光耀让新加坡在狭小的地理空间里创造出足够大的生存空间，是他带领着新加坡从马来西亚独立，是他用了不到四十年时间将新加坡从一个缺乏经济禀赋和安全保障的弹丸之地，建设成"亚洲四小龙"之一，并进入发达国家之列。同样是他，用经营公司的方法管理一个国家，让这个国家的经济策略看起来如同商业计划一般，让这个国家的公务员享有全球最高的薪水，并让新加坡一直被评为世界上最为清廉的国家。

我们接下来关注南海。根据美国彭博社16号的报道：新加坡国防部长黄永宏当天在接受采访时表示，新加坡希望印度在南海问题上扮演更重要的角色。报道引述黄永宏的话称，印度是一个有影响力的大国，希望其在南海的存在和参与能强化信心和促进相互理解。此外，黄永宏还指出：中国需要解释在南海的行动以及如何遵守2002年签署的《南海各方行为宣言》。报道指出1月份时，美国第七舰队海军中将罗伯特、托马斯，就曾要求日本在南海问题中扮演更重要的角色。美国欢迎日本加强对南海海域空中监视，对此，有分析指出，此次新加坡军方的表态，可以看作是对美国南海战略主旨的领悟，并为美国拉拢域外大国干涉中国南海事务发声代言。报道还指出，印度上月宣布将国防预算增长11%至400亿美元，约合人民币2504．8亿元。并同意建造6艘核动力潜艇，这是其现有量的三倍。以及新建7艘护卫舰。有分析认为，印度军事力量崛起已经成为影响新加坡长期安全战略的重要因素。新加坡这次表态希望印度介入南海事务，除了迎合美国之外，也有讨好区域大国印度的考量。

不过值得注意的是，目前中国、日本、韩国、朝鲜与欧洲、非洲的大宗货物运输都必须绕道新加坡控制的马六甲海峡，而新加坡是美国在亚洲最大的海空基地。尤其是根据美新协议，新加坡机场的一半归美国空军单独使用，新加坡的所有港口美军舰艇都可以无须事前告知地停泊。目前，美国还在新加坡部署了其所有先进的武器装备。包括冰海战斗舰、第四代战斗机F35，有分析指出国际上一旦发生意外，比如中日开战、朝韩战争等，美国只要封锁马六甲海峡，这些危机几乎都可以按照美国的意图化解。

十一、贵州卫视

1．频道简介

贵州电视台，又称苹果台，经过近几年改革，节目质量提高，经营业绩突出。贵州卫视在西部十二省区市的收视率名列前茅。自2006年起，贵州电视台广告收入逐年递增1个亿，2008年实现广告创收5个亿。2008年贵州卫视全国覆盖人口激增1亿，在2007年6.09亿的基础上实现突破性增长，7.06亿的全国覆盖人口，位列全国省级卫视排名第8位。

2．代表节目分析

（1）《安全密码》

①节目类型：社教类、安全知识类

②节目代表主持人：雷明

③播出时间：每周三21：20

④节目概述：自2012年2月以来，贵州卫视强势推出了大型安全知识类节目《安全密码》，这是一档具有极强可看性的悬念故事节目，同时又是一档实用性极强的安全知识传播、危机处理技巧讲述的服务类节目。《安全密码》节目旨在通过亲历者讲述的危机事件，向观众们传播安全知识和各种危机处理技巧。节目由国内知名电视人、心理学专家雷明担纲主持，他将以他一向大气、专业的主持风格，营造出现场与节目短片故事同样紧张刺激的氛围。同时，节目还邀请了中国公安大学教授王大伟、

被称为"中国最美女法医"的中国法医学会副会长王雪梅以及各个专业领域的专家学者，担任节目的"安全博士"，节目中更有遭曾遇危机事件的亲历者倾情讲述，力图令大家在惊心动魄的故事重现和现场体验团答题中，获得危机处理技巧。每期《安全密码》，都将以一个真实的安全事件案例作为主线故事进行讲述。

⑤节目代表主持人分析：雷明是著名的节目主持人，同时他更在行的是心理咨询和培训师的工作。曾参与中央电视台、北京电视台、浙江卫视、东方卫视、湖北卫视、四川卫视等多家省级媒体的30余档电视节目担任心理专家、点评嘉宾和主持人。将自己熟悉的领域灵活运用到电视传媒行业，是他的一个最大特色。

（2）《午间道》

①节目类型：民生新闻

②节目代表主持人：张晨亮亮、王然

③播出时间：周一至周五12：00

④节目概述：《午间道》栏目是贵州卫视2009年12月28日开播的新闻节目。定位为"看天下、说新闻、讲故事"。节目内容涉及最及时的新闻事件，最火爆的热点话题，最个性的时尚主播，最独特的视角和犀利的评说。秉承"新闻天天有，事事有说头"的理念，栏目以严谨的态度说新闻，用轻松的方式讲故事。在30分钟的新闻直播中，通过对海量新闻信息的选择、加工和整合，将当天最新的、最热的、国内的、国外的、严肃的、轻松的、大事要事、小事琐事、明星八卦和百姓故事等一网打尽，与观众一起轻松尽享饕餮资讯餐（图5-13）。

图5-13 《午间道》

⑤节目代表主持人分析：张晨亮亮，贵州电视台主持人，主持《午间道》《聪明的一家》《新闻全方位》《英语新闻》等节目。善于以严谨的态度说新闻，用轻松的方式讲故事。

【节目播出实稿】

欢迎收看由贵州高原绿茶绿宝石冠名播出的《午间道》。咱们先来关注"德国之翼"A320客机坠毁事件，当天时间3月26日法国检察官表示，客机坠毁的时候，副驾驶员单独待在驾驶舱内拒绝给机长开门，这名副驾驶员显然有摧毁飞机的意图，但是目前还不能够认定该事件是否属于恐怖主义袭击。

调查德国之翼客机坠毁事件的法国马赛警察官卢比内在记者会上说，副驾驶员名叫安德烈·亚斯·卢比茨，德国国籍，今年28岁，他独自启动了客机的降落程序。卢比内说，当时卢比茨具有驾驶飞机的能力，并根据驾驶舱语音记录仪的语音资料听到，机长要求卢比茨驾驶飞机。然后人们听到一个座椅往后移动，一扇门被打开的声音，可以认为机长是出去上厕所了。

卢比内说，客机坠毁时机长还不在驾驶舱内，据驾驶舱语音记录仪的录音资料判断，卢比茨呼吸正常直到飞机坠毁。卢比内说，卢比茨没有任何理由拒绝机长回到驾驶舱。机长离开驾驶舱后卢比茨一直没有发声，也故意没有回答飞行控制中心的呼叫。法国媒体分析说，可以认为卢比茨有自杀的企图故意让飞机撞山。根据德国媒体报道，卢比茨2013年9月加入德国之翼航空公司，有630小时飞行经验。媒体原引卢比茨在飞行员俱乐部同伴的话报道说，他是一名有激情的飞行员，成为空客A320的飞行员是他的梦想。

而对此次客机坠毁事件的汉莎航空集团董事长卡斯特·斯布尔称，副驾驶卢比茨涉嫌蓄意操纵飞机坠毁只是个案。

德国汉莎航空集团董事长卡斯特·斯布尔当地时间26日，在汉莎航空集团召开的新闻发布会上说，U9525航班副驾驶曾在六年前长时间中断过学习，但此后重新接受培训并通过了所有考试和检查，他百分之百适合飞行。斯布尔说，得知副驾驶涉嫌蓄意操纵飞机坠毁，他们惊呆了。关于他的动机只能揣测，此次事件是令人难以置信的悲剧个案。无论公司采取怎样的安全措施，此类个案都不能被完全排除。斯布尔同时表示，致使其他149人丧生，已超出了刺杀范畴，但没证据证明副驾驶有恐怖主义意图，斯布尔说，汉莎集团在筛选飞行员过程中，对其进行了长时间技术和心理能力的培训，在飞行员结束学习后，公司对他们仍有定期飞行检查，并每年做一次医学检查，但不会进行定期心理检查。目前，德国警方已启动调查程序。

对于"德国之翼"航班失事事件的德国总理默克尔表示，德国将尽一切努力彻底查明情况。

德国总理默克尔当天时间3月26日下午，就"德国之翼"航班失事发表声明说，"德国之翼"航班失事事件最新情况，给家属造成了更加沉重的负担，这一悲剧，已经处于一个新的简直难以理解的层面，所有人都感到震惊。默克尔说，德国政府和相关机构将尽可能地支持法国调查机构，他们承诺将尽一切努力彻底查明情况。

十二、四川卫视频道

1. 频道简介

四川卫视是四川电视台自办十套节目之一，也是中国最早上星的卫视之一，上星以来推出许多脍炙人口的节目。2005年8月1日，四川卫视全面改版，全天节目收视率大幅度飙升。改版后四川卫视以"故事会"见长于同类媒体，六档虚拟故事（影视剧）及自办节目带"天下故事"，外加新闻故事栏目《新闻连连看》，突显频道特色。2006年，四川卫视呈现新形象、新亮点，铸造成为最具成长性的省级卫视。2007年，四川卫视厚积薄发。六档故事会加上六档自办精品栏目，亮点频现，**精彩**

纷呈。目前，四川卫视节目在全国已经具有相当的影响，成为全国观众喜爱的电视节目之一。

2．代表节目分析

（1）《中国正能量》

①节目类型：综艺公益类

②节目主持人：杨林

③播出时间：每周五22：30

④节目概述：《中国正能量》是四川卫视在2013年倾力打造的一档大型公益类节目，旨在通过那些最引人关注和最具传播力的感人故事与话题，让震撼的声音化作一支烛火，在社会上燃烧起引领主流价值的正能量。将镜头聚焦弱势群体的励志故事，对社会事件亲历追踪，通过精彩感人的纪实VCR和演播厅现场明星艺人、媒体代表、微博名人和爱心机构的加入，组成正能量传播团，在现场实时传播和扩散。节目以光影为载体、人物为素材、演播室为主要阵地，以话语因素为主、图像因素为辅来诠释时代精神。谈笑间捕捉人物风采，碰撞中感悟前进方向，通过电视的表达方式直观、生动地传递社会发展的原动力（图5-14）。

图5-14　中国正能量

⑤节目主持人分析：杨林被媒体称为四川卫视"一哥"，首席主持过《中国藏歌会》《欢喜来逗阵》《给力中国新民星》《亚洲巨星NOW翻天》等多档节目及晚会，其主持风格幽默、风趣、睿智，均创下新的收视纪录，深受媒体和观众好评。曾多次获得主持奖项，有中央电视台"挑战主持人"大赛总冠军、荣事达主持大赛全国优胜奖等。以敏捷的现场反应能力和节目控制能力著称的杨林，确实展现了四川卫视主持人的强大实力。

【节目播出实稿】

汇聚正能量，点燃幸福希望。欢迎收看四川卫视中国正能量。我是杨林，欢迎大家。首先让我们用热情的掌声，欢迎来到我们现场热情的正能量观察团，欢迎大家。接下来为您介绍坐镇我们今天现场的三位正能量观察员，他们是主持人杨旭、综艺节目主持人许云皓、著名歌手许飞。下面就让我们共同来感受走上舞台的正能力传递人带给我们的中国正能量，把舞台交给他们。

杨旭：今天我们的中国正能量，在为大家揭晓来到我们节目的主人公是谁之前，我先问一下我旁边的两位嘉宾云皓还有许飞你们的年纪，可以透露吗，许飞？

许飞：我是1985年的，29啦。

杨旭：看不出来。

许飞：对，有很多人都觉得我可能像二十五六岁。

杨旭：云皓，其实你是男生，应该不会太回避自己的年纪吧？

云皓：对，我不是很介意，我1988年的，今年26岁。

杨旭：是，说到这个年纪，为什么要问大家呢？接下来，今天要来到我们节目当中的这个主人公，他就是1988年的，和云皓是同岁。但他有点羞涩有点胆小，不好意思自己上来，我们请云皓带他一块儿上来，好不好？

云皓：好，没问题。

杨旭：来，有请。（云皓领主人公上台，对方像个小孩，身高不足一米，云皓蹲下）

云皓：大家掌声鼓励一下，先给大家自我介绍一下，叫什么名字？

吴康：我叫吴康。

云皓：今年多大了？

吴康：26岁了。

杨旭：26岁。我给你讲，后面有观众说，我们不信。他们不相信，你有没有什么证据呀？

云皓：你有没有什么证据给我们看一下？

吴康：我有身份证。

杨旭：有身份证啊！你给我们看一下你的身份证。让云皓检查一下，是不是26岁。

云皓：好的，在我手上，照片就是这个照片，一模一样的，然后，姓名吴康，性别男，汉族，1988年7月14日，真的是26岁，没有错！

杨旭：对啊，但是你看他真的好可爱，而且还有娃娃音，后面的观众都在说太乖了，他们都在说你太可爱了。

云皓：没错，来，我们握个手，好不好？其实他的这个皮肤也非常的嫩，很光滑。怎么称呼你会比较合适，一般朋友会怎么称呼你？

吴康：你们叫我吴康也可以，叫我康哥也可以。

云皓：叫他吴康也可以，但最好叫康哥，是不是？

吴康：是。

云皓：（起身鞠躬）哦，康哥好。来，我们全场喊一声，好不好？来，三二一，康哥好！

吴康：大家好。

云皓：那我先回去一下，你先接受采访，好不好？

吴康：好。

配音：他叫吴康，出生于湖北荆州，26岁的他，身高却仅有72厘米，体重只有9公斤。身高几乎跟1岁多的幼童相差无几。

（外景，吴康旁边站着一个比他高半个脑袋的女孩儿）

记者：她是你什么人？

吴康：她是我侄女。

记者：侄女啊，她几岁啊？

吴康：她1岁。

配音：由于身材矮小，每当吴康独自外出的时候，他都会被路人误认为是小孩。

（商贩：小朋友，买不买气球？路人：看到觉得两三岁吧，动作有一点点像大人，而且我不知道他为什么有那个抬头纹啊。）

配音：不到1米的身高，给吴康的生活带来了许多的烦恼，其中最让他头痛那便是路人的围观。那么今天来到中国正能量节目录制现场的吴康，又带来了什么样的心愿呢？

杨旭：康哥，你平时喜欢出门吗？

吴康：不喜欢。

杨旭：为什么？

吴康：因为我出去，别人当我是小孩子。

杨旭：这样你会很不开心？

吴康：对。

杨旭：那你是什么时候知道自己只能这么高，不能再长了呢？

吴康：我10岁就知道不长了。

许飞：那康哥你去过学校里面读书吗？

吴康：没有。

许飞：那想不想去读书？

吴康：我想啊，但是那边的老师不收我。

许飞：老师的理由是，你太像小孩子？

吴康：是。

许飞：你在家里，需要家里人照顾吗？

吴康：需要，是爸爸照顾我。

配音：26年来，吴康一直和爸爸吴建香住在一起。每天早上7点，父子俩就开始了一天的生活。

吴爸爸：现在还不是很冷，穿的衣服也不是很多，不用帮他。如果进入冬天，衣服多一点他就穿不了，就必须得帮他。这个毛巾大了一点，他拧不干。（洗漱完毕，吴爸出门为儿子买早餐）我一般是在出门之前，把这些东西（粥、馒头）给他准备好。做工是没时间的，我们一个班组，少了一个就做不了。

配音：因为家里经济条件差，为维持生计，吴爸爸不得不让需要贴身照顾的儿子独自在家，自已出去打工。而吴康每天的生活几乎就在电脑桌前度过。

吴康：爸出去上班，我就玩会儿游戏，就是刚刚的斗地主。

配音：由于担心儿子的安全，爸爸规定吴康除了在家玩电脑之外，他能够活动的最远距离只能到家对面的小超市。（吴康买水画面）但就是简单的拧瓶盖儿对吴康来说都是一项不可能完成的任务。

吴康：太紧了，拧不动（面露难色）。

配音：吴爸爸在家附近的一个建筑工地上班。他告诉我们，工地实行多劳多得的薪酬制度，为能多挣一些钱补贴家用，他已连续四个月没好好休息过一天了。

吴爸爸：工资一千多，有时候没有，因为工作不稳定。但为了两个孩子，没办法，只有坚持干（吴爸爸开始工作）。

（2）《汇说天下》

①节目类型：民生新闻（说新闻）

②节目代表主持人：佟瑶

③播出时间：每日7：00

④节目概述：《汇说天下》（原为《新闻连连看》）是四川卫视倾力打造的，与卫视故事频道的全新定位相吻合的一档讲故事的新闻栏目。节目的风格定位为新闻人物化，人物故事化，特点是资讯与故事并重。节目以展现四川人民奋斗进取、自强不息的精神和品质的新闻人物和新闻事件为主要内容，从有别于时政类新闻的角度和层面来宣传四川。节目追求在提供新闻资讯的基础上让受众看到更多的新闻细节，了解到更多的相关背景，用更多的矛盾冲突，真情流露让新闻立体而生动，感染观众。

⑤节目代表主持人分析：佟瑶属于四川电视台资深新闻主持人，主持风格沉重冷静，对每个新闻事件有着独到的见解，能够言简意赅地讲述出新闻的主题中心，说新闻的感觉很好，没有任何念的痕迹，是优秀新闻主持人。

十三、安徽卫视

1. 频道简介

安徽卫视（海豚台），于1997年10月6日上星播出，通过"亚洲3号"卫星覆盖欧、亚、非和大洋洲在内的54个国家和地区。根据调查数据显示，2010年安徽卫视覆盖人口突破10亿，位居省级卫视第一位，并被评为"TV地标""中国省级卫视覆盖传播力第一名"，现已实现全国地级以上城市100%覆盖，并在台湾、香港、澳门地区落地入网。

安徽卫视为全国具有重要影响力的强势传媒，稳固地位列于全国卫视第一阵营。安徽卫视更创造了广为人知的"安徽电视现象"，人们普遍冠以安徽电视传媒界一个响亮的名称——"电视淮军"。

2. 代表节目分析

（1）《鲁豫有约》

①节目类型：谈话类

②节目主持人：陈鲁豫

③播出时间：每周一至周五21：27

④节目概述：2010年1月4日，《鲁豫有约》登陆安徽卫视，节目性质为访谈类。节目内容包括被访者的背景、对生活的体验及人生观等。《鲁豫有约》被《新周刊》誉为"15年来中国最有价值的电视节目"（图5-15）。

图5-15　《鲁豫有约》

《鲁豫有约》节目选择了一个为广大观众所接受的节目形式，迎合了大众口味。谈话氛围的营造是谈话节目本身一个重要组成部分。对于《鲁豫有约》这样一档访谈类电视栏目而言，在改版前后谈话氛围都是经过精心策划和设计的。无论是立足于透过单个个体经历折射出历史、文化、社会的变迁的"历史性"选题，还是经由社会名人、话题人物的现身说法映照当下社会生活中的时尚热点的"现实性"选题，《鲁豫有约》都会深入挖掘被访人物的内心世界，透彻分析这些独特个体在社会大事件中的位置和作用，还事件一个真相，还个体一个公道。观众从这一栏目了解了他们身边发生过的、正在发生的抑或是即将发生的历史的、准历史的以及时尚热点事件和话题的原貌。透过小小的演播室，栏目本身浓郁的人文关怀和知识分子的醒思精神清晰地呈现在公众面前。通过短短几十分钟的节目，以小见大地折射出社会和人生种种况味。看《鲁豫有约》不仅仅是在看一档电视栏目，也是在看一种历史，在亲历一场文化的盛宴。

⑤节目主持人分析：陈鲁豫在节目中的形象定位是清新、时尚、知性的，她的主持风格也是亲和、自然、锋芒的，处处表现出的是机敏和智慧，这个特点在《鲁豫有约》表现得非常突出。电视访谈是一个比较特殊的主持节目，主持人通过邀请嘉宾或现场观众就各种话题展开轻松、平等的交谈。在访谈过程中，鲁豫除了把握谈话节目的形式和内容，还加入一些自己个性的、新的元素，吸引观众，扩大节目的影响力。

图5-16 陈鲁豫

她看似随意的状态以及幽默，口语化、生活化的主持口吻恰恰为嘉宾营造了一个轻松的谈话平台，能够让嘉宾放松，更易让嘉宾敞开心扉谈论话题。鲁豫访问嘉宾向来不用咄咄逼人的方式提问，而且也不事先设置陷阱来增加节目的窥探率，遇到不得不问的问题，她会用真诚打动对方，让嘉宾用自己的方式主动说出其背后的故事。鲁豫用清和、自然、真诚为嘉宾创造自然平等、轻松的谈话氛围，从而让节目真实而有感染力（图5-16）。

【节目播出实稿】

主持人：鲁豫

本期嘉宾：张艾嘉

张艾嘉：大家好，谢谢你们来"艾嘉有约"。刚刚看到的片段呢，很多都是我在拍这部戏《念念》当时的花絮。拍摄时花了两三个月，然后我剪片子剪了九个月。所以一年半，这部戏终于要和大家见面了。所以今天我很高心跟大家来分享我拍戏的一些故事，跟一些这么多年我想说的话。好，那我现在要找我的主持人了，鲁豫。

鲁豫：我们掌声再热烈一点献给艾嘉姐。六年没有见，刚才音乐《爱的代价》一起来那一瞬间，我好像有一点情绪很激动。我不知道你们第一次听这首歌的时候有多大？

张艾嘉：他们都太小了，你们以为是梁咏琪唱得对不对？所以我就是要唱给你们听，说是我唱的。

鲁豫：诶，嘉姐告诉你一件事情，梁咏琪对他们来说都是最大的了。

张艾嘉：天哪，那有人知道这个不是梁咏琪唱的吗？是我唱的，有人知道吧。（知道）那就好。

鲁豫：先说你当年唱这首歌，和你现在唱这首歌的心境肯定是不一样的。最大的不同在哪里？

张艾嘉：其实说来很感慨，我那个时候还是年轻一点，还是一个不到四十岁的一个女人，可是那是在唱，二十多年再唱这首歌。我心中很多画面，都已经变成历史的画面。然后有很多的朋友，很多的人，是已经见不到的朋友，有时候在场的时候满心酸的。

鲁豫：心酸的感觉，好在我和艾嘉姐正式聊之前，有一些问题，我想很快地问你，你不要使劲地想，第一反应告诉我你的答案好吗？

张艾嘉：好。

鲁豫：第一个问题，你认为一个女人最重要的品势是什么？

张艾嘉：美丽。

鲁豫：真的？

张艾嘉：嗯，当然要美咯！

鲁豫：包括外表的美吗？

张艾嘉：你心美外表就美啦！

鲁豫：你一定哦。

张艾嘉：对，不能这么想，美有很多种解释。

鲁豫：好，迄今为止，你觉得最遗憾的是什么？

张艾嘉：没有。

鲁豫：牛！你认为女人怎样能够掌握自己的生活？

张艾嘉：诚实。

鲁豫：诚实就能掌握自己的生活吗？

张艾嘉：诚实可以面对自己生活，可以面对自己。面对自己就是一种掌握，我觉得谁能够掌握所有的事情？这个世界是无常的。

鲁豫：面对是唯一的办法，年龄的增长给你带来了什么？

张艾嘉：皱纹，你看我多诚实。

鲁豫：我告诉你，如果是我的话，我的第一反应是，我不知道是好是坏，就是我可以接受以前很多我连想都没办法想的事情。我不知道这是意味着我成熟了，还是意味着我面对生活我妥协了。

张艾嘉：如果说你长大了，你妥协了，你接受了，这是你的智慧。所以这是看你怎么去用词，我觉得大家有时候把有些事情太执着于用语用词上面了，那个意义反而狭窄了。

（2）《超级先生》

①节目类型：励志真人秀

②节目代表主持人：乐嘉、余声

③播出时间：每周五21：30

④节目概述：《超级先生》是一档由安徽卫视和东方风行传媒联合打造的"好男人"励志成长真人秀。据制片人李静表述，节目是以"担当""责任""阳刚""重塑""争议"为关键词，寻找真正的"超级先生"。其中，为救助残疾女婴以变脸为生的川剧变脸王、用400张照片唤醒车祸失忆爱妻的责任男人、整容100次的后天人造美男、"中国狼爸"萧百佑等，都参与到节目中来。中国电视史上首档大型好男人励志养成类真人秀，安徽卫视2014年度扛鼎之作，重新定义中国男性集体肖像，重新诠释超级先生的标准。《超级先生》作为一档真人秀节目，并没有将目光放在时下流行的选秀、亲子、喜剧等类型和元素上，而是聚焦"男性"。男性在中国的电视荧屏上一直是"弱势"群体，除了如《快乐男声》和《加油！好男儿》等偶像选秀节目之外，鲜有将视角完全对准男性的节目。即使像《爸爸去哪儿》这样的亲子节目主打"爸爸"牌，但关注的还是男性作为"爸爸"这一身份时的单一向度，男性作为恋人、作为儿子、作为丈夫、作为兄长等丰富的角色内涵并没有被全面挖掘。事实上，这些全面具体的关系中蕴藏着巨大的情感能量，因为它关系到每一个家和个体，能够引发共鸣。《超级先生》的诉求十分明确：女性观众找到心目中的"标杆男神"，男

性观众反思"怎样才是女人心中的好男人"。这种两性互相打量与沟通的诉求，与其他周五黄金档节目的受众定位不同。"在激烈竞争中专注内容，打出差异牌才是重中之重。"总导演赵静说，差异性是这档节目受到关注的主要原因。以男性成长故事和心路历程为表现对象，这是《超级先生》与以往所有节目不同的地方，同时吸引到的观众不只是男性，而是更广泛的受众。

⑤节目代表主持人分析：乐嘉对内在的世界、对人性深入的细微心理有准确的把握。外化的世界中，他具有一种震撼的能量，将他的内涵以戏剧化的手法呈现给观众。

他创立的中国性格色彩研究中心，培养出数百名讲师、演讲师和咨询师，从企业培训到管理项目咨询，从社会培训到个人心理咨询，他已成功地将性格色彩的应用从组织中的领导力、管理、销售、客户服务、招聘、沟通、团队合作，延伸到生活中的婚恋情感、亲子、学校教育、心理咨询、压力管理、个人幸福等各领域。

十四、旅游卫视

1．频道简介

旅游卫视作为经国家广电总局批准的中国境内唯一一家以旅游休闲为主要内容的专业化卫星电视频道，以多样化的节目风格和专业化的旅游节目，与其他卫星频道展开差异化竞争，成长为独具特色、最具影响力的卫星频道之一，全天24小时播出。旅游类节目占有率和到达率居全国卫视榜首。专业的旅游资讯内容，得天独厚的旅游资源优势，使旅游卫视形成了独具特色的节目风格和旅游专业电视频道的品牌特色。旅游卫视自2002年开办以来，以其特色独具的节目内容，在全国卫视阵营中独树一帜。该频道引进保利华艺等社会资金、剥离广告、娱乐等业务运营领域，海南广播电视总台牢牢把握节目终审权。

2．代表节目分析

（1）《美丽俏佳人》

①节目类型：时尚服务类

②节目代表主持人："静家族"（李静、王婧、李斯羽、linda、张茜、李晓峰等）

③播出时间：周一至周五23：15

④节目概述：《美丽俏佳人》是中国第一档全演播室制作的大型时尚美妆节目，于2006年开播，曾荣获多项权威大奖，见证了中国"美丽经济"的萌芽与发展，堪称时尚美容圈的风向标，被誉为是时尚界的"造星基地"。在节目中，"静家族"的专家达人向观众传授独家美丽秘籍，提供美容饕餮大餐，展示当季最流行的扮靓法则。每期节目还会邀请当红明星及草根达人助阵，是最实用的美丽课堂。节目涉及服饰、美容、娱乐家居、旅游等，涵盖面广，信息量大，是专为都市女性打造的电视时尚杂志。名牌主持人、当红明星、时尚专家三大节目亮点的强强联手，将观众带进最有

效、最直接、最娱乐、最幽默的Talkshow时尚课堂（图5-17）。

图5-17 《美丽俏佳人》

⑤节目代表主持人分析：一手打造电视圈的时尚天团"静家族"由李静领军，王婧、李斯羽、linda、张茜、李晔、叶一茜、李晓峰、路嘉怡、黄艺馨等组成，已成为时尚圈中炙手可热的耀眼标识。李静以其特立独行、率真、俏皮的主持风格，被喻为国内最具风格主持人。有人说，李静在主持节目时很轻松很娱乐，她不矫揉造作，她的笑容发自内心，让人觉得很快乐。她正是通过这样的方式展现了亲和力，拉近了和受众的距离。在节目中，李静的角色定位更像是"静家族"中的大姐姐，整个现场基本上都由李静控制。"静家族"中的一些主持人并非科班出身，而且由于节目本身定位的原因，经常在节目中会出现主持人和嘉宾间由于热烈讨论某一话题而偏离节目主线的情况，每当这时李静总会以一种稳重而又幽默的方式将大家重新拉上"轨道"。而且李静还利用自身优势将"造型魔法师"小P、享誉国际的"时尚生活家"梅琳、"彩妆维纳斯"游丝棋、"亚洲彩妆天王"Kevin等一批在海峡两岸和香港及国际均颇具影响力的达人专家介绍给广大受众，使节目更具专业性。

【节目播出实稿】

2013年6月23日一期 夏日美鞋致青春

Linda：大家好，我是Linda！如果你的脚拇指外翻怎么办？

晓峰：大家好，我是晓峰，夏天穿鞋磨脚怎么办？我们有请梅琳老师！

梅琳：夏天如果你的鞋子很臭怎么办？也要问我啊，

晓峰：就譬如说像刚才我和Linda都有问到，脚拇指外翻，或者穿鞋子磨脚了，老师有什么妙招吗？

梅琳：比如说我们穿这种夹脚拖鞋，比如这个地方，还有这个地方有没有发现，很多人一过夏天就会发现脚这边会有疤痕。现在市面上有一种很特别的像这个，因为它是胶质的，很软，然后你就把它贴在这边。

Linda：它就可以让你的脚不是那么容易地受到摩擦。

梅琳：对，脚底走路的时候也不会太痛。

晓峰：老师，我想试一下，看看穿了之后舒不舒服。（试穿）舒服很多！而且你不觉得吗？穿了这个凉鞋基本上都是前脚掌这里用力。

梅琳：而且你会发现它是隐形的。

晓峰：对，你看不到，从正面看不出来我里面放了东西。

梅琳：这是很好的方法。那外翻的话，比如说有像这个，你看这个材质，是不是很像吃的麻薯，可不可爱？如果有外翻的话，这边有个阻力，所以就不会穿到里面去滑掉。

晓峰：如果大家这一期要想了解鞋子的奥秘，就一定要记得收看不美不活《美丽俏佳人》。今天我们就应时下最流行的话题，"致我们终将逝去的青春"，我们来一起回顾一下，看看三位漂亮的来宾，你们的鞋子跟你们的青春有没有什么关系？

嘉宾1：其实我今天带了自己的一双鞋来，就是前面的这一双鞋，其实这双鞋子和我本人，特别是和我在节目中主持的形象是完全不搭的，不是一个风格。

Linda：大樱桃穿这个……哈哈哈。

嘉宾1：但是这双鞋对我很有意义，因为我小的时候有个当主持人的梦想，很小的时候就开始学播音主持，那个时候顶风冒雪地去学习，但是到了电视台之后却没有机会做主持人。就在我生了宝宝，变胖变丑了之后，我觉得离我那时候的梦想更远了，终结了之后，突然之间机会来了，那时到年底的时候会有一个新年跨年晚会，让我做主持人，然后我就给自己买了这双鞋子。

Linda：还是要圆自己的梦想。

嘉宾1：我觉得这双鞋子对我来说，它很闪亮，很正式。而且我觉得它也代表着我实现了自己年少时的一个梦想。

晓峰：好棒哦！

嘉宾1：而且我今天来，我把这30年来穿鞋的一些心得带来了。比如说我觉得像Linda、晓峰还有潘辰和尹珊，她们都是上天给予了她们美好的礼物。

晓峰：你别这么说。

Linda：我们穿高跟鞋也很头疼的。

嘉宾1：不像我这样要费心思，你知道吗？我的这个心得和礼物是要分享给像我一样，对于自己的外在上面有一点小遗憾的女生……

（2）《玩转地球》

①节目类型：旅游美食类

②节目主持人：伊恩·怀特

③播出时间：周一至周五17：13

④节目概述：《玩转地球》是旅游卫视与Discovery合作的引进类栏目，由伊恩主持，自2004年7月播出至今，已经播出近500余期，目前已经形成了稳定而特征鲜明的收视群体。节目旨在探索未知，体验非凡。切实可行的出游指南加上幽默风趣的节目主持人，不管是足不出户的环球旅行家，还是疯狂出位的刺激追逐者，都可以在其中找到乐趣。

⑤节目主持人分析：伊恩·怀特，全球最著名的自助游节目《玩转地球》（*Globe Trekker*）的主持人，他以"痞子"背包客的形象征服了不计其数的电视观众。这个带着古怪伦敦腔的英国人，是恶作剧高手和整蛊专家，在行程中设计笑料，也会忘形于山水。他主持的节目、引领的行程对于电视机前的看客，不仅是生动的风情展示，也是笑料不断的消遣佳品，而对于那些过着双重生活的不安分的人来说，他则是心怀叵测的同谋，在暗地里挑拨你的神经，激起你上路的欲望，让你在他的行程中催发梦想，也燃起怒火。

十五、凤凰卫视

1．频道简介

凤凰卫视是全球性华语卫星电视频道，前身是星空传媒旗下的卫视中文台，于1991年开播。其后，卫星电视有限公司被新闻集团收购，随即进行改组，并引入刘长乐和陈永棋等作为投资人，于1996年3月31日拆为凤凰卫视（对内地和香港广播）和卫视中文台（只在台湾广播）两个卫视。凤凰卫视的主播来自于中国内地、港澳和台湾地区。凤凰卫视是华语媒体中最有影响力的媒体之一，是中国大陆地区最先获得落地权的境外电视媒体之一。凤凰卫视总部位于香港，大陆中心在深圳。凤凰卫视在香港取得的只是"非本地电视节目服务牌照"。

2．代表节目分析

（1）《军情观察室》

①节目类型：军事专题类

②节目代表主持人：董嘉耀

③播出时间：每周三21：50

④节目概述：《军情观察室》是香港凤凰卫视推出的一档军事强档节目，主要是分析当今世界的最新军情动态、经典战例、兵器辞典知识，和你一起走进野战实地、电玩战争，用军事发烧友的目光看海陆空世界。《军情观察室》诞生于伊拉克战争的硝烟之中。2003年3月，伊拉克战争爆发，董嘉耀与马鼎盛拍档主持《军情观察室》，全面生动解构战局，引人入胜，受到海内外观众广泛赞赏，从此《军情观察室》由一个为伊拉克战争开设的特备节目，而成为正式的专题节目，并成为凤凰高收视节目之一（图5-18）。

图5-18 《军情观察室》

⑤节目代表主持人分析：董嘉耀最鲜明的主持风格是认真、投入、口齿清晰，对语言驾驭能力较强，能够全面生动地解构战局。其主持的节目引人入胜，深入浅出侃侃而谈当前局势，而且他用较快的语速来凸显军事方面永远都是刻不容缓的，语速快而清晰往往体现了局势的紧张，给观众一种紧迫感，这样才能让观众体会到军事与娱乐节目之间的区别。从而更加投入军事节目，有更加精彩的观看体验。他的语言简单直接，也不乏犀利，能对军事局势有独到深刻的见解，打破思维定势，启发创造性思维。

【节目播出实稿】

各位好，这里是军情观察室，我是主持人董嘉耀。我为大家分析和报告全球军事动态。

本周关注的消息，就是本周俄罗斯高调地宣布，继续向伊朗转让S-300的防空导弹，同时也向中国出售了6套S-400防空导弹，使得中国成为第一个接受俄罗斯S-400最新防空导弹的国家。同时中国大陆一旦获得S-400导弹的话，有可能进行反制，另外涵盖的范围覆盖东海，包括钓鱼岛。但同时，越南和印度也在排队希望能够买到俄方的S-400导弹，俄罗斯的相应的军售牌打得噼里啪啦得响，到底背后有什么意图呢？

还有一个消息，在本周美国海军情报局正式发布了官方军方对中国海军的评估，提到中国海军不断提升战斗力，一方面是鹰击18的超音速巡航导弹已经正式上天服役，给美国很大的压力，另外解放军现在是不断地入役，未来5年之内，解放军出现在中太平洋甚至是东太平洋直接逼近美国的西海岸，美国方面紧张，美国说有更好的在5年之内的应对方案，期待各位关心。

还有一个消息，印度出台了军警的特别法案，要求12个州，包括特别的省，可以军警开枪，获得杀人的赦免权……

（2）《时事辩论会》

①节目类型：评论节目类

②节目代表主持人：黄海波、程鹤麟

③播出时间：周一至周五12：30

④节目概述：以辩论形式评论时事，其创新之处在于结合主持人和现场嘉宾来一场火花四溅的争论。节目每次设定一个时事热点话题，由多位背景各异、智慧过人的嘉宾名嘴进行激辩，形成热烈的争辩气氛。通过多角度的辩论，观众能洞悉事件的不同角度，对事件的真相本质会有更透彻的了解，增强了解事情的多面性。

谈到"辩论会"，时事辩论会从选题到辩论的全部过程，都邀请观众参与其中，首先，在选题上，节目组每天都在辩论会论坛上向观众征集第二天的辩题，每天收到的题目大约有20～30条。来自不同地区、不同层面观众出的题目，有助于主持人和嘉宾了解观众的兴趣以及大众对时事关注的焦点，这样才能让观众们都能参与其中，让这档节目真正成为受观众喜爱且能获益匪浅的节目。在辩论会之前，节目组又会提前将辩题发表在论坛上，让观众自由表达他们的意见，观众之所以如此热心回应，因为他们觉得在这个论坛发表意见，可以受到重视。辩论会主持人每天在辩论会前，都仔细阅读每一个观众的帖子，收集他们的观点。在辩论会进行期间，主持人还不间断地收集观众即时评论，并及时在辩论会中读出来，形成场内嘉宾和场外观众共论时事的火爆气氛。为了满足更多观众的参与欲望，辩论会还设置了手机发送观点服务，不上网的观众，可以用手机发送自己的观点。节目给人最大的感受就是并不是做给观众看，能拿老百姓最关注、最感兴趣的时事热点来进行讨论和思想的交流，其实是一种正能量的传播，同时也是唤起老百姓"天下兴亡，匹夫有责"关心时事的心态。对于当今信息量大、种类繁多的局面提供了一个很好的选择。

⑤节目代表主持人分析：程鹤麟，机智从容，激起观点对立的嘉宾作激烈辩论，短兵相接，火花四溅。也能够让严肃的热点评论节目变得适当的轻松，善于调节辩论过程中的节奏和气氛。节目开创了华语卫星电视不同观点大胆交锋的先河，节目开场白"我们现在开会"，亦成为观众耳熟能详的名句。

第六章 专业化节目主持训练

随着电视文化事业的迅猛发展和电视受众审美情趣的变化，电视节目制作者不断推出各种类型的电视节目，使得电视节目呈现出异彩纷呈的姿态。根据传统的最简单的主持人节目的内容分类，一般分为新闻类节目、社教类节目、综艺娱乐类节目。然而，随着电视事业的飞速发展，很多电视台的自办栏目异彩纷呈，分类也变得更加细致化和专业化，比如前文提到的仅中央电视台就设置了新闻频道、体育频道、军事·农业频道等，不少地方台也纷纷效仿，因此现在的各电视频道均呈现出专业化的趋势。

本章的各类节目主持训练，就根据当前各电视频道的专业化这一特点进行练习。当然，本章并没有囊括全部的专业化节目，仅仅罗列出一部分内容较为丰富、受众较多的专业化节目进行实训。

第一节 电视新闻类节目主持训练

从1958年出现电视新闻节目至今，中国电视新闻节目已经走过了57年的历程。50多年间，我国电视新闻节目完成的不仅仅是节目形态和内容上由单一到多元的转变，更是传播理念和手段上由落后到先进的跨越。从口播到录播再到直播，从短片到栏目再到频道，从"慢、长、空"到"快、新、活"，我国电视新闻在不断地创新与改革中，完成了一次又一次的升华，成就了中国电视新闻事业今天的盛大局面。

我们经常听说"新闻立台"这个观念，可见电视新闻节目是电视的主要的和根本的节目形式。人们观看电视节目，许多时候是为了了解每天发生的国内外大事。与广播、报纸、杂志等其他传播形式相比，电视新闻节目具有形象真实、具体可信的特点。人们可以从电视新闻中多方面了解新闻事件、新闻人物等。因此，电视新闻成为大众获取新闻信息的主要渠道。

电视新闻以画面为主要表达手段，但是画面又不能将所有的信息内容都呈现出来，还需要语言的解释和补充。因此，电视新闻需要节目主持人的参与，才能最终完成。

新闻节目主持人作为前台新闻工作者，在新闻报道、舆论引导等方面起着举足轻重的作用。这些均依赖于主持人在政治修养、人格道德、新闻素质等多方面的综合表现。

一、电视新闻节目的定义

新闻节目作为传播信息、引导舆论的重要渠道，在节目中占有非常重要的地位。现代新闻学从西方传入中国后，关于新闻的定义，业界有很多解释。

《广播电视辞典》一书认为新闻节目是"以报道新闻事实、提供社会各个领域发展变化的最新消息为主的广播、电视节目。其主要内容包括党和政府的决策、部署、路线、方针、政策和法令；党和国家领导人的国事活动，社会知名人士和人民群众的创造性活动；国内外重大新闻事件，各个领域的重要发展变化，重要的、群众普遍关心的社会现象、社会问题、社会舆论，尤其是来自人民群众的呼声"。[1]

中国广播电视协会北方学术研究基地常务副秘书长孙宝国则把电视新闻节目分为微观、中观和宏观三个层面。微观层面的电视新闻节目一般是指电视新闻传播内容、形式相结合的最基本的视听单位；中观层面的电视新闻节目一般是指电视新闻栏目这一收视单位；宏观层面的电视新闻节目一般是指电视新闻频道这一收视单位。[2]

在我国，得到新闻界普遍公认的新闻定义是陆定一1943年在《我们对于新闻学的基本观点》一文中提出的，即"新闻是新近发生的事实报道"。这个定义被广泛采用并产生很大影响。得益于科技的发展，目前新闻的传播手段更新迅速，新闻已经进入直播时代。电视新闻节目的定义已变为"运用画面与声音符号体系以及电视媒介的综合优势传播的新闻，是电视屏幕上各类新闻体裁、各种新闻性节目的总称"。[3]

二、电视新闻节目的分类

新闻节目在发展的过程中，已经在节目内容、编排方式、制播方式、播报语言等方面呈现出丰富多彩的形态。根据新闻体裁不同，我国把电视新闻节目分为以下几类。

1. 消息报道类节目

消息是指只报道新闻事件的概貌，而不讲述其中细节的一种节目形式。具有简短、明晰、客观等特性，是新闻节目最常用的表现形式。

消息报道类节目以播报消息为主，有助于扩大信息量，增强节目的时效性、客观性，是人们获取新闻信息的主要渠道。代表节目如中央电视台的《新闻联播》《新闻30分》《新闻直播间》等（图6-1和图6-2）。

① 赵玉明、王福顺：《广播电视辞典》，中国传媒大学出版社，1999年版。
② 孙宝国：《中国电视新闻节目形态研究》，新华出版社，2008年版。
③ 李丹：《节目主持人实用训练教程》，重庆大学出版社，2014年版。

图6-1 《新闻联播》

图6-2 《新闻30分》

2. 新闻专题类节目

新闻专题类节目是指就某一新闻题材所做的深度报道，这种报道比较详尽，并且有深度，是对新近发生的重大事件的充分报道。[①]这种节目形式较容易引起受众对新闻事件本身及其延伸出的社会问题进行深层次的思考。

目前我国新闻专题类节目呈现为调查性报道和故事类新闻两种主要形式。

调查性报道是针对某一新闻人物、新闻事件或者社会现象和问题而进行的一种较为系统、深入的，以曝光和揭丑为核心，还原不为人知的事件真相的新闻报道形式。在此类节目中，主持人一般要具备记者的相关能力。代表节目如中央电视台的《新闻调查》等（图6-3）。

图6-3 《新闻调查》

---

① 周勇：《电视新闻编辑教程》，中国人民大学出版社，2007年版。

故事类新闻是指以讲故事的手法，真实记录发生在老百姓生活中的新闻事件。其特点为详细交代事件的来龙去脉，注重事件的叙事方式，适时加入主持人的点评，突出事件的矛盾、悬念和情节，具有感染力。代表节目如江西卫视的《传奇故事》等（图6-4）。

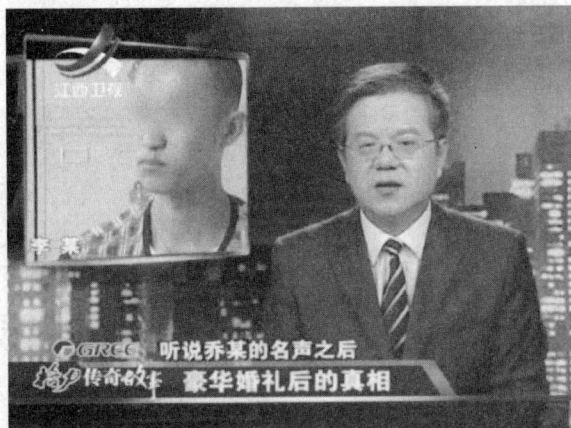

图6-4　《传奇故事》

3. 新闻评论类节目

新闻评论类节目从新闻事件出发，以说理为主要表现手段，是代表媒体立场或者代表个人立场的评论者从思想、政治或伦理角度分析具有普遍意义的新闻事实或社会现象、社会问题，旗帜鲜明地表达态度，阐述观点、见解和主张的一种节目。其可指导社会实践，影响和引导社会舆论。代表节目如中央电视台的《新闻1+1》、凤凰卫视的《时事开讲》等（图6-5和图6-6）。

图6-5　《新闻1+1》

图6-6　《时事开讲》

4．新闻谈话类节目

新闻谈话类节目，是主持人邀请嘉宾和观众（有的节目不设现场观众，只带嘉宾），就当前社会关注的热点、焦点问题，进行平等的对话交流，为各种意见、观点、见解的表达和沟通提供平台的一种节目。代表节目如中央电视台的《面对面》（图6-7）、安徽电视台的《记者档案》（图6-8）、CNN的《拉里金访谈》等。

图6-7　《面对面》

图6-8　《记者档案》

5．新闻直播类节目

新闻直播类节目，是指利用电信技术把新闻现场的声音或图像直接发送并同步播出的一种节目形式。[1]新闻直播节目以新闻现场为主要内容，再辅以记者的采访报道，然后以演播室主持或访谈为衔接调度、补充评论的主要手段。代表节目如香港、澳门回归的直播报道，汶川地震、芦山地震救灾的直播报道等（图6-9和图6-10）。

6．新闻杂志类节目

新闻杂志类节目，是指借鉴杂志的编排手法，将多种单一形态的重组并融合，整个节目由若干个版块构成，主持人在其中负责每个版块的串联。可融合消息报道、评论、访谈等多种形式。代表节目如中央电视台的《东方时空》、美国CBS的《60分钟》等（图6-11和图6-12）。

---

① 张君昌：《超媒体时代——新世纪电子传媒经营与创新》，新华出版社，2003年版。

图6-9 香港回归现场报道

图6-10 雅安地震直播画面

图6-11 《东方时空》

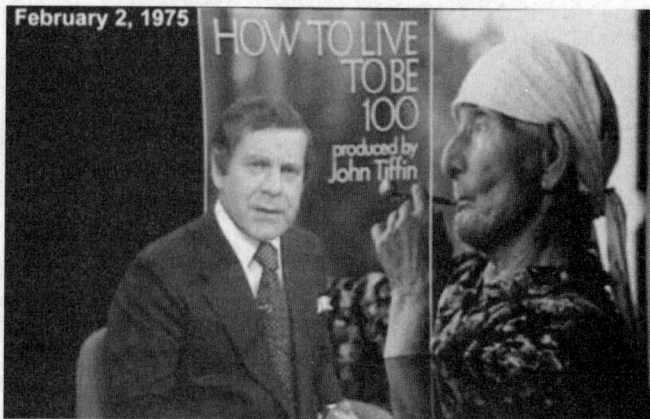

图6-12　《60分钟》

三、电视新闻节目主持人的基本要求

在我国，新闻节目具有较强的政治性和新闻性，而新闻节目主持人的工作在新闻节目的传播过程中很重要，因此新闻节目主持人除需要具备基本素质以外，还需要具备较强的专业能力。

1. 过硬的政治素质

我国的新闻媒体，是党和政府的喉舌，是党的新闻事业的重要组成部分。因此新闻节目主持人一定要坚持正确的舆论导向，正确、深刻地理解党的政策、方针和路线，树立正确的世界观、人生观、价值观，以此影响受众。在面对纷繁复杂的新闻事件时，主持人应能够明辨是非，不以个人喜好、情感作为判断问题的标准，知道需要注意什么，知道什么该说，什么不该说，从而完成传达政令、传播信息、服务党和人民事业的工作使命。

案例分析

案例一

重大突发事件的报道往往具有非一般的严肃性和不可预知性，因此主持人面临着严峻的考验，绝不能信口开河。在汶川地震抗震救灾直播报道中，某电视台直播节目报道了一幕救人的情景：很多消防官兵不畏余震危险，不顾自身生命安危，用尽浑身解数终于把一名被埋在残垣断壁下和命运之神搏斗了50多个小时的妇女救了出来。面对这样的画面，演播室里的主持人却说："当我们看到这幕救人的大戏时……""大戏"这两个字立刻激起了人们的热议。有网友认为这是一种隔岸观火式的冰冷的语言，主持人把自己当成了这场大戏的旁观者。

有一些人受到享乐主义、个人主义思想的影响，忽视了对社会主义核心价值观的学习，犯了一些错误。2013年10月，新快报记者陈永洲在采访中擅自进行新闻敲诈，因涉嫌损害商业信誉罪被检方批捕，并被吊销新闻记者证，发人深省。一些媒体从业人员或者盲目宣扬所谓"新闻自由"，或违背新闻职业道德，无视国家法律，造成了严重的危害。

2. 较高的文化素养

电视新闻节目主持人作为主持人队伍中的特殊群体，是集记者、编辑、主持于一身的多面手。一个人没有良好的文化素养做坚实的后盾，绝对不能胜任这一职业。

一方面，电视新闻节目主持人应该具有较高的知识水平。一些优秀的新闻节目主持人的成功经验足以说明：较高的文化修养是节目主持人"生命旺盛、青春永驻"的秘诀。中央电视台著名节目主持人敬一丹，由播音员转型为主持人，从《经济半小时》到《焦点访谈》，可以说是主持人中的杰出代表，并且曾发表过多篇观点鲜明、新颖的学术论文。而为广大电视观众熟知的中央电视台节目主持人白岩松，无论是在节目中的评论分析，还是在第一现场的采访报道，无不显示出他的学者风范。由此可见，较高的知识水平是节目主持人能力发挥的重要基础。

另一方面，新闻节目主持人还应该拥有广博的知识修养。现在的电视节目主持人大都是集"采、编、播"于一身，其中的每个工作环节都涉及多方面的知识，这也要求了新闻节目主持人知识修养的广博性。

案例分析

某电视台主持人在报道"探矿井已经钻到10 000米深度"时，曾以珠穆朗玛峰的海拔来做比较，她说："相当于从珠峰的山顶钻到山脚，并且还要向下钻1 000米左右。"

因为她不懂得珠穆朗玛峰的高度并不是从山脚算起，而应该是从海平面算起，所以贻笑大方。

3. 扎实的新闻基本功

新闻基本功是新闻节目主持人必备的能力之一，主要表现在以下几个方面。

（1）及时准确地发现新闻的能力

这是指新闻工作者能够及时识别事物所含新闻价值的能力。它源于主持人对政策的准确把握，对问题的深入思考，对受众的广泛了解以及广博的知识积累。因此，主持人应该在新闻事件中找准新闻点，迅速捕捉新闻在真实性、时效性、重要性、显著性、接近性、趣味性等方面的特征，将其准确、及时、清楚地报道出去。

案例分析

　　中央电视台《焦点访谈》在做一期重访地震灾区的节目时，主持人敬一丹发现5月份看到的情景是废墟、帐篷，而在几个月后换成了板房，还有空地。于是她在现场说了这样一段话："在灾区，我们经常能同时看到废墟、帐篷、板房和工地。废墟让我们看到了地震带来的伤害，而帐篷和板房让我们看到了社会救济的过程，就在我们眼前的这片空地，让我们看到了重建正在进行。"①敬一丹通过敏锐的观察、独特的思考，将新闻现场一个个孤立的场景联系起来，从而将灾区半年的变化传达给了观众，让整个现场的报道更加透彻。

　　（2）娴熟专业的新闻采编能力

　　新闻节目主持人应该具有一定的新闻采编能力，这也是我们一直强调的要做一名"记者型主持人"。

　　首先，新闻节目主持人要具备娴熟的采访能力。新闻采访是新闻工作者为搜集新闻素材所进行的实践活动。②无论在播报节目中的记者连线、出镜采访，还是新闻专访节目，主持人都需要拥有娴熟的采访能力。其次，主持人的编辑能力也很重要。主持人应当对节目层次和结构非常熟悉，能准确把握节目组合，将各个部分组合起来。在此基础上，主持人才能对文字稿件进行创作和修改，实现新闻的高效传播。主持人还应当具有较好的声画感受能力，这样才能对如何交谈、怎么报道等有较好的理解。

　　（3）全面深刻的新闻评论能力

　　评论在新闻节目中占有重要地位。新闻节目主持人应当以前瞻的眼光、敏锐的洞察力深入错综复杂的新闻事件和社会现象中去，分析把握其本质特征，向观众展示其背后的真相，对其规律性做出判断和思考，直接、明确地表达观点、态度，引发受众思考。

案例分析

　　白岩松曾被《新周刊》评选为"最佳时评节目主持人"。他曾经做过这样一个评论：《从两元钱官司谈法律意识的觉醒》。起因是中国人民银行焦作分行金融研究室干部孙红星，状告焦作市公交公司的售票员拒收他持有的用透明胶带粘贴的两元人民币这一官司。主持人白岩松评论道："公交系统怕麻烦却因此闹出了一场官司，不过这过程里头倒是给我们留下了许多值得叫好的地方。第一，我们要为孙红星叫好。因为两元钱他受了委屈，他没有

----

① 敬一丹：《现场》，《主持人月刊》，2009年1、2、3月，总第50、51、52期。
② 胡欣：《主持人采编务实》，华中科技大学出版社，2005年版。

在心里说声算了，而是在面对法律的时候不因事小而不为，勇敢地运用法律武器来维护自己，更重要的是维护了很多公民的合法权益。而且在片子中我们看到，孙红星的法律知识非常丰富，可以说他是打了一场有准备之战，这一点更值得我们为他叫好。第二，我们要为有法可依叫好。孙红星打这场官司依据的法律就是《中国人民银行法》，这项法律是在1995年3月18日颁布实施的。大家可以想象，如果倒退两年的话，可能就没有相关的法律作为依据，这场官司就打不起来。第三，我们要为当地法院受理了这起案件叫好，他们并没有因为它是一个两元钱的小官司而拒绝审理，反而是公开审理，使更多的人上了一堂非常好的法律课。第四，要为在法庭上代表双方非常认真的律师们叫好。两元钱官司，双方的律师却非常认真地你来我往，针锋相对，一共持续了5个多小时。1996年《律师法》已经获得通过，律师制度的完善和律师不再被人误解，从某种意义上来说，也意味着我国法制建设有了提高。第五，我们要为开庭的时候那么多老百姓去关注这个两元钱的官司叫好。其实每一次关心就意味着上了一堂很好的法制课，每一次关心就意味着公民心中的法律意识的一次觉醒。第六，我们要为规定在法律面前低头叫好。在生活中以及在片子里，我们都听到人说，这是我们的规定。但是，任何违法的规定都应当在法律面前低头，这种小的、违反法律的规定消失得越快，意味着法律的权威性在每一个人心中贯彻得越深。

当然了，这"六好"之外也有一些遗憾。其实面对银行拒收贴了胶带的钱这件事，当地的公交系统可以利用法律的武器维护自身的权益。任何一个国家的法律建设都分成两个方面，一方面是法律本身的建设，一方面是全体公民法律意识的觉醒。前一方面在我们国家似乎进步很快，而第二方面，我们每一个人是否能从孙红星这两元钱的官司中悟出点什么来呢？"

这段评述充分地体现了一定高度、宽度和深度的结合。从一件"两元钱"的状告事件看出端倪，主持人没有沉于其中，而是马上把它和"法律意识的觉醒"联系起来，获得了一定的高度。接下来，白岩松列出六个"叫好"，这六个角度具有相当的宽度。"叫好"以后，他指出仍然存在的"遗憾"，这是第一次深入，随后又提问"我们能否悟出点什么？"这无疑是进一步的深入。白岩松的评论兼具高度、宽度和深度，获得并提出了新见解，充满力量，酣畅淋漓，对法律现状认识清醒，不盲目叫好，发人深省，展示了其思维的灵活和深刻。

（4）机智灵活的现场应变能力

新闻节目主持人不论是在新闻播报、现场采访还是即兴评论中，常会碰到许多意想不到的情况，尤其是在直播节目中。面对诸如临时加入急稿等情况，主持人需要沉着应对、随机应变、灵活处理，不慌不乱。良好的应变能力常会给节目带来意外的惊喜。

案例分析

2005年7月，气象部门预测北京将遭遇50年来最大的台风袭击。当时中央电视台准备现场直播台风袭击北京的情况。直播计划在8点开始，而7点40分时，他们被告知台风不经过北京，而是转向秦皇岛。紧急开会磋商后，他们认为，北京市已经做了大量的准备工作，动用了大量的人力物力，在大旱之年为了应对台风清空了11座水库，这一切都要向群众做出合理解释，获取群众的理解。因此，直播还要做。但这样一来，直播的内容就要全盘调整。面对这种情况，主持人海霞及时调整思路，从容应对。8点直播开始时，她对节目的内容做了大幅度调整，和专家一起讨论了如何看待气象部门的工作，如何看待政府防患于未然的准备工作，如何把一次预防转化为一次演练。节目最终很好地总结和肯定了相关政府部门的工作：相信经过这一次对应急预案的演练，如果遭遇到类似情况，北京不会出现大的问题。基于海霞等人的临场应变，政府和气象部门的工作最终赢得了观众及参与预防工作的人员的理解和尊重。①

---

4. 过硬的专业基本功

（1）对准确稿件的理解能力

新闻节目主持人直播新闻的过程是把文字稿件转化为语言，将理解的稿件内容传送到受众耳朵里的过程，在这个过程中，主持人对稿件的理解至关重要。应当避免见字发声的表达，而是要迅速浏览新闻，培养快速理清新闻事件发展脉络、梳理新闻事件关键信息的能力。②

（2）规范的语言及科学的用声

语言的规范不仅仅指主持人普通话语音标准，还包括主持人的遣词造句、语法应用等方面，只有语言规范，才能更准确清晰地传达新闻内容。而科学用声，不仅能使主持人自如地控制自己的声音，使其充满活力、富于弹性、变化自如，还能给受众以听觉上的美感，并且能有效地保护自己的嗓子，延长自己的工作寿命。

（3）较强的语言表达能力

新闻节目主持人在主持节目的过程中，无论是串联、提问、应答，还是报道、采访、评论，都需要良好的语言表达能力，使自己努力进入"说事让人仿佛目睹，讲理能让人心悦诚服，三言两语可以让人久久不忘，长篇大论也让人听不厌倦"的最佳语

---

① 陈虹：《节目主持人概论》，高等教育出版社，2006年出版。
② 李丹：《节目主持人实用技能训练教程》，重庆大学出版社，2014年版。

言状态。这样就要求主持人做到语言流畅化、规范化、口语化及生动化，这也是对新闻节目主持人最基本的要求。

四、新闻类节目主持易出现的问题及对策

当下，电视新闻直播已经进入日常化、常态化的时代。这是新闻观念演进、新闻改革加快和科学技术突飞猛进的必然结果，也是新闻发展的方向。主持人是节目的灵魂，新闻节目主持人作为新闻直播过程的直接主持者、新闻表达的引领者、传播话语的把握者，重要性不言而喻，功能作用突出。但在新闻节目快速发展和进步的今天，节目同质化、主持人同质化的现象越来越普通，新闻节目及主持人的水平也变得参差不齐。

1. 播报样态不规范

很多主持人在进行新闻播报的初期，常常会出现播报样态不规范、态度把握不当、节奏把握不好以及导语、长句子、具体情节处理不得当等情况，导致新闻播报节目听起来有些"四不像"。

（1）解决对策

首先我们要了解，播报是指播音员、主持人将消息的文字稿件转化为有声语言进行传播时的语言样态。①而当下消息类播报样态又分为规范播报、播说结合、说新闻及"侃"新闻。它们分别适用于不同的新闻栏目、新闻内容、播出时间及接受对象。其中，主流消息类播报节目又以规范播报和说新闻两种样态为主。在进行消息类播报节目训练时，应注意：

①新闻稿件的态度把握。播报的态度，就是指播音员、主持人在播报一篇新闻稿件时所持的主观倾向性，是肯定的还是否定的，是赞同还是反对，是积极还是消极等。

新闻报道强调的是客观真实性，但在社会中统治阶级的意志，必然对新闻机构的宣传产生决定性的影响。因此，媒体在选择报道的事实的时候，必定会把自身的价值观作为新闻报道的指导思想，不同的选择标准意味着不同的新闻报道。新闻稿件的作者也充分考虑了这点，所以稿件内容多依托事实来体现作者的意见，将主观寓于客观，具有内在的倾向性。但是，从受众的角度而言，他们收看新闻节目主要是为了获得一些新鲜的信息资讯，而不愿意听主持人说教，所以在播报新闻的过程中，播音员、主持人只需要把新闻事实叙述清楚即可，让受众自己去理解和感受，也就是说要注意把握分寸。

②导语部分的处理。新闻稿件的导语，是指每一条新闻的第一句话或者第一个自然段，旨在揭示新闻要点，突出新闻的精华。在有声语言的表达上，导语也具有很重要的作用，起引导作用，引导受众收看新闻的全部内容，激发受众了解新闻详细内容的兴趣。所以，新闻导语部分要处理得当，以免造成受众的流失。

处理新闻稿件导语时，要注意重音的处理以及语势的起伏。语句的重音切忌太多，因为重音太多会使播报没有重点。一定要精选重音，找准声音的着力点，使整个

---

① 吴郁：《当代广播电视播音主持》，复旦大学出版社，2008年版。

语句的走势富有变化，引起受众的兴趣，切忌语势僵直。

③长句子的处理。首先要在搞清楚语句的意思和语法关系的基础上，处理好停连，以免造成语意的含混。为了使长句子的语意清楚连贯，通常应做到声断气不断，也就是说，采用一种似停非停、似连非连的方法，以语流曲线的细微变化来表现语句关系。

其次要精选重音，以免受众由于重音过多而分散注意力，导致其不能清楚地了解新闻事实，也可以避免因重音过多而破坏新闻节奏的明快感，还可以节省气息，使语流通畅自如。

最后要注意语势的承上启下，加大语流的起伏变化，突出表达目的。

④新闻稿件中具体情节的处理。对具体情节的处理，一定要把握"感而不入"的境界。在播报新闻的时候，我们要在把握稿件新鲜点的基础上，切身地去感受，因为有了真实的感受才会有播讲的愿望，才能播讲清楚。但是，播报新闻是对事实的叙述报道与信息的传递，因此，必须注意新闻的节奏感，并且与消息类新闻的整体相协调。要做到"感而不入"，也就是说，要有真切的感受，但不要陷进去，否则将会影响到对稿件的整体把握。

⑤播报速度的把握。在当前的信息社会中，人们对信息的需要越来越强烈，新闻是人们获取信息的重要途径。人们对信息的量的要求，促使新闻播音速度加快同时保证，清楚明快。最初新闻的播音速度在每分钟180～200字，随着社会的发展，播音的速度明显加快，达到250～300字，如今，有些甚至已经超过了300字。然而，如此速度不但超越了听众收听反应的极限，而且使主持人在播读稿件的时候对稿件的内容没有感觉，无法达到传递的目的。

所以，新闻播报的提速一定要"有度"。即播报速度不能超过让人说清楚、听清楚的极限。收看新闻节目的观众对听到的内容有所反应是需要一定的时间的。播放速度太快，不仅让听的人反应不过来，同时会使播报者的语音与思维脱节。一味地"赶"，平均压缩音节，没有度的任意提速，都会降低语音的清晰度，导致播报者语流僵直，气息上提，处于"见字出声"的被动状态，造成播报的新闻内容浮浅、不清楚。因此播报速度的"有度"提速要打破标点符号的限制，在把握整体内容的基础上少停多连。由于文字语言的表达和有声韵的表达有一定的区别，因此"停连"就是有声语言表达中的标点符号。新闻稿件播报中的停连要符合生理和心理的需要，让观众听懂。

⑥对新闻中口语化、交流感的把握。这一语言样态大多用于社会民生新闻中。亲切平易、口语化、重交流是其外部特征，但这些外部特征并非全部的、本质的特征。"说新闻"与"播新闻"的差异，主要不在于语言样态，而在于新的"传播理念"和随之而来的"信息加工"。所谓新的传播理念，即在传播过程中进一步方便受众的接受与理解，因此，为了优化传播效果，应对稿件做必要的信息加工，这才是"说新闻"的重要环节和本质特征。但同时，"说新闻"的口语化应区别于不经加工的随意口语、市井式口语，必须坚持新闻语言简洁准确、规范质朴的要求。

（2）主持人播报节目实训

①按照规范播报的要求，播读以下稿件：

4月25日，习近平主席就尼泊尔当日发生强烈地震向尼泊尔总统亚达夫致慰问电。慰问电全文如下：

惊悉贵国发生强烈地震，造成重大人员伤亡和财产损失。我谨代表中国政府和人民，并以我个人的名义，对不幸遇难者表示沉痛的哀悼，对遇难者家属和受伤人员表示诚挚的慰问。

我相信，在总统先生和尼泊尔政府领导下，尼泊尔人民一定能够共克时艰、战胜灾害。在此危急时刻，中国人民坚定地同尼泊尔人民站在一起，中方愿向尼方提供一切必要的救灾援助。

②自己选择一条社会民生类新闻，对其进行"加工"，按照"说新闻"的要求和形式完成新闻稿件的播出。

2. 不参与策划

有些主持人不明白节目的策划和创作有何作用，只是单纯地做一个"发声的机器"，而忽略了现在媒体需要的是"采、编、播"一体化主持人。主持人不参与节目的选题策划，就很难快速、准确地把握住新闻事件的核心点，更不易发掘新闻事件中的故事点，只能照本宣科。

（1）解决对策

①在新闻节目的选题确定阶段，主持人就应该作为一个不可或缺的部分参与到其中，只有这样，主持人才能真正全面地了解新闻事件，找出新闻点，将节目做得更好看，并且更好地抓住受众的需求，引起受众的共鸣。在节目的策划中，主持人必须考虑如何收集材料、怎么提炼主题、怎样抓住亮点、节目的结构如何布局等问题。

◆案例分析◆

河北的一位农民在北京生下五胞胎一事曾轰动全国，众多媒体都报道了此事。然而，几乎所有的媒体都把报道点集中在了五胞胎这件事本身，关注孩子是否健康，大人是否平安，孩子抚养费是否已落实，只有一家媒体的记者拍摄到了五胞胎妈妈生产的全过程。而主持人在节目的策划中就抓住了这一点，在节目播出的时候，把新闻事件的重点放在了这一生产过程上，引发了广大电视观众的共鸣和热议。让妈妈们勾起了对生孩子时的往事的回忆，没当过妈妈的看着害怕，甚至发誓说这辈子都不会生孩子，而丈夫则更深刻地体会到了妻子十月怀胎、痛苦生产的艰辛。这期节目因此成了这个新闻事件报道中最成功的一期。

②现在单一的播报新闻事件，已经无法满足受众对于新闻事件本身的渴求，而是

需要主持人在新闻事实的基础上，加以发挥。简单来说，就是需要主持人发现新闻事件中的故事点，创作一个好的故事，以此来抓住观众的心。据说世界上最短的一篇小说是这样的：世界上最后一个人独自坐在房间里，这时候，突然传来了敲门声。这部小说虽然很短，却给读者留下了很大的想象空间，构成了悬念。在新闻节目策划中，讲好故事，设置悬念也是非常有技巧的。

案例分析

有这样一条新闻：一个小伙子和一位姑娘从相识、相知、相恋到相爱，最终将走进婚姻殿堂。可就在结婚前夜，姑娘突发心脏病死亡。面对突如其来的变故，小伙子痛不欲生，悲伤之后，小伙子做出了感天动地的决定，婚礼如期举行。面对这条新闻，首先有一个非常具有悬念的问题：生者与死者的婚礼如何举行？这个悬念制造了强烈的戏剧冲突：结婚是大喜，而亲人亡故是大悲，大喜和大悲集中到一起，这就深深地吸引了受众的眼球。而当画面中出现美丽的新娘穿着洁白的婚纱静静躺着，新郎为其戴上戒指，并深情的亲吻新娘这一细节画面时，许多观众都落下了感动的眼泪。更有许多女网友感慨：嫁人就要嫁这样的男人。

在这个新闻事件中，经过前期策划，相关人员抓住了新闻的故事点加以创造，进而设置悬念、制造冲突、刻画细节，使这个新闻报道感动了更多的人。

（2）主持人节目策划、创作实训

选取网络或者平面媒体中报道的某一新闻事件，将其策划成一档具有故事性的新闻类节目。

3. 知识结构欠缺

现在受众的文化水平普遍提高，在对新鲜事物或者资讯消息的接受上，不再仅仅局限于主持人讲什么他们就听什么的初级阶段，而是会参与到节目中去，甚至会对主持人的言论提出不解或质疑。但是很多主持人只是局限于自己现有的知识体系，不学习，不进取，不拓宽自己的知识面，以致在节目中出洋相，尤其是在评论类节目中，致使评论流于表面，无法深入拓展，甚至会犯一些基本的概念性错误。

（1）解决对策

若问电视新闻节目的竞争靠什么取胜，一言以蔽之：靠深厚的文化内涵——好比一座大厦，楼层越高，地基就越深；靠知识结构、文化修养丰厚的电视新闻节目主持人——如同一棵大树，根扎得深，枝叶才繁茂。电视新闻节目主持人的知识不仅要力求"专"与"深"，还应求"广"与"博"，要当一名杂家，但前提是不可脱离了政治导向。知识的积累越丰富，工作中越能得心应"口"。但知识的积累不是一朝一夕的事，"河冰结合，非一日之寒，积土成山，非斯须之作"。电视新闻节目主持人要做一个敏感谨慎的"有心人"，除了广泛地阅读书报杂志外，还要读"无字之书"，要善于留心"窗外事""身边物"。所谓"事事留心皆学问"，如此日积月累，知识之"缸"自然会永远充盈，取之不尽。

随着时代的发展，人们对新闻节目主持人的文化素质的要求也越来越高，但我们不能不正视一个现实，即一大批优秀的新闻节目主持人并不拥有显赫的"学历"，也不是"科班出身"，然而丰富的实践和长期锲而不舍地求知进取，同样使他们"曲径通幽"，获得成功。事实告诉我们，新闻节目主持是一门实践性很强的艺术，它丰富的内涵绝不是一纸"文凭"所能包容的，纸上得来的文化知识固然必不可少，但真才实学的获得绝对离不开数十次、数百次甚至更多的历练和熏陶。

文化知识修养是新闻节目主持人言谈举止、仪表风范的根基，是主持人完成节目任务的基础。新闻节目主持人具体应做到：

①熟悉马克思主义、列宁主义基本原理，了解党的方针和路线，认识并体会社会现象，关注世界格局变化。

②掌握电视新闻节目的专业技术和知识（做一个外形好、专业知识精的电视新闻节目主持人，如果不可兼备，选后者）。

③掌握电视新闻节目的相关文化知识并具备丰富完整的知识结构。

新闻节目触及面广，所以要求主持人了解社会各界、各个层次领域的文化知识（如天文、地理、科技、人文、教育、卫生、文学、艺术等）。所以新闻主持人必须加强文化修养，拥有深厚的文化底蕴，如此才能厚积薄发。这样在新闻节目中，尤其是在新闻评论类节目中，主持人才能出口成章，提出观点鲜明、分析深刻、逻辑严密、角度新颖的言论。

（2）主持人知识积累实训

①根据指定内容，例如房价乱象、公厕收费、城管暴力执法、传销骗局、新闻媒体"自由"、南海领土主权等，自己查找资料，主持一档新闻评论类节目，要求观点鲜明，分析深刻，能体现自己多方面的知识。

②自己策划主持一档完整的新闻评论类节目，并邀请第三方嘉宾或者专家学者参与节目的讨论。

4. 副语言运用不当

电视节目是声画兼备的传播媒介，受众不仅能听声音，而且关注主持人在电视画面中的穿着打扮、一举一动。所以主持人副语言对电视节目的传播效果具有重要意义。有些新闻节目主持人在节目中，往往不注意副语言的运用，如出现一些不该有的表情和手势、穿着不得体或过于暴露、服装颜色搭配不协调，不仅会给观众留下不好的印象，还有可能危及主持人的职业生涯。

案例分析

某省级电视台主持人，在两会期间站在人民大会堂外面进行现场报道。可是当日她因没有注意自己服装的颜色及搭配而终结了自己的职业生涯。当日她穿了一身黑色的连衣裙出镜，并且在腰间配了一条白色的腰带，腰带正中间还有一朵花。在日常生活中我们或许会觉得这套衣服没有问题。可是两会是我国政治生活中最重要的一部分，是全国人民期盼的盛会，这样的场合，出现这样的衣服，就有了另外的含义，就变得不适合了。当时迫于节目的安排和新闻内容的必要性，这条出镜报道还是播出了，可从那以后，这位主持人再也没有出现在荧幕上。

（1）解决对策

在节目中新闻节目主持人，恰当运用副语言能引发观众对节目的认同感，是使节目取得成功的一个重要因素。新闻节目主持人尤其要注意自己体态语的运用和服装的颜色及搭配。

1）在新闻节目中，主持人无论采用坐姿还是站姿，体态的整体感觉都应该是端庄、沉稳、自然大方，给人留下干练的印象。

①重视正面表现。新闻节目主持人出镜时与观众都是正面交流，所以应直接面对观众、正视观众，着重正面表现。

②以自然端庄为美。自然意味着不做作、不勉强、不局促，端庄即端正庄重。自然端庄可以形容神情、举止，也可以形容外部形象，是一种内外兼修而达成的气质。新闻节目主持人的体态语运用一定要以自然端庄为标准，以适可而止为尺度。

③善于运用微身体动作。微妙的动作常常可传递重要的情感信息，对观众的吸引力很大，善于运用微身体动作能给人以自然得体又神采飞扬的美好印象。常用的微身体动作有眼光的闪动和嘴角的牵动。此外，微笑是最重要的微身体动作；眉眼的细微变化颇能传情达意，但要准确、适度地运用；身体微微前倾的姿势会显示出强烈的交流欲，但过度的话会显得有些压抑，微微后仰的姿势会显得自信、洒脱、权威，但过度的话会显得自负、骄傲；脖颈的微身体动作可表现为略有点头意味或略有摇头意味，传达正面或负面的信息等。

④注重细节表现。挺胸抬头给人以充满自信的感觉，立腰、收腹，双肩自然下沉，显得端正庄重、自然大方；如果只盯着镜头中一点，很容易使目光僵滞，而如果看镜头中的一线（虚拟的横向线条）而不是一点，眼神便会显得灵活自然；将头部的微小动作和眼睛的动作配合起来看提示器，播报时就会显得自然流畅。（可与第二章提词器训练相结合进行练习）

2）电视节目主持人对于穿着的个人好恶必须服从于节目的需要。在电视新闻节目中，主持人的衣着应该端庄、严肃且质朴无华。一般可穿衣领、肩部有明显清晰轮廓线的西服套装，逢喜庆节日也可以穿色彩鲜艳的服装以烘托气氛。

①作为一名电视节目主持人，首先要明白不同颜色的服装穿在身上会产生不同的效果，不同的颜色代表着不同的意义：红色是一种刺激性较强的颜色，意味着激情、炽热、奔放和精力充沛。黄色是一种健康的色彩，意味着希望、明丽、轻快、单纯与健康。绿色是一种令人感到稳重、安适的颜色，代表了积极、新鲜、生命力和青春的活力。蓝色本身是一种令人产生遐想的色彩。深蓝色具有深邃的特征，表现出自信、沉静、平稳、宁静和镇定自若；浅蓝色是一种清雅的色彩，代表着纯洁、清爽、文静。紫色是寒色系的代表，表现出高贵、华丽、稳重，象征着权力。褐色表示谦和、平静、亲切，可以和任意颜色搭配，因此被称为安逸祥和的颜色。灰色是一种随和的色彩，同样可与其他任何颜色搭配，是中间色的代表颜色。白色表示纯洁、明亮、高雅、纯真、朴素和神圣，但容易使人产生膨胀感。黑色是一种神秘、悲哀、静寂、高贵并且可以隐藏任何缺点的颜色。

②新闻节目主持人的服装一般以西服、职业装为主。服装的颜色应该贴近新闻基调，同时又要注意与背景色区分开，不要与背景融为一体或者区别过大。应避免着深蓝色和绿色服装。

③女主持人一般以短发为主，男主持人发型有分头、背头、寸头等。总体来说，主持人应该露出自己的脸部轮廓，如此会显得整洁、大方、美观。

④一般来说，新闻节目主持人不可佩戴戒指、手链及夸张的耳环，以免分散受众的注意力，同时可能有违节目风格。但女主持人可以佩戴细小的项链，吊坠亦可佩戴但不宜过大，也可以佩戴丝巾或胸针（图6-13和图6-14）。

图6-13 女主持人形象示例

图6-14 男主持人形象示例

（2）主持人副语言实训

①结合第二章提词器训练的相关内容，完成主持人体态语的训练。

②根据给出的不同新闻背景，如春节、两会、地震等，着得体的服装，运用得当的体态语，主持一档新闻类节目。

5．缺乏"个性化"

在我国，新闻事业作为党和政府的耳目喉舌，寄托了群众的信任和希望，主持人自然也担负着舆论导向的重任。也许正是由于这种压力，在很长一段时间里，电视新闻节目主持人端庄严谨有余，而个性风格不足。而在现今这个注重个性化表达的媒体时代，没有个性化的主持人和节目无法长久地生存下去。

新闻节目讲求严谨，但严谨并不排斥个性。现在大多数新闻主持人看上去千人一面，说的话也是千篇一律，这样的"共性"模式，必然会淹没主持人的个性，导致主持人和节目很难被观众记住。

（1）解决对策

主持电视新闻栏目的过程中，主持人的气质特点是十分重要的。"现代媒体的发展对主持人提出了个性化的要求，一个有个性、风格独特的主持人展现在受众面前的，应当是一个情感丰沛、立场硬朗、思想深刻的形象。"这就给主持人的气质形象提出了要求。主持人的气质，既源于主持人的学识、修养、性格，又源于新闻栏目特有的文化定位。不同类型的新闻节目主持人应将自己的气质特点融入电视新闻节目，使节目蕴含主持人的个性和气质，显现出与众不同的个性和特色。

1）电视新闻节目主持人的几个气质类型。

①含蓄儒雅型：举止自然大方、端庄、典雅，以丰富的知识面和敏捷的主持、组织能力见长。如央视原《东方时空》新闻节目主持人水均益，他健康的外形、典雅的举止，丰厚的知识储备和出众的口才，构成了其独特的儒雅气质。

②幽默风趣型：幽默、诙谐充溢于主持过程中，时常有智慧的火花相撞，主持现场轻松活泼，欢声笑语融入其间。这样的主持人相当受欢迎，如山东卫视齐鲁台《拉呱》节目主持人小么哥，地道的山东方言，诙谐幽默的"拉家常"的主持方式，构成了其特有的极具亲和力、号召力与幽默感的气质，一下子就拉近了与百姓的距离。

③优雅靓丽型：以亮丽的外形、恬静的表情、娇美的气质，以及温馨、优雅的语言，给观众留下美好的形象，以女性主持人居多。如素有"北大才女"之称的央视新闻节目主持人张泉灵，靓丽的外形、甜美的声音以及天生的亲和力，构成了她优雅的气质和靓丽甜美的特征。

④严谨深刻型：这类主持人多为实力派男主持，以深刻的谈吐和严谨的逻辑著称，形象上讲究健康与朗练，语言上讲究理性与流畅。如央视的新闻主持人白岩松，他天生长着一双充满探寻目光的眼睛，相貌普通却功底扎实，以广博的知识和流畅的表达能力，创下了一个知名主持人的奇迹，形成了独具特色的"白氏主持风格"，以冷峻、硬朗的气质打动了亿万观众。

电视新闻节目主持人的气质作为其个性的重要组成部分，与他的学识、性格、修养密不可分。一个优秀的节目主持人通常具有气质交叉互融的特色，在气质上，表现为热情和亲和力；在语言上，表现出一种沉实、干练和风趣、机智。他可以根据不同场合和氛围发挥自己的最佳潜质，在一个大的统一的主持风格下呈现若干个不同特色的主持风格。

2）电视新闻节目主持人的个性化语言风格。在主持人个性化培养过程中，服饰、肢体、外形等因素固然重要，但作为主持人与观众沟通交流的最基本的手段，语言起着举足轻重的作用。

语言表达是电视新闻主持人赖以沟通传达信息的重要手段，也是检验主持人综合素质的标准，是主持人个性化的重要组成部分，主持人的语言表达直接决定着该主持人的魅力指数和审美层次，是主持人角逐屏幕的制胜法宝。主持人的语言风格，体现了主持人的文化修养和性格。言为心声，语言的表达不仅可以实现交流的目的，而且可以呈现不同的气质和个性，彰显出语言的独特魅力。语言风格可呈现以下几种特色。

①有书卷气的语言风格。这类语言风格是有较高的文学修养的人才能达到的境界。如沈力、赵忠祥这些"腹有诗书气自华"的老新闻工作者。他们玩味语言、出口成章，语感绚丽，闪耀着如史诗般厚重的文代底蕴，他们指点江山，激扬文字，蕴含着浓郁的书卷气，气质高贵而从容。

②富有生活智慧的语言风格。这种语言风格多见于洞悉人生、热爱生活的主持人。这类主持人在新闻现场从容淡定，极富激情，使人在平等的交流中感受视觉与情感的愉悦。如张越、陈鲁豫等。

③富有幽默感的语言风格。"幽默是一种优美的、健康的品质。"（列宁语）幽默是一种气质，一种风度，一种魅力，这种魅力胜于一名主持人的衣着打扮。含蓄而俏皮、尖锐而不刻薄的语言风格，蕴涵着主持人高超的艺术修养。在诙谐幽默的语境下，主持人的表现不是肤浅的贫嘴，而闪烁着智慧的火花。如主持人马东。

④富有哲理的语言风格。持有此种语言风格的主持人通常是哲学爱好者，善思考、能辩论，以说理的缜密和逻辑的严谨见长。如主持《新闻调查》的柴静。

⑤富有个性的语言风格。拥有该语言风格的主持人各有各的特色，它和主持人的气质、个性息息相关。

语言风格一方面来自主持人固有的性格，一方来自新闻栏目的需要和后天的打造。语言的表达作为电视新闻节目主持人个性的硬指标之一，在制作节目过程中有着至关重要的作用。加强语言能力和培养个性，是主持人立于不败之地的基石。

3）电视新闻节目主持人的外观形象。电视新闻节目主持人作为公众人物，注定是让人看的，其在传播新闻和知识的同时，也将自己毫不保留地推到了公众面前。

作为公众人物的主持人，免不了要接受人们的评头论足，他其实已经成为一个文化符号。"年轻漂亮"已不再是评价主持人的唯一标准，有特点有个性又有魅力的主持人更具吸引力。央视主持人崔永元，以他的真诚、机智以及亲和力让他在央视舞台上大放异彩，得到了全国广大观众的喜爱和认可。

电视新闻节目主持人的个性化是电视事业健康发展的需要，主持人个性化的形成不仅关系到个人成败而且突显了电视台的审美取向和一个城市的文化走向。从这个意义上讲，电视新闻节目主持人必须站得高、看得远，放眼全局，面向未来。需要注意的是，在打造个性化的过程中，主持人的个性必须和所处城市的审美习惯相吻合，在这样的大前提下，追求符合电视台实际的个性化之路才是可行的。

（2）"个性化"主持人实训

根据自己的个性特点，选择一个新闻题目，自己收集资料，完成一档从外形到语言都具有个性的新闻评论节目。

第二节　综艺娱乐类节目主持训练

随着物质生活越来越丰富，人们开始不断地感慨生活暗淡无味，面对家庭、事业、社会的各种压力，大家开始意识到，我们需要改变，需要缓解，需要宣泄，需要快乐。于是，综艺娱乐类节目应运而生，并带着它特有的轻松和愉悦走进了千家万户。自20世纪80年代以来，在文化市场开放和转型的双重背景下，电视综艺娱乐类节目日臻完善，对受众起到了放松身心、愉悦心情的作用。综艺娱乐类节目有着广泛的收视群体，受众的广泛性决定了它的内容必须要多元化。此类节目集文化休闲性、娱乐趣味性、知识性、宣传性于一体，不仅仅大大增强了节目的可看性，也满足了观众在节目中找到各种不同感官刺激的需求。从最初的《综艺大观》《正大综艺》，到之后的《快乐大本营》《开心辞典》，再到现在的《中国好声音》《爸爸去哪儿》等，电视综艺娱乐类节目在不断地探索创新，从单一元素到多样化元素的不断融合，逐步成了电视收视率的三大支柱之一。综艺娱乐类节目正在大步迈向每个人的生活，成为这个社会娱乐潮流的主导。

当下，电视综艺娱乐节目蜂拥而至，以至于各大卫视每周都在上演综艺娱乐节目的"擂台战"。对此现象，学界、业界、社会有自己不同的看法。有人大喊"娱乐无敌"的口号，因为人们需要娱乐来排解压力；也有人提出"娱乐至死"的忧虑。这些说法都有一定的道理，也有其局限性。因此，主持人在创作综艺娱乐节目的过程中，应该重视受众对节目的需求，从受众的需求出发发掘、制造娱乐元素并将其运用于节目之中。

一、综艺娱乐节目的定义

综艺娱乐类节目一般称作"综艺节目"或者"娱乐节目"。那么本书为什么要把它结合在一起称作"综艺娱乐节目"呢？我们首先要弄清楚"综艺"和"娱乐"这两个词语最基本的概念。"综艺"一词源自美国，是指汇合娱乐艺术，内容广泛，无所不包。[①]"娱乐"在《现代汉语词典》中的解释，一是使人欢愉、快乐；二是快乐有趣的活动。因此笔者认为，综艺娱乐节目是指汇合多种艺术形式、元素，运用广播电视平台，在主持人进行二度创作的过程中，让受众放松心情、愉悦身心、享受美感的节目，它主要包括文学、音乐、舞蹈、戏曲、戏剧、杂技、游戏、网络等多种形式与元素。换句话说，综艺娱乐节目在人们的内心里，无论是以什么样新奇、花哨、刺激的表现手法出现，最终目的都应该使人感到轻松、愉快。

因此，简单提炼后，我们认为：以快乐为核心价值，以愉悦身心、消遣、放松为主要目的，具有娱乐、文化、艺术导向功能的广播电视节目就是综艺娱乐节目。

二、综艺娱乐类节目主持的基本分类

综艺娱乐节目本身包含的艺术门类众多，节目形态也随着时代的进步与发展日趋丰富，种类繁多。目前，综艺娱乐节目大体可以分为以下7种类型。

1. 综艺晚会类节目

这类节目一般有两种形式：一是专项的艺术演出，例如音乐会、戏曲专场演出等；二是集合多种艺术形式的综合演出，其中也包含以纪念日为主题的庆典晚会等。如央视《春节联欢晚会》《同一首歌》《欢乐中国行》等栏目。

2. 文艺专题类节目

这类节目一般包括两个部分：一是对不同文艺内容、文艺形式、文艺知识、文艺人物所进行的介绍、讲解、访谈等专题文艺节目；二是具有不同文艺娱乐形式或娱乐内容的专题娱乐节目。这类节目都有较强的文艺欣赏性与较高的艺术价值。例如央视的《舞蹈世界》《民歌·中国》等栏目，这类文艺专题都具有较高的艺术性、观赏性、知识性，对提高受众的审美水平具有一定的促进作用。这类节目的主持人应对所主持的节目所包含的文艺门类有一定的了解，具备相关的专业知识与信息储备，对各类艺术形式具有一定的认识。

3. 游戏竞技类节目

这类节目格调轻松愉悦，内容包括采访嘉宾、表演节目、游戏互动等环节。节目以游戏为主要形式，在游戏的过程中使受众与嘉宾共同参与，营造快乐热烈的节目氛围，使参与者和现场观众共同获得轻松快乐的感受。最具代表性的是湖南卫视的《快乐大本营》和《天天向上》两档节目。这类节目的主持人需要具有热情张扬、机智幽默、独树一帜的风格，更需要多才多艺。这两档节目中，谢娜的大大咧咧，自我调侃；欧弟惟妙惟肖的表演；汪涵的机智幽默都成就了节目，而节目也成就了一批明星

① 赵淑萍：《综艺节目：独放异彩的电视娱乐艺术奇葩——美国电视综艺节目的创新、风格、模式及其主持人个性、素质分析》，《现代传播》，1991年第5期，第85页。

节目主持人。

4. 娱乐播报类节目

这类节目主要以报道娱乐界明星的动态、影视作品拍摄进度、演出市场近况等相关消息为主。例如，央视电影频道《中国电影报道》是一档专门报道国内外电影资讯的节目。同类节目还包括湖南卫视的《娱乐无极限》、东方卫视的《娱乐星天地》、光线传媒的《娱乐现场》等。

5. 明星访谈类节目

这类节目多以访问文体界有一定影响力的人物为主。主持人通过积极营造轻松愉悦的谈话氛围，启发采访对象讲述自己的亲身经历，达到吸引观众的目的。此类具有代表性的节目有《艺术人生》《康熙来了》《非常静距离》《鲁豫有约》等。

6. 益智竞猜类节目

益智竞猜类节目是在2000年以后逐步成熟起来的一种创新节目，它以益智竞猜为形式，以大众参与为核心。这类节目鼓励大众主动参与，增强了节目的互动性，让广大受众成了舞台的主角，大大提高了全民的参与意识和观赏欲望。如央视的《开心辞典》《幸运52》，江苏卫视的《一站到底》《芝麻开门》等。

7. 真人秀节目

真人秀又叫真实节目，"是由制作者规定规则，将普通人或者明星在假定情境与虚构规则中真实生活的过程录制下来并播出的电视游戏节目，其中戏剧的虚构性与纪录片的纪实性紧密结合在了一起"。[①]这类节目重在节目策划与节目情境设计，使用电视纪实的手法展示节目的全过程，给受众一种前所未有的刺激，吸引了许多有特长、有能力、有勇气的受众参与进来，给这类节目带来了生机与活力。如浙江卫视的《中国好声音》、东方卫视的《中国达人秀》、央视的《星光大道》、北京卫视的《最美和声》、浙江卫视的《奔跑吧，兄弟》。但这类节目的重点在于节目策划和选手表现，主持人在节目中的地位与作用被弱化，由于真人秀节目的前期策划和后期制作需要团队协作完成，因此这类节目的主持本教材不做训练。

特别要提出的是，关于综艺娱乐节目的分类，随着时代的发展，多元素文化的渗透，有些节目的形态不是单一存在的。例如《天天向上》，它是综艺节目的形式，但是节目内容又结合了中华文明礼仪、生活趣事等教育类节目的元素；又如河北卫视的《家政女皇》，虽是生活服务类节目，却用娱乐节目的形式来进行包装和呈现。主持人方琼、程成在节目中融入了角色化的扮演，表演起诙谐幽默的情景剧，让受众在轻松愉悦的气氛中学到了不少生活小知识。

三、综艺娱乐类节目主持人的基本要求

一个合格的综艺娱乐节目主持人应是集娱乐性、艺术性、知识性和服务性为一体

---

① 胡波：《2004年电视节目收视解析》，《中国广播影视》，2005年1月下半月版。

的。其应在愉悦大众身心健康的基础上，完成大众文化娱乐、陶冶大众艺术情操、提高受众审美能力的重任。这就要求综艺娱乐节目主持人应具备以下几种基本能力。

1. 现场掌控能力

当下的综艺娱乐节目形式相对多样化，对主持人创作方面的预设较少，主持人自由发挥的空间较充足。因此，主持人在节目中掌控全场的能力就显得尤为关键。

主持人的现场掌控能力分为常规控场能力和突发情况控场能力，大多数时候，主持人需要用到常规控场能力，在节目中需要准确把握节目流程、节目的整体基调和风格，把握情感分寸。就这一点而言，朱军在《艺术人生》中的表现是值得大家学习的。《艺术人生》节目的宗旨是"在温情中流淌感动，在艺术中感悟人生"。这个节目的基调是"赞美、温馨、感动"，因此朱军每次在与艺术家交谈的时候总是饱含深情，用真挚的情感打动嘉宾。什么时候回忆往事，什么时候展示辉煌，什么时候说出对生命、人生的感悟都在他的掌控之中。

那么怎样做到在既定的节目时间内，既完成节目任务，又使观众兴致勃勃地获得更大限度的快乐呢？其中最大的技巧就是主持人要关注嘉宾、搭档以及受众的感受，所谓"眼观六路""耳听八方"，应该努力照顾好现场的每一个人的情绪。[①]

主持人如何掌控全场呢？首先，主持人要和搭档形成默契的配合；其次，要用真诚、热情的态度对待在场的嘉宾；当嘉宾出现临时状况时，要做到随机应变。如遇到突发意外状况，一定要根据节目所处的环境，保持冷静的头脑，快速做出反应，及时引导、控制节目节奏，使受众情绪保持稳定。如果能做到在突发事件中灵活应变，不仅可以力挽狂澜，还能为节目增加亮点，从而展示出主持人的综合素质。

案例分析

湖南卫视《我是歌手》第三季总决赛直播中，在第一环节七位歌手带着竞演嘉宾表演完毕之后，专业评审与大众评审分别进行打分，分数最低的一位歌手将被直接淘汰，无缘进入之后的歌王争夺赛。此刻，主持人汪涵也在等待着最终的结果。这时，意外突然出现，歌手孙楠临时决定退赛，场面一度失控。这时，汪涵面对突如其来的状况，先是表示难以置信，接着再次确定状况，之后就进行了下面长达三分钟的控场演说。

"楠哥，我特别想问一下，您说的话应该是此时此刻内心所想所感，都是你自己拿定主意后的观点？"（点评：通过自己的提问，确定状况。表现出了汪涵遇到突发事件的冷静心态，不慌张，想办法才是王道。）

"既然我是这样舞台的主持人，接下来就由我来掌控一下吧。首先，请导播抓紧给我准备三分钟的广告时间，谢谢，待会儿我会用。"（点评：直

---

① 魏南江：《节目主持艺术学》，中国广播电视出版社，2006年12月第1版，第274页。

播现场出现状况时，通过主持人的语言暗示，现场导演与幕后团队才能第一时间进行资源重现整合。因此这段话，汪涵是在向幕后团队发出求救信号，同时也告诉他们自己心里已经有数，你们赶紧准备相应的广告片段，我们大家共同来完成这次意外的事故。）

"对于一个节目主持人来说，在这么大一场直播当中，一个顶级的歌手，一个顶梁柱一样的歌手，突然宣布退出接下来的比赛，我想应该是摊上事了，摊上大事了。但是说实话，我的内心一点也不害怕，因为一个成功的节目有两个密不可分的主题，除了舞台上的七位歌手，还有电视机前的亿万观众与现场的这么多观众。我之所以不害怕，是因为你们还真诚地踏踏实实地坐在我面前，我还可以从你们期待的眼神中读到你对接下来每一位上场的歌手、他们即将演唱的歌曲的那份期许。我还是可以从各位的姿态中感受到你们内心的那种力量，这个力量足够给楠哥、给红姐、给The One，给李健、给维维、给黄丽玲、给彦斌，会有千万个掌声送给他们。楠哥，不信，你听。"（点评：这一段主要是安抚现场其他歌手、观众的心情。在出现危机的时刻，只要情绪不失控，现场不会马上进入混乱阶段。因此，安抚大家的情绪是必然的，同时也是鼓励其他歌手：观众对你们的表演依旧期待，要继续好好发挥。）

接下来就是汪涵感觉背后团队准备的广告到位了，于是就顺应进行了广告时间。通过主持人汪涵与幕后团队的通力合作，这次面向全球的直播事故才得以精彩化解。针对这次危机情况，主持人汪涵做到了以下应对危机、掌控现场的流程：确定状况—请求资源—安抚情感—激励同伴—顺利转场。

2．幽默能力

幽默是一种健康的语言风格，它可以激起欢快感，把大家带到愉悦的氛围中去。创造快乐，是综艺娱乐类节目的宗旨，也是主持人在节目创作中的一个重要元素。因此，在综艺娱乐类节目中，主持人幽默风趣的风格是与受众交流的润滑剂，可以达到制造快乐的目的。

主持人的幽默感是从开放的思维、活泼的个性、松弛的状态以及对生活的长期观察中而来。[1]在生活中做个有心人，不断观察生活，在丰富多彩的生活中积累有趣的语言材料，并有意识地去记忆。这样一旦用起来就可以立即调动自己的资料库，根据语境、场景将它们应用其中，制造出其不意的幽默效果。主持人如果想达到这样的艺术效果，可以从适度的调侃做起。

（1）自我调侃

自嘲这一技巧一般男性主持人运用较多，他们一般会根据节目进程主动暴露自己

---

[1] 陈虹：《节目主持人概论》，高等教育出版社，2003年3月第1版，第275页。

的小缺点或是根据自身特点自我调侃，以达到逗乐、轻松的效果。例如，主持人李咏经常自嘲脸型过长、发型像方便面一样，但正是这样的自我调侃、不拘一格，才使得他与观众的关系更亲密。

由撒贝宁主持的访谈节目《开讲啦》日前走进校园，撒贝宁也首次以"开讲人"身份走到了台前。尽管当天身体状态不太好，但撒贝宁在录制过程中始终站着面对所有观众。当面对"如果再做一次人生选择，还会选择做主持人吗"的犀利问题时，撒贝宁平静、淡定地回答："我会选择不做主持人。"当天撒贝宁受重感冒的影响，声音沙哑，但是敬业的他一上台立时意气风发，还不忘调侃自己"声音更有磁性""绝对会按时吃药，不会放弃治疗"，轻松愉快的开场迅速获得了在场观众的笑声与掌声。

（2）相互调侃

这种方式是主持人之间，或者主持人与嘉宾、主持人与观众之间的相互调侃。幽默风趣的调侃可以拉近彼此的距离，达到调节全场气氛的效果。但调侃他人一定要从善意的角度出发，如果演变成刻意的、尖酸刻薄的风凉话，那就失去了幽默的本质，造成负面的传播效果。

《快乐大本营》中何炅与谢娜搭档中经常会有这样的调侃：每当遇到英文单词的时候，何炅总要有意地让不擅长英语的谢娜来读，谢娜也明白何炅的用意，于是就将计就计用她特有的"娜式英语"蒙混过关。于是"out"被她说成"奥特"，"fashion"被她说成"欢什"等，在这样一来一去的主持过程中，观众十分喜欢谢娜这种不怕出洋相、敢于自嘲、乐于被调侃的娱乐精神，甚至"娜式英语"成了年轻朋友们相互追赶潮流的语言。

3. 表演能力

综艺娱乐类节目主持人有别于其他节目主持人，得益于主持人具备一定的表演能力，这类节目可以给受众带来欢快、愉悦的感受。主持人的表演有别于戏剧舞台上的表演，它其实是主持人在创作节目的过程中，为了更好地带动节目气氛，达到更好的娱乐效果而进行的角色化表演。

出色的综艺娱乐节目主持人，大多具备这种角色化表演的能力，这样的能力也增强了节目的可看性。主持人的表演能力，时常体现在节目中，为节目增色不少，如在2009年11月13日湖南卫视播出的《天天向上》节目中，主持人欧弟在嘉宾表演武术时，声情并茂地解说道："这位先生，之前从小体弱多病，但是吃了我们《天天向上》的药之后，现在全身孔武有力，而且个性也开朗了许多，现在人也明显长高了，自信心又回到了他的身上，你们看……""向上牌年糕，使您孔武有力"，欧弟惟妙惟肖的表演活跃了现场气氛，在嘉宾表演的基础上加深了受众的印象。值得一提的是，主持人在综艺娱乐节目主持过程中的表演并非纯粹的才艺表演，而是一种"演播"状态（指主持人表演性的、动态的、有变化地进行播出），它适时地润泽于主持人的创作过程中。

4．艺术鉴赏能力

综艺娱乐节目是集艺术性、娱乐性和服务性于一身的电视节目，综艺娱乐节目主持人在主持节目时，除了愉悦大众以外，陶冶艺术情操、提高大众审美水平也是其重要任务。因此，综艺节目主持人除了拥有基本的政治素质、精神素质、技能素质以外，还应具备一定的艺术修养。

音乐、舞蹈、戏剧等常见的艺术形式经常在综艺娱乐类节目中出现，尤其是文艺专题类节目。实践证明，艺术修养对于综艺娱乐节目主持人极为重要。主持人应该掌握一定的艺术知识，并将其恰如其分地运用于节目之中。这就要求主持人在平时的生活学习中要热爱艺术，善于去了解、掌握、感悟，从而提高自身艺术修养，增强艺术鉴赏能力。这不仅有利于受众的理解与欣赏，同时也可以展示主持人出色的艺术功底。

案例分析

> 在《我爱记歌词》节目中，有位选手要给大家唱《苏三起解》，并说这是一出黄梅戏的代表曲目。主持人华少立即纠正说："这段是讲述苏三开始被押送到外地的时候，见到路人说，如果见到我的夫君，请告诉他我的消息。还有这段是京剧，不是黄梅戏。"这段主持中，华少靠自己平时对戏曲的了解，及时准确地纠正了选手的错误，也让节目达到了一个艺术知识准确无误的高度。

5．运用娱乐元素的能力

在综艺娱乐节目的创作过程中，主持人还应为节目注入娱乐元素，如此才能达到娱乐大众的目的。娱乐元素包括以下几点：

（1）娱乐化内容

娱乐内容，是指能满足受众愉悦、刺激、猎奇、宣泄心理的节目内容。选取能引起受众兴趣的、具有吸引力的节目内容可以使节目达到事半功倍的效果。[1]

（2）娱乐化形式

在娱乐节目中娱乐形式是节目内容的外化，也就是节目内容娱乐化的表现方式。

---

[1] 罗莉：《当代电视播音主持教》，中国传媒大学出版社，2011年年10月，第1版。

例如《快乐大本营》中有一个环节——"ā、á、ǎ、à"科学实验室。主要是由主持人带领嘉宾与观众亲自参与,通过搞笑的、新奇的科学游戏形式,吸引大家一起来做实验,最终在欢快、愉悦的科学游戏中,领悟其中的科学道理。

娱乐化的节目内容和呈现形式是相辅相成的,犹如美味的食材需要精美的餐具盛装,才能相得益彰。娱乐化的传播形式可以优化节目内容的传播效果。

（3）娱乐化造型

娱乐化造型是指主持人在节目中的造型设计。这主要是通过服饰、化妆等手段打造而成,主持人的造型一定要符合节目需求,与主持人整体的心理活动、身份感一致。例如湖南卫视以模仿影视圈经典人物为主的《百变大咖秀》中,主持人何炅与谢娜每期几乎都会顶着超级经典、夸张的造型出场,赢得观众的阵阵叫好。其中何炅模仿的经典人物造型,如"红孩儿""哪吒""许仙"等人物都栩栩如生,令人觉得既好笑又怀念,同时这也符合节目本身的需求。娱乐造型是节目的一部分,可以突出娱乐化、戏剧化的效果。

四、综艺娱乐类节目主持易出现的问题及对策

近年来,一批成功的综艺娱乐类节目给全国多家卫视创造了收视的神话和巨大的经济利益,让各大电视台出现了"娱乐无敌"的节目创作模式,直接导致了全国电视行业生态的失衡。

在激烈的市场竞争下,一些综艺娱乐类节目可以做到持续火热,引领收视热潮,但多数综艺娱乐类节目只是昙花一现。因此,主持人应了解优秀综艺节目的成功之道,总结被市场淘汰的综艺节目的教训。目前综艺娱乐类节目中常出现的问题有以下几种。

1. 节目简单克隆,盲目跟风

我国大陆综艺娱乐类节目除了《天天向上》《快乐大本营》《奔跑吧兄弟》《我是歌手》等少数节目收视率较高,受关注以外,其余各大卫视的综艺节目收视率普遍较低。虽然综艺娱乐节目有很多类型,但是有些媒体一味追求经济利益,都想在前期成本低、思考少的基础上推出一档节目,马上获得立竿见影的客观经济效益,于是就有了许多盲目跟风的电视节目。例如,湖南卫视《爸爸去哪儿》首档明星亲子类节目播出之后,一时间风靡了整个媒体界。接着就有类似的节目相继推出,甚至连节目名称、节目环节等都基本相同,收视率自然较低。

解决对策是节目要创新,拒签克隆。首先,在制作节目的目的上不要过于功利化,要做真正为受众所喜欢的综艺节目。其次,借鉴国外的经验,根据我国大陆国情、当下时尚来制作、创新节目。中央电视台的《中国好歌曲》就是在借鉴国外的唱歌类比赛的基础上,进行了创新。它不单单是唱功的较量,更考核歌手的全面素质:会作曲、会填词、会唱歌。这样的歌唱人才才是当下大陆地区歌手的真实水平,同时

也可以通过这样的平台，让真正有实力的歌手走上自己的演绎之路。最后，主持人在整个创作的过程中也要积极参与讨论、交流，带着创新的理念去思考节目、创作节目。创新思维主要从以下四点去考虑：

①独立性——与众人、前人有所不同，独具卓识。

②联动性——由此及彼，举一反三。

③多向性——善于从多角度思考问题。

④跨越性——常常表现为超前的思维方式。

2. 节目定位不准确，内容杂乱无章

目前有部分节目为了吸引更多的受众，在节目单元里涉及的范围过广，内容过多，造成节目观众定位混乱，不知道面对的受众到底是谁，受众需要什么样的节目，在节目的创作过程中处于一个不明确观众对象的状态。其实一个好的节目不一定要老少皆宜，只要针对一个群体、一个年龄段，在这群体或者年龄段中受到认可与欢迎，就是成功的。

解决对策是找准观众定位。首先明确自己的节目主要针对的人群。大多数综艺类的节目针对的是青少年人群。但是不同的节目也要细分受众群。例如90后的年轻人，他们的思想是什么样的，他们对什么感兴趣，他们处理事情的方式又是怎样的，了解清楚受众的心理需求之后，在创作节目时才能取得良好的效果。

3. 主持人角色意识不足，娱乐失真

表演艺术的恰当运用无疑为综艺娱乐节目吸引了一大批忠实受众，但是这基于合理。如果使用不当，表现夸张，会让观众观看节目的时候不是感到愉悦而是反感和排斥，从而给节目带来负面效果。主持人在节目过程中过于表现自己，风头过大，会将嘉宾的风头压下去，给观众喧宾夺主的印象，好像整个单元节目就是围绕主持人而展开的，从而造成节目主题的偏离。之所以造成这样的现象，是因为主持人角色意识不足。主持人毕竟不是演员，不需要过多地表现自我，他仅仅是节目的串联者和引导者。

（1）解决对策

主持人根据节目的需求适时适当地加入才艺展示和表演。所谓"艺不压身"，在艺术的领域里，技能越多，主持人在创作的过程中就会越有灵感、激情以及丰富的表现形式。例如在央视的春节联欢晚会上，董卿不仅担任主持工作，还和黄宏合作表演相声，与刘谦搭档魔术表演；在《七巧板》中，鞠萍姐姐为小朋友表演戏曲《女驸马》等。这些主持人的才艺元素在节目中被运用得恰到好处，使节目锦上添花。

由此可见，综艺主持人的多才多艺不仅仅是为了节目创作，同时也能提升主持人的综合魅力指数。

（2）综艺秀节目实训

根据教师分配的三个主题（青春、复古、时尚），每6人自由组合成一队，选取其中一个主题，策划并主持一档颁奖典礼（慈善晚宴、电影节等）。要求：每一组要有开场热身舞（根据所选主题相应的舞蹈形式）；必须有两个主持司仪，负责整个流程的串联；必须演绎（模仿）一段经典电影片段，并达到一定的娱乐效果（可改编）。最后将这几个环节组织串联起来。

4. 主持人群搭配实力不均，团队意识弱

主持人群是指由三个或者三个以上有鲜明个性的主持人按照特定规律组合在一起的主持人群体。这样可以集百家所长，协作完成节目。虽然主持人群在一定程度上具有积极性与必要性，但是这样的模式组合取得成功的背后还是隐藏着一些问题。首先，部分电视台为了跟风，也会找几个风格各异的主持人在一起搭档，只是为了凑数，甚至为了达到明星效应，每一期还特邀明星进入主持人群。这些明星虽然有一定的知名度，演技一流，但是对主持人这份工作却比较生疏，因此会在与其他队员的配合中出现磨合问题。其次，一般的主持人群会在节目创作的过程中采取一人为主其余为辅的模式，这样也会造成新人融入慢、说话少、多摆设的状态。最后，人多嘴杂，团队意识薄弱，容易出现喧宾夺主的情况。主持人为了表现自己，相互之间过度调侃，有时甚至让嘉宾都无话可插，让观众觉得这是一场主持人秀，而没有考虑到嘉宾的心理感受和话语权。这样会大大影响节目的质量。

（1）解决对策

首先，主持人群之间的组合，不是为了追求节目效益而随意搭配，而是要考虑到优化组合、彼此之间的默契配合。其次，突显个性不代表哗众取宠，而是要注重内涵。在节目内容上要做到知识面广、认识深刻，引导受众。最后，团队要分工明确，团结协作，不要为了突出自我而影响全局。

（2）主持群搭配实训

根据教师分组（建议4—5人一组），成立一个主持群，共同策划并主持一期游戏竞技类节目。要求：主持人分工明确，具备热场、控场能力，游戏参与性强。（建议在户外进行）

第三节　生活服务类节目主持训练

20世纪80年代初，广播电视中出现了一种新的节目形式——主持人节目。由沈力主持的《为您服务》节目，虽创办于1979年，但一直到1983年才成为设有固定主持人的专栏节目。这是我国最早的真正意义上的电视生活服务类节目。

早期的电视生活服务类节目，主要是向观众介绍某些知识、传递某些信息，节目形式也以杂志型的综合生活服务类节目为主，采用简单的"画面+解说+采访"，或是邀请专业人士到演播室进行访谈的方式。现在，我国的电视生活服务类节目总体呈现出内容丰富、表现手法多样、形态不断变化等特点。

时代在变，观众的收视心理也在不断地发生改变，电视节目内容也在不断地创新、发展。电视生活服务类节目内容应该紧跟时代，展示这个时代的人们的生活观念、生活感受、生活变化，生活中的新潮流、新时尚、新消费、新产品和新鲜事是电视生活服务类节目选题的主要方向。

随着我国百姓生活水平的提高，我国生活服务类节目的数量越来越多，节目也越来越专业化，越来越与时俱进。专业的服务类频道也纷纷出现，如时尚频道、旅游频道、经济频道、钓鱼频道、购物频道等，受到各类人群的关注和喜爱。随着电视媒体的快速发展，受众对于电视生活服务类节目主持人的要求也日趋提高。

生活服务类节目的内容十分广泛，按照其社会服务的功能划分，可分为美食、旅游、经济、汽车、购物、时尚、健康等，也就是包括人们衣、食、住、行等各个方面的内容。生活服务类节目的传播对象覆盖面也相当广，不同性别、不同职业、不同年龄段、不同爱好的观众都可以在此类节目中找到满足自己需求的栏目，比如钓鱼节目、育儿节目、美妆节目、美食节目等。如此繁多的节目类型，对于主持人而言，自然提出了更加严格的要求。

电视节目主持人是一个栏目的形象代表，是这个节目的主角，每天打开电视，观众看到的是电视节目主持人的举止，他们的发挥直接影响着观众对该档电视节目的认同程度。所以，选择一个和栏目的风格相吻合的栏目主持人非常重要。而一个优秀的电视节目主持人，其自身综合素质的高低则直接影响着自己主持生涯的成功与失败。那么，生活服务类节目主持人的综合素质如何培养呢？我们将通过采、编、播一体化的练习方式来进行创新。

一、生活服务类节目的定义

电视生活服务类节目的概念有广义和狭义之分，从广义上讲，所有的电视节目都具有服务性；从狭义上讲，电视服务节目又主要是指那些实用性强，用通信息、做咨询、当参谋、反映群众呼声等方式，为帮助社会各界解决各种问题提供方便，对受众的心理和生活需要有直接影响的电视节目。"直接"二字是界定狭义服务节目的关键。它限定了生活服务节目的内涵，使生活服务类节目特指与人们生活有某种直接的关系，满足人们日常生活需要的那一类电视节目，这类节目关注人们生活状态、居住环境等生活的方方面面。

二、生活服务类节目的分类

生活服务类节目的分类方式有多种，可以按节目的功能、类型划分，但是为了方便安排相关主持实训内容，我们按照节目的专业方向划分，也就是按照人们的衣、食、住、行等生活的各个方面来划分：

1．衣：时尚类节目

此类节目主要是给受众带来时尚元素的信息，比如服饰的搭配、最新流行元素、美妆资讯以及衣着、品位等内容相关的时尚信息。如黑龙家电视台的《美丽俏佳人》、北京电视台的《时尚装苑》、凤凰卫视的《时尚完全手册》、中央电视台的《购时尚》等。

2．食：美食类节目

此类节目主要是以介绍美食的制作方法，或是推荐美食为主要内容，为受众提供相关服务。如：中央电视台的《天天饮食》、浙江电视台的《爽食行天下》、TVB翡翠台的《美女厨房》、四川电视台的《吃八方》等。

3．住：房产家居类节目

此类节目既是房地产、家居行业信息发布的平台，同时也是为受众提供家居布置、装修知识的服务平台。如：中央电视台的《中国房地产报道》《交换空间》、成都电视台的《第一房产》、上海电视台的《第一房产》等。

4．行：汽车、旅游类节目

（1）汽车类节目

此类节目主要以推荐汽车、介绍汽车功能为主，为有购车意愿或是喜爱汽车的受众提供帮助。如浙江电视台的《车行天下》、中央电视台的《前沿》、北京电视台的《我爱我车》、武汉电视台的《名车展台》等。

（2）旅游类节目

此类节目主要是以推荐景点、旅游攻略，或是以主持人带领大家到景点感受当地的风土民情，领略当地的大自然风光为主。如中央电视台的《远方的家》《走遍中国》、新疆电视台的《走进新疆》、GTV的《世界正美丽》等。

5．健康类节目

此类节目主要是以倡导全民健康生活，向受众普及健康知识为主要内容。如江西电视台的《天天健康》、浙江电视台的《健康最重要》、北京电视台的《养生堂》、中央电视台的《健康之路》、湖南电视台的《百科全说》等。

6．天气资讯类节目

此类节目早期是以天气预报为主，后来随着电视媒体的发展以及大众审美需求的改变，其在原有的基础上加入了出行建议、气象知识介绍，从生活资讯的角度出发，为受众介绍旅游、健康等相关实用知识。如中央电视台的《今日气象》、黑龙江电视台的《于硕说天气》、凤凰卫视的《凤凰气象站》等。

三、生活服务类节目主持人的基本要求

1．参与策划节目

有的人可能会说，电视栏目组有编导，何必还让主持人参与策划呢？殊不知，随

着媒体的快速发展，那种光会看稿读字的"说话机器"正在慢慢被淘汰。编导虽然能够策划节目、编写稿件，但试想一下，每一个人的说话方式、思维方式都不一样，别人的稿件是否适合你来"说"？语言的特色是否符合你的说话方式？因此，一些主持人经常会遇到稿件不好背、情感需要和稿件不符等问题，其实这与主持人没有参与前期策划有很大关系。

现在较多电视栏目要求主持人必须具备策划的能力，这不仅在于借此主持人可以提前熟悉节目，提前备稿，还可以让主持人在节目中充分发挥自己的主观能动性，将一些不符合自己语言习惯的文字改成自己的文字，使主持人稿更贴合节目内容。

案例分析

GTV的《世界正美丽》节目是台湾八大综合台"大视界系列"的一个旅游节目，该节目以旅游、时尚为主，外景主持和现场主持结合，以一个背包客旅游的模式探索走访世界各个国家，介绍各地的风土人情和时尚生活（图6-15）。大家在看这档节目时会发现，主持人不仅能够非常自然地融入现场活动，并且还将自己的特长在节目中展现得淋漓尽致，比如她们的表演天赋、歌唱、舞蹈才艺等。为什么她们能够以这么和谐的形式在节目中展示自己的特长呢？正是因为这档栏目中，主持人既要承担节目主持的工作，同时还要承担现场编导、导演的工作，从每一期的节目策划，到现场出镜、现场情景剧的演出乃至后期的写稿、配音、编片，主持人要全程参与，所以她们最终既给受众呈现了一档精彩的节目，同时也展示了主持人多样化的一面。目前，采、编、播一体化是业界主持人发展的一个趋势。

图6-15　《世界正美丽》

2. 富有亲和力

主持人的亲和力体现在外在和内在两方面。外在亲和力，在于让观众第一眼看到就能被你吸引，并喜欢你。俗话说得好，"人靠衣装马靠鞍"，外形的亲和力与主持人的服饰包装离不开，但并不是说越漂亮就越容易被观众接受，服饰与主持人所主持的节目有着密切联系。如老年节目中主持人着装不宜过于华丽和花俏，妆容也不能太浓，以朴素得体为宜，如此才能满足老年受众的审美需求；而时尚类节目中，主持人自己首先就应该穿着靓丽、时尚的服饰，才能与节目定位符合。这点在实训中，可通过多收看相关电视节目进行总结，并结合自身情况选择适合自己节目的服饰、妆容和道具。

内在亲和力主要体现在主持人的语言艺术上。生活服务类节目，重在"服务"二字，也就是说，主持人应该以朋友的身份和受众聊天，为受众着想。因此，在训练时，要明确一点：电视媒体中，受众主要通过主持人的语言来感受节目内容。电视图像是转瞬即逝的，它不能像平面媒体那样能让受众反复揣摩。特别是中国文字博大精深，不少同音不同意的字词在电视语言中很容易产生歧义。因此，电视语言必须"口语化""通俗化""形象化"。另外，"讲故事"也是现在我们生活服务类节目大量采用的手段，无论是电视谈话节目的制作还是广播专题节目的制作，主持人都要参与讲故事。讲故事的方式，也是主持人拉近与受众距离的一种重要方式。可以参照前文，让主持人参与节目策划时就将某些生硬、枯燥的稿件内容改编成小故事，用"讲故事"的口吻向观众传达内容，引起他们的兴趣。当然，也可以将自己化作故事中的主人翁，通过角色扮演的方式将故事"演"出来。

案例分析

中央电视台的《交换空间》主持人王小骞由于主持的是一档家装类型的节目，因此每次在节目中的装扮都是以生活装示人，首先就让观众觉得她是大家的朋友。在一期节目的开场时，王小骞这样说道："今天的节目在北京进行拍摄，参加节目的两个家庭都是刚刚拥有了自己人生中的第一套房子，心情相当兴奋。您还记得自己拥有第一套房子时的那种心情吗？我个人当时是攒了好多好多的劲儿，希望能够让自己的家特别的漂亮，特别的好用，可是好像又觉得这个劲儿无处可使，有点束手无策的感觉。我们的两户选手差不多也是这种感觉，他们就是觉得自己的家里像是缺点什么，可是真的让他们讲到底缺什么，又说不出来，他们就是想要完美的家居……"

这段话，其实想表达的中心内容就是参加节目的两户选手希望拥有完美的家居，可是主持人却没有这么直白和简单地说出来，而是通过和受众交流，提出问题让受众思考，并通过讲述自己的真实事例，引起大家的共鸣，让受众觉得主持人和普通老百姓一样，瞬间拉近了主持人和受众的距离（图6-16）。

3. 拥有"自来熟"的采访能力

这点也是提高主持人亲和力的一个方面。这是因为，主持人必须"走出去"，深入一线，才能与百姓"打成一片"。在与采访对象的深入交流中，主持人可以更加了解受众的需求，急百姓之所急，感百姓之所感。

众所周知，电视节目主持人的采访

图6-16　《交换空间》

和平面媒体记者采访是完全不一样的，前者不仅需要与采访对象进行交谈，其声音与动作神态都将被记录在电视画面中，因此，电视节目主持人对采访的要求更高。节目主持人在采访前要进行多方面资料的搜集，提前列好采访单，并在采访中仔细倾听，挖掘细节，深入提问。这点可以通过前面章节的采访、沟通训练来提高。当然，主持人采访能力的提高也能促进其谈话节目完善的质量。

案例分析

　　台湾电视旅游节目《世界正美丽》一期关于云南白药的节目中，主持人来到一家专售"云南白药"的药店进行采访，本来采访的内容非常简单，也很直白——"云南白药"的功效是什么？但是，主持人并没有采用一贯的方式直接提问，而是在现场设计了一个主持人和售货员的对话，从而让此段采访显得生动有趣。

　　主持人：大姐，您好！你知道我这一次来云南要找一样东西，听说它可以治百病！

　　售货员：听说过。

　　主持人：这个头痛也可以治？

　　售货员：可以治。

　　主持人：牙痛也可以？

　　售货员：是的！

　　主持人：牙痛也可以？全身酸痛，也可以？

　　售货员：可以！

　　主持人：如果我说，我今天考试怎么考都是50分，我想要考100分，我用这个药也可以吗？

　　售货员：用药，你再用功就可以了。

> 主持人：是吗？这么神奇？好，那大姐，我还有一个地方很好奇，这个药可以治嫁不出去吗？
>
> 售货员：可以治！你用我们的药，美容养颜，更漂亮了，就好嫁了嘛！

4. 拥有外景出镜设计能力

电视生活服务类节目中会出现很多外景主持场面，比如旅游节目、美食节目、房产类节目、汽车节目等。外景主持与演播室的主持也存在着差别。外景主持中对主持人的现场感要求更高，同时要求主持人知道如何选择适合节目内容的地点出镜。当前，有的节目外景出镜只是将演播室搬到了户外，主持人的串联词、动作全都没变。这样的外景出镜意义相对来说不大。那么，主持人如何才能将外景地点与主持语言很好地结合呢？这就需要主持人具有"设计"能力。比如，在旅游节目中，主持人一定要将提前想好的串联词与当时环境结合，多讲述自己的视觉、听觉、触觉等感官感受，千万不能脱离现场情境。

案例分析

中央电视台旅游节目《远方的家》有一期节目为"走进云南，了解苗族"。主持人带着大家观看了一场苗族"上刀山"的特技展示表演。整场表演中，主持人并非是一个现场的观众，或者仅在旁边解说，而是加入表演中，用自己的感官系统来帮助受众感受这场特殊的表演。

当特技演员从高30米的钢刀上慢慢走下来的时候，主持人上前说道："我们现在最想知道的就是他的脚。像我们的手，这样轻轻地压在刀刃上（用手轻压刀刃），就有一道道划痕（向镜头展示手掌），而龙师傅整个人的重量都集中在脚上，然后全都压在刀刃上，我们来看看他是怎么做到的呢？看，他下来了，下来了。（特技演员走下钢刀，主持人一边鼓掌一边靠近特技演员）龙师傅，您先等下穿鞋可以吗？我可以看一下您的脚吗？（主持人蹲下，用手摸特技演员的脚板，并向镜头展示）完全没问题！而且我刚刚看到这个脚上一点保护也没有……"（图6-17）

此段现场的出镜主持，并非主持人突发奇想的一时

图6-17 《远方的家》

兴起，而是通过前期的了解、采访和沟通后的"设计"，这样一位动态的主持人，使观众得以全方位地感受现场。

5. 培养积累知识的兴趣

目前，各种媒体的竞争日趋激烈，专业频道已经成为各大电视台竞争的砝码之一，受众需求已逐渐细分化，这就要求传播者更加专业化。对于节目的主持人而言，观众往往青睐那些权威性强、可信度高的主持人，希望他们对所谈的知识有较大程度的信息占有和较为透彻的理解。因此，主持人应具有热爱生活、热爱生命的博大胸襟，有对人生细腻深刻的感悟和思索。这一方面取决于主持人较丰富的人生阅历。另一方面在于主持人积极向上、坚韧宽厚、善于思索、勤于学习的人生态度。只有这样，才能敏锐地体察生活中的道理和乐趣，才能在与嘉宾、受众的接触中挖掘生命的意义，张扬人性的光辉。不然，主持人虚假的热情会给人"变相广告"的不良印象，苍白的语言更会暴露主持人内心的空洞，根本不具备生活服务类节目主持人应有的可信性和亲切感。

人们常常谈论对"专家型、学者型"主持人的渴求，实际上他们并非是要求某一学科领域的专家、学者来专职主持节目，而是希望主持人是该栏目学科方向的"知情人"。因为真正具有可亲可信的传播魅力的主持人不能靠背稿子来主持节目，他应掌握这个领域的基本能力及其新动向、新信息，熟悉有关的学者专家，并且有与他们对话的资格，能主动积极而又迅速正确地收集节目所需要的信息，善于把握节目的策划立意，能调动自己有关的知识储备，以颇具个性的观察及叙述方式向观众传播信息。

案例分析

河南电视台《梨园春》的主持人庞晓戈并非戏曲专业毕业，她大学时主修新闻，似乎和戏曲沾不上边。但是当她开始主持戏曲节目后，便每天花大量的时间去学习有关戏曲方面的知识，使得她从"门外"站到了"门内"，主持起节目来如同一个"专家"。当节目达到高潮时，晓戈有时还能唱几句，不知不觉地拉近了和受众的距离，成了《梨园春》的当家花旦。

四川电视台的《天天美食》中那个既能聊，又做得一手好菜的主持人刘仪伟，也不是烹饪专业出身，而是毕业于四川大学中文系。但他在节目中边做菜边讲解，还时不时来点幽默小段子的主持风格，就在于他后天的练就——不断去学习、去积累生活中的点滴，提高自己在美食方面的造诣。①

---

① 李丹：《节目主持人实用技能训练教程》，重庆大学出版社，2014年版。

四、生活服务类节目主持易出现的问题及对策

随着电视频道越来越专业化和分众化，生活服务类节目进入了一个快速发展期，这种发展直接带来两种结果，一方面，生活服务类节目无论是形式还是种类都呈现出异彩纷呈的景象；另一方面，某些节目的质量跟不上数量的发展，且同类型的节目跟风化、同质化、趋向化现象严重，导致节目质量出现分化。与之相对应的，生活服务类节目主持人队伍在获得发展的同时也呈现出良莠不齐的现象。

1．不会创作、策划节目

某些主持人经常搞不清楚节目策划的意义，不愿意参与节目的策划和创作，更不会找选题，不懂用什么方式来表达节目想传达的内容，或是掉入原有节目的固有模式，采用一些陈旧的表现方式，不善于进行创新。比如某些主持人的选题来自于网络或平面媒体，而他们往往照背原文，没有将书面语改成平时说话的通俗语言，有些甚至还采用"播读"的形式，不加入其他方式进行表现。这样的节目只会让受众觉得枯燥乏味，并且感觉主持人在向自己"说教"，感觉不到节目的亲和力。

（1）解决对策

①不会策划节目，很大程度上是因为主持人没有理解生活服务类节目的意义和分类，不知道该节目的类别、内容与受众对象的特点。因此，在策划、创作生活服务类节目时，应该充分了解该节目的受众是哪些人群。比如健康类节目，大多数受众为老年朋友，但也不乏年轻的受众，比如湖南电视台的《百科全说》，所以主持人千万不能一概而论，在所有健康类节目中都采用同一种方式创作节目，一定要搞清楚自己的节目到底是为哪些人群服务，从而给节目、给自己准确定位；汽车类节目，大多数受众为喜爱汽车，或是有购车需求的人群，因此就要针对这部分受众的心理需求进行节目策划。所以，只有先看清节目的分类，了解节目的目的及受众之后，才能根据受众的需求来填充该节目的类别、内容等，这样才能受到受众的欢迎和喜爱。主持人在进行节目创作时，一定要多和节目受众进行沟通，通过采访了解受众的真实想法，从而从真正意义上为受众创作实用的生活服务类节目。

②随着媒体的快速发展，受众审美水平的提高，单一地介绍某一生活技能已不能满足受众的需求，其说教的形式反而会让受众反感。广大老百姓更希望看到趣味性与服务性兼具的生活服务类节目，因此主持人应注意采用多种方式对枯燥的知识进行说明。比如，采用小实验、现场互动游戏或是采用道具进行说明的方式。主持人在进行节目创作和策划时，应该多根据节目受众的需求、节目内容以及表达的目的进行主持创作，多采用受众易于接受的方式，只有这样，才能让受众更清楚、更直观、更形象地了解和记住节目当中要强调的内容。生活服务类节目主持人要善于借助道具突出节目的重点，提高节目的可看性。比如，现在不少健康类电视节目主持人会通过题板、表格展示一些复杂的内容，让受众看得更加清楚；一些电视购物节目中，主持人更是

会直接现场演示所售商品；还有不少主持人在节目策划中充分发挥自己的想象力，挖掘自己的表演天赋，通过扮演与节目内容相关的角色来完成节目主持，把一期节目变成轻松幽默的情景剧，提高节目的趣味性，让受众易于接受。此外，生活服务类节目与老百姓的生活息息相关，主持人还可以通过外出采访群众、外景主持等形式走街串巷、访问百姓，拉近与受众的距离，让节目更加真实和生活化。

（2）主持人节目创作、策划实训

①结合第二章的基本元素训练，采用受众易于接受的方式解释以下内容：高血压的形成、什么是碳纤维、什么是高锰酸钾、雾霾的形成、转基因为何对人体有害。

②根据一篇网络或平面媒体的稿件，将其策划成一档符合电视媒体传播的主持稿件。

2. 专业知识结构欠缺

近年来，国内生活服务类节目主持人的综合素质水平有所提高，特别是学历层次提高很快，但跟节目相关的专业知识欠缺成了此类节目主持人快速发展的一个瓶颈，即主持人已经具备成为一名节目主持人的专业能力，却缺乏其所主持的节目所需的专业知识。而生活服务类节目恰恰又非常需要主持人具备生活经验和阅历，因此就导致主持人在节目中既不能"深入"也不能"浅出"，易犯常识性错误，说外行话，提问肤浅，很难抓住重点、把握亮点。

（1）解决对策

①"吃透"自己主持的节目。主持人要想主持好节目，首要任务是了解自己所主持的节目——包括节目的主旨、受众人群、播出时段、时长、每期节目的主要内容等。只有先搞清楚这些，主持人才能把握好自身定位，明白自己在节目中应该如何去诠释自己的角色，才能清楚自己到底应该成为哪种"专业型、专家型主持人"。

②多途径积累相关专业知识。之前已经提到过，"专业型、专家型主持人"必定是在某一专业领域有一定修养和造诣的人。现今一些"专业型、专家型主持人"中，不乏曾经主修过某专业的主持人，但是还有很多是"半路出家"，也就是在主持的过程中，为了成为节目的"专家"进而进行专业学习的，比如前文中提到的庞晓戈、刘仪伟等。那么，这些从"门外"到"门内"的主持人是如何修炼的呢？一是通过自身学习：现在网络、平面媒体都较发达，主持人可以在平时多通过这些渠道进行自身学习，同时，还可以报名参加一些相关专业的培训班进行学习，提高自己在该学科中的专业知识水平。二是多请教相关专家：不少节目主持人在主持节目的过程中，都能或多或少地接触、采访到该领域的专家学者。主持人可以利用此机会多向这些专家、学者请教和学习，让自己熟知此学科的专业知识。

（2）"专业型、专家型主持人"实训

①根据指定内容，如最新股市情况、天气信息、房产、养身保健等内容，查找资料，自行准备，主持一档与之相关的节目。

②自行创作一档服务类节目，邀请诸如律师、医生、心理咨询师、经济分析师等"专家"作为节目嘉宾。

3. 出镜脱离现场

生活服务类节目很多都会采用外景节目主持的方式，也就是主持人走出演播室，来到演播室外，到和节目内容密切相连的环境中进行节目主持。比如，美食节目中，主持的场地可以是餐馆、厨房；旅游节目中，主持的地点可以是景区；健康类节目中，主持的场地可以是医院等。

本书此前的内容中，已经对外景节目主持的要求进行了较为详细的介绍，但是，在进行生活服务类节目外景主持时，某些初学者还是会出现脱离外景现场，为了出镜而出镜，一味地突显自己而忘记出镜的初衷。

（1）解决对策

①众所周知，外景节目主持是为了让电视节目更具现场感，让受众在看节目的时候犹如身临其境。因此，主持人的定位应该是带着受众来感受和体会。如果主持人在节目中过多地展示自己，而脱离了现场，那么外景主持人的作用将会被削弱。那么，主持人如何才能在节目中通过自己的外景出镜让受众感受到更多的信息呢？

首先，主持人来到外景现场要学会找"点"。何为"点"？就是看点、亮点，也就是大家常说的细节。大家在上小学的时候学习写作文时，老师应该都有提到过"点面结合"这个方法，就是说一篇作文中，除了有总体的介绍，也就是"面"上的内容，还需要突出细节，即"点"的内容。我们在外景主持中，同样需要采用"点面结合"的方法，即既有总体内容的介绍，又需要有细节的介绍。而细节的寻找，就要靠主持人在现场通过自己的观察、采访得来，因为细节通常藏在一些看不到的地方。

找到细节后，主持人需要调动自己的所有感官系统来帮助受众感受这一细节，比如主持人向大家推荐一种美食，那么他（她）肯定需要通过品尝，也就是用味觉来进行体验，并告诉受众自己的感受；到冰城看冰雕，主持人一到那里首先感受到的肯定是气温的降低，因此也要将这一点告诉大家，因为电视媒体能传达的通常是视觉和听觉所能感受的，而其他的感觉，比如触觉、嗅觉、味觉等是普通受众从电视画面中感受不到的，所以主持人的出镜就是要帮助受众去感受、去体验，从而让大家有身临其境的感觉。

最后，如何来检验主持人的出镜是否有效呢？最简单的一个方法就是把出镜的内容拿掉，如果节目还能不受任何影响照常进行的话，就说明这个出镜是多余的、无效的，反之则是必要的。所以，每一位主持人在出镜的时候，都要尽量做到自己的出镜对于节目必不可少，甚至成为节目的核心。

②出镜不仅要有效，而且还要和外景现场紧密结合。有的外景节目中，主持人的出镜似乎只是把出镜的内容由演播室搬到了外景现场，其出镜的有声语言和肢体语言完全和演播室中一样，这就肯定会脱离现场。外景主持和演播室最大的不同就是，外景主持中，主持人的出镜内容受现场的制约很多，主持人当然就要学会借用这些现成的"道具"。具体如何结合现场，本书在第二章的"外景节目主持"中有详细介绍，这里不再赘述。

（2）外景主持现场感实训

①根据指定书面稿件，将其修改成外景主持词。

②介绍一处景点的一部分，要求主持人在现场找到两到三处细节，并结合现场环境，通过自己的感官系统进行体验式出镜主持。

第四节 少儿类节目主持训练

据国家统计局统计，我国0—18岁的少年儿童数量为3.6亿，每天都有2.9亿左右的儿童收看电视，平均收看时间达1.43小时。这不仅是一个庞大的数字，更意味着一份无比沉重的责任——如何引领他们更好地成长。虽然，目前全国各地600多家电视台每天都会播放一定时间长度的少儿节目，但除"七巧板""大风车"等屈指可数的有一定影响的品牌节目外，剩下的就是各省市制作的良莠不齐的节目以及被海外攻陷了大半个市场的动画片了。另外，与浩如烟海的成人电视节目相比，所有的儿童节目加起来只能算沧海一粟。

少儿节目的主持人，不同于成人节目的主持人，因为他们所面对的对象是少儿，是"一张白纸"，是对大千世界充满好奇感的特殊群体。所以，主持人的一言一行、一颦一笑，甚至穿着打扮、面部表情都在影响着小观众。主持人所传递的知识和信息，小观众是深信不疑的，有的甚至还会效仿。所以，少儿节目主持人的作用和影响已大大超出了原有的工作范畴。纵观央视和各地方电视台，少儿节目主持人的确不少，他们通过自己的辛勤工作，为孩子们献上了丰富多彩的各类节目。但是，真正让观众满意的主持人并不多。

一、少儿节目的定义

少儿电视节目，即把少年儿童作为收视对象和表现主体，并从内容到形式都符合他们生理、心理需求的节目。

少儿节目需要针对幼儿园、小学和中学等不同阶段制作不同的节目，来满足孩子们的特殊要求。如果少儿节目的范围过于宽泛，过于笼统，那么节目就难以吸引稳定的受众群。因此，节目内容的细分有助于抓住孩子的眼球。东方卫视的《潮童天下》，专为4—6岁的小朋友量身定做了许多不同的有趣环节，有主持人金炜的搞怪访谈，也有棚外的小任务交给小朋友做。在对话或者完成任务的过程中，小朋友锻炼了简单的口头表达能力并懂得了责任这个概念。CCTV少儿频道专门给1—3岁婴幼儿及其爸爸妈妈制作的《小小智慧树》是中国目前唯一一档适合1—3岁孩子观看的栏目。节目以红果果和绿泡泡两位主持人带着小朋友们一起唱歌作为开场，节目中间会教小朋友做一些比较简单的事情，比如把水壶的盖子盖在相应的瓶口上，让小朋友自己动手操作来加强其动手能力。该节目内容虽然都很简单，板块设计也不复杂，但是在唱唱跳跳中小朋友都学得很开心。

观众会发现，现在的一些少儿节目存在一个比较普遍的问题，那就是成人化的植入，无论是孩子的衣着打扮还是言行，或多或少都受到了成人的影响。儿童节目过于成人化，就无法突显少儿节目的特点和优势，比如某些节目，模仿当红歌星，装扮成人化，演唱成人歌曲比较多，充满成人化的表演，容易掩盖孩子身上特有的童真和可爱。成人化的思维还集中体现在动画片里，比如《喜羊羊和灰太狼》中用平底锅无数次打人的暴力行为，《熊出没》里光头强动辄开枪的暴脾气等，孩子模仿后是比较危险的。成人觉得无关紧要的东西，可能会对孩子的成长造成不好的影响，孩子的主观判断能力没有那么强，对于危险也没有那么敏感，这些东西都是少儿节目应该避免的。少儿电视节目要做到娱乐性和教育性相结合，过于娱乐化或者过于说教化，都是不可取的。节目内容要丰富多彩，形式要多样，在娱乐的同时引导孩子的真善美价值取向。

韩国的少儿节目《爸爸，我们去哪儿》取得了成功，也引起了世界性的关注。我们可以清楚地看到，爸爸和孩子之间的互动性很强，在旅游过程中，爸爸通过交流也可教给孩子一些做人的道理。这些道理不是人生哲理等高深莫测的东西，大多数是生活中的为人处世、尊重长辈、爱护弟妹、学会正确地使用敬语等，孩子们玩得很开心，学得很快乐。之后，湖南卫视引进了这档节目，改名为《爸爸去哪儿》，这是中国首个以旅游的形式来展现亲子互动的少儿节目，大人的兴趣甚至高过了孩子，爸爸和孩子们走出演播厅，走进大自然，走到社会中，除了睡觉、上洗手间的时间，节目组全程都在跟拍，给少儿节目的发展注入了新鲜的血液。每个地方都有自己的风俗文化和生活习惯，要针对在不同地方成长起来的孩子，制作适合他们的节目。这样会更贴近他们的生活，因为他们是这些节目的主角，是参与者，是站在旁边鼓掌喝彩的人。湖南卫视的《变形记》，进行互换人生体验，让城里孩子去农村体验生活，农村孩子去城市体验生活，这也许在双方的人生轨迹中都会留下一点痕迹。地方可以办地方自己的少儿节目，中国有地理优势，每个区域都有自己的特色，利用起来，给孩子们参与的机会，相信会有好的反响。少儿节目不是商业片，不要想着马上就收获硕果，小小的种子种入孩子的心里，加以细心地照顾，它们便会茁壮成长。[①]

二、少儿节目的分类

以央视少儿频道为例，它的核心理念是尊重、支持、引导、快乐。它把目标受众确定为0—18岁的少年儿童，进而把受众细分为0—6岁的学龄前儿童、6—12岁的小学

---

① 陶莉：《我国电视少儿节目的问题和发展策略》，《声屏世界》，2014年第51期。

生、12—18岁的中学生以及家长这四个子受众群，从早上6点至晚上24点每天18小时连播，为大家提供《大风车》等26类精美栏目。节目类别有动画片、儿童剧、益智类、教育类、科普类等，可谓丰富多彩。

1. 动画片

纵观各少儿频道，动画片、剧情片占据频道相当大部分的节目资源，其他节目如游戏类节目、实践交互性节目比重很小，有的频道甚至没有游戏性节目，就是简单粗放型的"动画片＋少儿活动资讯＋综合新闻"的结构形式。以央视少儿频道为例，动画片占据节目资源的60%以上，其他地方少儿频道动漫节目甚至能占90%。动画片成为少儿频道的绝对资源与收视霸主（图6-18和图6-19）。

图6-18 《哆啦A梦》

图6-19 《喜羊羊与灰太狼》

2. 儿童剧

儿童剧是指内容符合于儿童经验，而且受到儿童喜爱的戏剧。所以，即使儿童剧的演出者是大人，仍旧充满了热闹活泼的气氛，表达的东西也是浅显易懂的，家长并不需要担心孩子会看不懂。儿童剧可取材于现实社会生活，也可以取材于童话、神话。儿童剧更多体现的是纯真的故事，它对孩子有一定的引导作用。经常看一些儿童剧，有利于孩子接触这个社会，并分辨是非。如深圳打造的首部魔术童话剧《魔法森林》，把魔术和童话剧结合起来，受到了儿童的喜爱（图6-20和图6-21）。

图6-20 儿童剧

图6-21　儿童剧

3. 儿童益智类节目

顾名思义，儿童益智类节目是指能够帮助儿童开发智力的电视节目，给儿童电视节目赋予了早教功能。这类节目以美国木偶剧《芝麻街》和央视少儿频道《智慧树》为代表，节目收视率较高。对于这类节目，家长多是溢美之词。央视《智慧树》根据"八大多元智能"原理设置节目版块，包括教孩子做手工、练体操、学英语、唱歌谣等。节目策划由教育学专业和影视专业人员共同完成，由儿童教育专家担任顾问，对节目的教育意义进行把关。有儿童教育专业做支持，节目的益智效果比较理想，很受儿童观众和家长欢迎（图6-22和图6-23）。

图6-22　儿童益智类节目

图6-23　儿童益智类节目

4. 教育科普类节目

在美国、日本和法国，各电视台均非常重视儿童和青少年在科教节目受众中的地位，在美国，从20世纪70年代的《微距》、80年代初的《宇宙》、90年代的《科学小子比尔·奈》《时间漏斗》，到当下的《芝麻街》《朵拉探险》《超级为什么》，都是以儿童为主要收视群体的电视科教节目。日本教育频道的受众主要是小学生和中学生，针对儿童及青少年群体制作的电视科教节目的受众划分则更加细致，如《啊！找到你了》的收视群体是幼儿，《天才电视君》的收视群体则是青少年。

日本教育频道甚至将儿童受众细分为0—2岁、2—4岁和4—6岁，根据儿童不同的年龄阶段和认知水平分段制作少儿科教节目。在法国，青少年电视台专为青少年量身定做科教类节目，还为少年儿童播放科教类动画片。我国儿童教育类和科普类节目均刚刚起步，基本融合在益智类节目中。这两类的儿童节目没有明显的少儿倾向，重点关注孩子父母如何做好儿童教育培养和对一些科普知识做介绍。

三、少儿节目主持人分类

一档好的少儿节目除了精心的创意策划外，也离不开一个好的少儿节目主持人。目前，少儿节目主持人的分类基本上呈现为三种模式。

1. 鞠萍模式（本我角色）

从1985年出现在《七巧板》节目中至今，鞠萍以其亲切、温和、真诚、甜美的形象打动了中国亿万少年儿童的心。分析鞠萍主持少儿电视节目的成功模式，主要有以下几大特点：

①感情纯真。鞠萍节目主持艺术的支撑点是对儿童纯真的爱心。她平时只穿运动装，留着学生式的直发，脸上始终浮现着真诚而稚趣的微笑。这种纯真的形象和她在主持中亲切、真挚的言行，拉近了她和小观众们之间的距离。

②语言甜美。鞠萍是学声乐出身的，她柔和委婉的语气和错落有致的语速节奏使每句话都娓娓动听，让孩子们感到很舒服、愉快。她说话时善于辅以生动而富于童趣的表情和手势动作，使表述形神兼备。

③动态主持。鞠萍多才多艺，说、唱、弹、跳、做，无所不能。她在一系列动态化的节目主持过程中，注意体会孩子们的心理变化，能很好地发挥主导作用。

④导向鲜明。鞠萍对节目整体与各个环节中教育因素的渗透十分有把握，形成了较为明确的目标意识。所以她才能在说说笑笑、学学做做的节目过程中潜移默化地实现了教育的目的（图6-24）。

图6-24　鞠萍

2. 角色主持人

角色主持人是少儿电视节目多元化交叉派生出来的，像刘纯燕、周洲、曾媛等都属此列（图6-25）。刘纯燕从1991年至今一直主持《大风车》节目，她塑造的形象深受小朋友的喜爱。"金龟子"是《大风车》的子栏目《聪明屋》的主人，她调皮捣蛋又随心所欲，大大激起了小观众的审美情趣，她活泼、好动、好奇、可笑的个性形象在小观众心目中产生了广泛而深刻的影响，也进一步拉近了主持人和小观众的心理距离。1997年，周洲作为角色主持人"风车娃"，与鞠萍姐姐、董浩叔叔、花姐姐和"金龟子"一同组成了"大风车"家族。她俏皮亮丽的"风车娃"形象也很快被小观众接受，成为他们心目中的代言人。不仅是中央电视台，许多地方电视台的少儿电视专栏节目都相继推出了自己的角色主持人，并给他们冠以形形色色的卡通名称，为的是更贴近小观众，和他们拉近距离。角色主持人的层出不穷，不仅是因为他们得到了大部分小观众的认可和赞同，更重要的是角色主持人这种荧屏定位符合历史规律：少儿电视节目主持人在角色定位上不能墨守成规，要大胆突破和创新，角色主持人的出现正是顺应了这一要求。在少年儿童眼里，角色主持人较以往的少儿电视节目主持人更加自然而有光彩，这便是角色主持人蓬勃发展的根本原因。但令人遗憾的是，像"金龟子"这样的顽童型人物全部是由成年人扮演，他们不可能真正满足儿童自己的收视需求。一些评论者也开始对这种主持方式提出意见，认为应该将儿童的位置真正还给儿童。而坚持传统教育观、审美观的人们，更是难以接受这种"闹剧般"的主持风格。正是在这种情况下，由少年儿童自己做主持人的少儿电视节目应运而生。

图6-25　角色主持人

3. 少年儿童主持人

少儿电视节目发展的一个新趋势就是让少年儿童做主持人。其实自电视普及以来，成人就开始扶持儿童自办电视节目。1979年，北京史家胡同小学红领巾电视台在全国率先开播。该台设一名指导老师，包括主持人在内的其他角色全部由学生担任，播出的《露一手》《校内新闻》《电视台请来的客人》等10个栏目，在小观众中引起了强烈反响。不仅是北京，在上海也出现了10多家校内电视台和一批优秀的少儿主持人。他们不仅能自己主持，还能自己拍摄、撰写、配音，更重要的是他们以儿童的眼光看社会，在一定程度上改变了少儿电视节目成人化的状况。目前，包括中央电视台在内的一些电视台也采用了少年儿童做主持人这种形式。但是总体来看，少年儿童主持人在我国的发展并不理想。主要问题是，少儿主持人常常空有其表，事实上沦为幕后编导的话筒架子。一些少儿节目的编导缺乏对儿童审美特点的重视，让少儿主持人说出成人的话来。还有的情况是，少儿主持人自身的主观能动性不足，对编导提供的自由发挥的余地无所适从。所以在相当多由少年儿童主持的电视节目中可以看到，一张张充满稚气的脸庞背诵着成人写的大人话。少儿主持人活脱脱地成了编导的"提线木偶"。少儿主持人要在我国真正发展和兴盛起来，无疑还有很长的路要走。[①]（图6-26）

图6-26　少年儿童主持人

四、少儿节目主持人的基本要求

1. 知"己"知"彼"

少儿在进行语言表达的时候有独特的语言运行方式，喜欢用一些叠声词汇、拟人化的语言、"嗯""啊"等助词，所以，少年儿童主持人在主持节目的时候要多掌握这类语言。例如，"小蝌蚪在水里面游啊游，它在干什么呢？原来啊，它在找妈妈"，形象生动的语言表达会调动少儿的积极性，让他们觉得我们讲得很有趣，从而专注地听我们说话。但是也要避免过于嗲声嗲气，男主持人尤其应该注意，既要把握语言特色又要避免过于幼稚。在这方面，中央电视台的董浩就做得很好，语言风趣、幽默，又能结合少儿特点来组织运用语言。

2. 能说会道

少儿节目主持人的独特语言表达方式可以归纳为：亲切自然口语化、坦率真诚情感化、独具魅力个性化、相互沟通交流化。成功的少儿节目主持人在语言表达方面，已经自觉不自觉地展现出了语言"四化"的主要特征。《小喇叭》的"故事爷爷"孙

---

① 曾鸿：《论少儿电视节目主持人的特征》，播音主持艺术，2005（1）。

敬修老师以他独特的语言风格塑造出来的《西游记》中的"孙猴子"之所以虽不见其人，却"闻其声如同见其人"，就是因为孙敬修老师的语言刻画形象生动，把一个活灵活现的"孙猴子"展现在小听众的面前。孙老师用平和自然、通俗易懂、形象生动的语言表达，为一代又一代《小喇叭》的"故事员"们做了最好的语言示范，是后辈学习的榜样。其追求"亲切自然口语化"的主持语言风格，也成为之后几代《小喇叭》主持人们努力的方向。少儿节目主持人亲切自然、形象生动的语言表达能力是语言功底的基础。在此基础上，"独具魅力个性化"的主持人语言风格，将使少儿节目"锦上添花"。康瑛老师独具魅力的温婉、柔和的主持风格曾经是一代人"童年里的声音"。听着她讲的童话《小蝌蚪找妈妈》，那独具魅力的声音仿佛带着听众又回到了家乡那条流淌着的小河，小河里"小蝌蚪们"热闹、调皮的场面经过康瑛老师的演播，变得生动传神、童趣十足。此外，中央电视台少儿频道的"董浩叔叔"幽默风趣、亦庄亦谐的现场主持风格，也为初入少儿主持门槛、无所适从的男主持人提供了"如何展示独特魅力和个性"的最好借鉴。

3. 善用肢体语言

要充分利用表情和肢体语言，吸引小朋友们对节目内容的关注，增加他们的兴趣，也便于他们理解节目所要表达的内容。例如，为了表现小马过河的故事，主持人不仅要在语调、语气上表现小马过河时的心理变化，同时脸上的表情也要根据故事情节而变化。在表现小马胆怯和慌张的时候还可以配合以肢体语言，使小马的形象更为生动，孩子们理解起来也就相对容易。但是肢体语言不能过多、过于繁杂，否则将适得其反。

4. 善于倾听

尊重孩子的话语权，学会倾听受众的表达，也是少儿节目主持人必备的基本功之一。深圳电视台《饭没了秀》的少儿主持人"强子哥哥"之所以选择跪在地上主持少儿节目，就是为了拉近与孩子们的距离，更好地聆听孩子们的表达。这样的"孩子王"把会"听"孩子的话看得比会"说"孩子的话更重要，因为在具体的少儿节目实践中他已经深深地体会到了倾听的重要性。少儿节目主持人具备会倾听的基本功，不仅拉近了其与孩子们的空间距离，更缩短了彼此间的心理距离。《小喇叭》的热线参与栏目《小喇叭热线》就是通过"电话铃声响，宝宝抢听筒；喂，喂，我是宝宝！"的"聆听原则"来实现少儿广播主持人与全国各地小听众的互动与交流。在这个纯粹的语言沟通栏目里，少儿广播主持人首选的沟通方式并不是主动地"说"，而是耐心地"听"。试想，"抢到了电话听筒的3岁左右的小宝宝们"，会在电话里以他们的语言表达能力兴奋、开心或者羞涩、小声地说些什么呢？有时候，他们根本什么也没说，只是哼哼了几句歌词或者背诵了两句古诗而已。尽管如此，《小喇叭》的热线主持人"春天姐姐"还是耐心地在电话听筒的这一边认真地聆听小宝宝们的"咿呀"话语，坚持不随意打断孩子，让孩子把话说完的栏目宗旨。曾经，"春天姐姐"耐心地听湖南长沙3岁的小男孩黄奕铭讲了两个小时《托马斯火车》的故事。当这个滔滔不绝的小家伙痛快地讲完了"自己最最喜爱的故事"之后,"春天姐姐"才开始和"已经非常熟悉的新朋友"黄奕铭聊起了她的幼儿园生活和她最喜爱的小火车。这期名为《我爱小火车》的节目播出之后,受到了全国家长朋友和小听众的热烈点评和赞扬。大听众夸赞主持人懂得孩子的心,小听众夸奖主持人姐姐最知道我们小孩子在想什么——好评如潮的少儿广播节目不是靠"说",而是凭"听"获得肯定。这无疑从另一方面告诉我们:少儿节目主持人会"听"孩子话的基本功有多么重要。

5. 具有编导能力

一名成熟的少儿节目主持人拿到编导稿件之后,不只是背诵稿件文字,而是透过文字描述领会编导所要表达的深层次节目信息,然后转化为自己的意识,积极地调动自身的情感,声情并茂、恰如其分地传递节目实质。要想成为一名能传达栏目品牌形象的节目主持人,必须全程参与到节目的制作过程中去,从前期的策划、编辑到中期的拍摄,再到后期的剪辑。

6. 具有现场组织能力和应变能力

少儿节目主持人要保持高度集中的注意力,掌控好节目现场的热闹局面,一旦遇到"突发事件"要及时进行必要的弥补,以确保节目顺利完成,使童言无忌的孩子们在节目录制现场,留下一串串笑声。这些节目之外的童言趣语为孩子们留下了宝贵的童年声音,相应地也要求少儿节目主持人具备较好的现场掌控能力,在节目录制过程中始终保持专注。相反,也有极个别的少儿主持人借口"反正就是和一群孩子玩儿",而轻视少儿节目的现场驾驭能力,在节目现场处处被动。"让一群孩子牵着主持人的鼻子走"等类似的被动局面也时有发生,从而无法达到节目的宗旨和目的。这类情况的发生,与少儿节目主持人忽视节目现场组织能力和应变能力的基本功训练不无关系。

7. 秉持四颗"红心"

四颗"红心"指的是真心、爱心、童心和耐心。真心实意"为孩子们服务"的奉献精神,是每位少儿节目主持人做好节目的基本前提。只有在心里面"装着孩子们、想着孩子们",少儿节目才能真正实现"一切为了孩子们"的节目宗旨。对节目对象充满爱心,是所有少儿节目主持人必备的"基本内功"之一。这里说的爱心不仅是指热爱节目对象,也要求少儿节目主持人在日常生活里时刻提醒自己特殊的职业身份,对所有的孩子们充满爱心;并利用自身的职业优势,在社会活动中起到积极的引领和示范作用;倡导关注残疾儿童、贫困地区的留守儿童以及城市里跟随父母的打工子弟等。拥有一颗永远不老的童心,是少儿节目主持人做好少儿节目的制胜法宝。只有拥有童心和童趣的人,才能在节目中理解和配合孩子们看似简单且"幼稚"的兴趣点。在这方面,中央电视台的"月亮姐姐"在《七巧板》栏目中活泼开朗、青春阳光的主持风格,很值得少儿节目主持人学习。少儿节目对象的特殊性决定了少儿节目主持人要拥有不同寻常的耐心,急躁、心理准备不足是少儿节目主持人的大忌。凡有经验的少儿节目主持人都可以做到:提前到达节目录制现场,尽量多和孩子们进行接触,消除他们的紧张感和陌生感。在节目录制过程中，如果出现小朋友们现场"罢工"、哭闹、不合作、结巴、忘词等现象，少儿节目主持人就要以自己的耐心来感染和鼓励孩子，给他们重新调整自我的时间和空间，再次激发他们的参与热情和内在潜能，耐心地引导他们重新自信地投入角色。

少儿节目主持人除了要有专业的知识，掌握儿童的生理和心理知识，还要借助专家的力量，虚心学习，掌握各方面的专业知识，这样才能成为一名合格的少儿节目主持人。

五、少儿节目主持易出现的问题及对策

1．知识结构不合理，节目用语不规范

我国古代思想家王充说："人有知学，则有力矣。"英国伟大的哲学家培根也说："人有多少知识，就有多少力量。"这些名言用在主持人身上颇为合适。良好的文化素质是节目主持人智慧的源泉、魅力的根本，是节目主持人职业生命旺盛持久、青春常驻的秘密所在。节目主持人如果没有一定的文化素质，主持生涯注定不会长久，就像没见过大海的人做水手，迟早会翻船。对少儿主持人而言，其实影响着新一代的启蒙和成长，良好的文化素质就像一粒优秀的种子，种在孩子们的心田，才能在观众心目中扎根。

①提高文化品位，注重知识积累。一位有深度、有品位的少儿节目主持人，一定要有非常丰厚的人文底蕴。由于目前我国教育领域明显对人文教育重视不够，导致许多人无法学到系统的、传统的、多样的、丰富的人文知识。所以，主持人一定要有计划地、花大力气地去系统学习古今中外多学科的知识，努力做到博览群书，构建自己合理的知识框架。作为少儿节目主持人，每天面对的是无以计数的天真的孩子，每一个词，每一个词组，每一个句子，每一个举动，每一次讲述，都是一种知识输出。相当一部分小观众是怀着近乎崇敬的心态，期待从传播中获取他们想获取的知识。因此，主持人对于观众来讲，就是一本百看不厌、取之不尽的教科书，就是一个传播知识的代言人。当然，电视节目的内容千差万别，主持人面对的知识也浩瀚无际，即使再如饥似渴地学习，也不可能使自己成为某些方面的专家，但是，主持人至少要有一个广博的知识涉猎层面。诸如古今中外历史、文学、天文地理、自然科学等，力争做到懂得基本概念，了解层面内涵和外延。要做到这一点，就要克服工作中的种种困难，利用点滴时间不断"充电"，至少保证节目中不出现错误。同时，还要亲自动手策划每一个节目，精心整理有关资料，随时丰富个人的人文知识，以适应不断更新的节目需求。

②丰富人生阅历，增加人生体验。所谓"读万卷书，行万里路"，节目主持人不仅需要运用书本知识，还要将自己的人生体验渗透其中。热爱生活，珍爱生命，一生的酸甜苦辣都是一笔财富，这是艺术家创作的源泉，也是主持人与受众交流沟通的心

桥，丰富的生活阅历是主持人的财富，是知识构成的一个重要部分，是增加主持人的真实感、可信度的重要因素。

③提升语言美感，形成语言风格。语言美感的前提是"规范"。对少儿节目主持人来说，这不仅指普通话发音准确，而且指单调的抑扬顿挫、轻重缓急的美感，音色的"规范"。独特的语言风格代表了一个主持人鲜明的个性，是伴随节目主持人的成长逐渐形成的，是主持人成熟的标志。主持人要形成自己独特的风格，不是一朝一夕的事，需要一个探索积累、锤炼升华的过程。一些优秀的主持人要"用自己的眼睛去观察，用自己的头脑去思考，用自己的心灵去感受，用自己的语言去表达"，成为观众喜爱的富于个性的主持人。

2. "本我"发挥过度，兼顾发挥不足

有些电视台的少儿节目主持人或是从影视表演领域里转行过来的人，或是艺术类院校的毕业生，因此，在主持中会自觉或不自觉地偏重表演。虽然，主持人应当具备较强的表演功力，但是如果把整个节目变成了个人艺术才能的展示，把主持的舞台当成了个人表现的机会，观众就只能"疲于"欣赏而无法靠近和沟通了，这无疑违背了节目制作的初衷。

当代少儿节目主持人应当是"通才"，是通晓各类知识的高手，而不应仅仅是节目形式上的司仪。要从多方面、多角度，用多种手段，利用电视屏幕向孩子们传授知识，让观众感到看节目的过程，就是对严密深厚的逻辑思维的最好欣赏。对于正在和世界接轨的中国来说，电视节目本身也是展示国家整体素质的一个窗口。随着电视节目国际化的到来，许多节目本身就要求主持人素质要高，能力要强，思路要开阔，个性要张扬，求新意识要强烈。否则观众不买账，国际同行也不认可。目前，由于卫星电视和网络在全球覆盖面的扩大，跨国界、跨地域知识的大融合也要求主持人具备多语主持能力。现在，许多成人类节目已实现了英语直播，少儿观众对于多语主持节目的呼声也已到了咄咄逼人的地步。所以，新生代的少儿节目主持人，一定要成为具有现代感的、开放的、全球视角的、高素质的多面手。

以往的少儿节目主持人俊男靓女比较多。他们穿着前卫，表情丰富，动作灵活。这在某种程度上满足了电视对象的当代视觉审美需求，但是，也有一些花瓶式的主持人，在录制现场很快就暴露出了知识的诸多盲点，显然不能满足当代少儿的需求。还有一些电视制作人过分看中节目的光怪陆离和色彩斑斓效果，试图靠色彩、新奇等吸引观众，这其实又走进了一个误区。有科学家曾对在校学生做过这样一个实验。两个老师在同样的教室里，用同样的方法，讲授同样内容的课程。一个穿着艳丽，漂亮动人；一个穿着普通，相貌平平。结果，在漂亮老师所在班级上课的孩子的成绩不如另一个班级孩子的成绩高。原来，这个班级的孩子看见老师漂亮，便不由自主地对她进行欣赏，而另一个班级的学生的注意力则全都集中在听课上，没有东西干扰他们接收有趣的知识。当然，电视节目不能与教师讲授知识一概而论。主持节目同时要考虑到内容、画面、色彩、音响、背景等，但是主持人绝不能只是会傻笑，只是会背台词，只是花枝招展或哗众取宠，毕竟电视有寓教功能。所以，一定要坚持"兼顾"原则，漂亮和智慧可以兼而有之，满足观众的多重需求。

3. "说教化"严重，"伪教育"盛行

对于少儿节目而言，满足对象的娱乐需求、知识需求、情感需求要放在首位。应当通过主持人的工作让大家在乐趣中接受知识、培养创造力、找到快乐，从而健康成长。而有些节目主持人的定位似乎就是喋喋不休的说教者。整个场景提前布置好，过程事先安排好，让孩子完全跟着既定的思路走，没有孩子的想象空间和发挥空间。参加者被迫充当布景、道具和陪衬，完全无法融合到节目中或不能与主持人畅快沟通。有些节目中孩子的笑脸是僵持不变、勉强、痛苦的。如此一来，尽管主持人的能力在整个录制过程中确实得到了全方位的展示和发挥，被服务对象却接受了一场生硬的"伪教育"。

（1）解决对策

传统的少儿节目主持人大部分是教师式的角色。注重的是教导，是居高临下、技高一筹式的传播。而在现代传播理念中，主持人应当是服务型的，要把观众当作自己的服务对象。儿童是一个弱势群体，有自己的思维方式和成长路径。现在之所以有一些中、小学生不喜欢专为他们创建的少儿频道，实际是因为没有好频道。节目大多由成人来主持，而这种成人的控制和操刀，说教性太强，孩子们找不到心目中的和真实的伙伴。所以，应当主张让儿童们亲自挂帅。现在，有些电视台已经开始尝试让儿童自己来主持节目了，这不能不说是一个大胆的做法。尽管小主持人还显得不老练、不灵活，但毕竟是从孩子中间走出来的，那种无修饰的儿童本色的自然流露，最能够引起少儿的收看兴趣。少儿主持人要注意的是：

①体现亲近感。少年儿童的依附性和选择性都是很强的。板起面孔的说教，他们在学校、在家长那里，已经领教的太多太多了，因此迫切需要有一个轻松的氛围来给自己松绑，释放童心。所以，主持人一定要用朋友般的亲切面孔和身份，让他们在浓浓的人性化的环境中感受教育和学习的愉悦。

②表现幽默化。不可否认，中国式的教育是缺少幽默感的。而对于幽默的渴望又是孩子的天性。主持人在节目中的幽默和诙谐，无疑就是一缕清新的风，会吹动孩子们心中原本蕴藏的乐趣的涟漪。不苟言笑中的智慧火花，滑稽可笑中的精神启迪，巧妙比喻中的暗示，善意嘲讽中的良知，把观众从压抑、沉重的境地引导到另一个活泼、谐趣的时空，这正是主持人所希望的，也是家长和孩子所期盼的。

③知识趣味化。儿童的心理和生理特性决定了他们的学习方式不同于成人。当电视发挥其传授知识的作用时，就应当充分调动现代传媒技术手段，让少儿在乐趣中学习知识。如可以在节目现场布置漂亮的场景，设置和平时不一样的情境，运用出人意料的节目包袱等，比如前文提到的《童言无忌》节目。

④营造氛围适度化。为达到好的电视效果，氛围的营造是必须的。如借助于灯光、色彩、布景、道具以及主持人的渲染和烘托等。但有一种主持倾向很不好，即主

持人一上台就发疯。为了调动现场观众情绪，不惜调动一切疯狂手段。上下左右，一个人满场跑，满场说。要知道，节目的互动是双方的事情，如果一方太过分，另外一方必然望而生畏。何况是未成年人呢？这样的结果反倒是无法互动了。所以，主持人一定要把握好尺度，变救世主为普通老百姓。主持人越普通，越像是观众的一分子，节目效果越真实。

（2）少儿节目综合实训：

1）成语表演训练：根据给定成语，以儿童化形式表演出来。基础型：①"左顾右盼"，"螳螂捕蝉，黄雀在后"；②"指手画脚"；进阶型：③"围魏救赵"；④"指鹿为马"；⑤"班门弄斧"；难度型："自作聪明"。

2）搭档完成少儿新闻的播报，要求设定其中一个角色为卡通角色。播报时注意表演能力、内容的趣味性表达等。

3）儿童节目策划训练：如果你是儿童节目主持人，参与到一档儿童节目的创意中去，如何进行创意和策划，写出完整的策划案，并完成节目成品展示，注意在节目中体现知识性、趣味性、参与性。

第五节　农业类节目主持训练

我国是一个以农为本的国家，农业是关系到国计民生的基础产业，农民是我国人口数目最多的群体。建设社会主义新农村已成为我国的一项重大而紧迫的任务。当前电视媒介是我国拥有广大受众的大众传媒，是我国农民接触最多、对农民影响最大的媒介。因此，作为强势媒介，电视媒介应该通过农业电视的传播，沟通上下内外，协调城乡，服务三农，从而在促进"三农问题"的最终解决上发挥无可替代的作用。

农业电视传播应该以服务三农、沟通城乡，实现国家和社会的科学发展为己任，以农村观众、农民为服务主体，同时满足其他关心、关注三农问题的城市观众的需要，在全社会营造城乡一体、共同解决三农问题的环境氛围。同时，要建立农业电视传播服务三农的长效机制。

随着经济社会的发展、农民生活水平的提高，同时伴随着从中央到地方各级政府对"三农"工作的密切关注和重视，农业电视节目的推广和发展越来越受到各级电视台的重视和支持，各电视台纷纷开辟了以服务"三农"为宗旨的农业电视专栏。据不完全统计，目前有5个专业的电视农业频道，包括中央电视台的军事·农业频道、省级电视台中的吉林电视台乡村频道、山东电视台农村科普频道、河北电视台农民频道、市级电视台中的山东临沂电视台农村科普频道。这些专业的农业频道面向农村、服务农业、贴近农民，为广大农民朋友所喜爱。

农村是个相对独立的环境，具有浓重的乡土特点。由于农民世世代代定居在某一地区，以在这片土地种植粮食为主并易于满足生存需要，因而形成了小而全、万事不求人的封闭经济，同时也形成了灿烂纯朴的民间文化和民族文化。当然，在这个不流动的地区里生活，往往会产生一种不善于适应新事物、想回避新事物的性格和重农轻商的思想。尽管现代社会和科学技术的发展在逐步波及乡村社会，但中国几千年的传统观念造就了大部分农民喜旧求静，想变又害怕变的性格。不过，我们可以明显地看到，随着改革开放的思想不断深入，随着信息技术的迅猛发展，大量的信息借助各种媒体流入农村，农村正在发生巨大的变化。部分地区的农村生活水平和生活质量与城市的生活水平差距在逐渐缩小，"农民"这个称呼也开始淡化。

目前，我国的社会结构正从城乡分割向城乡融合与协调发展的阶段迈进。受文化素质、生活消费环境、欣赏习惯等因素的制约，相对而言，电视媒体比报纸、广播、网络等其他媒体更容易为农民朋友所接受。电视不光是农民获得信息的主要渠道，也能起到丰富其文化生活的作用。

被誉为"国际平民教育之父"的晏阳初先生，在20世纪20年代深入农村做了大量的调查，总结出中国农民身上存在的四个问题：贫、愚、弱、私。目前，我国农村依然存在这四个问题。要解决这四个问题，就要从四大教育入手，即生计、文艺、卫生、公民教育。生计教育就是提高村民的生产力，以达到致富的目的；文艺教育即提高村民的知识水平，以达到治愚的目的；卫生教育即提高村民的健康水平，以达到治弱的目的；公民教育提高村民的团结性，以提高农民的思想意识。贯穿这四大教育内容的电视节目正是我国农村最需要的电视节目。

一、电视农业节目的定义

所谓电视农业节目，就是针对农民及涉农行业人员的特殊需求而专门制作的，宣传相关政策法规、科技、致富信息的电视节目。农业电视节目服务于农民，想农民之所想，急农民之所急，从农民的需要出发，服务农民，维护农民的切身利益。

二、农业节目的分类

目前，我国电视农业节目的种类很多，接下来按节目内容对其进行大致分类。

1. 农业新闻节目

在我国大多数电视台中，新闻信息类节目往往是立台之本，新闻节目具有时效性和宣传性。电视作为新闻媒介，新闻意识应贯穿于各类节目中，农业节目也不例外。本书前文中提到，就目前而言，大多数农民依靠电视这一平台来获取外界信息，而农业新闻节目无疑最能满足农民这一需求。农业新闻节目通常承担着宣传报道政府信息的责任，发布相对权威的涉农信息和前沿资讯，及时、快捷、有效地为广大农民提供生产前、中、后的服务。如中央电视台《每日农经》、河北电视台《三农最前线》、山东电视台《乡村季风》、吉林电视台《乡村四季12316》等。

2．农业经济类节目

农业市场经济的建立，对于中国"三农"问题的解决是一件非常重要的事情。农业经济类节目不仅服务于农业生产，服务于农民经济发展，更服务于农民的生活。此类节目一般是报道涉农经济热点事件和现象、各地发展区域经济情况、县域经济和农业产业化经营的一些创新做法和经验，包括致富信息、致富的典型人物、典型事件等。如中央电视台《致富经》《每日农经》，河北电视台《走进城市》，湖南电视台《乡村发现》等。

3．农业科技节目

此类节目主要以传递农业科技信息、科学技术和普及农业科学知识为主。内容包括推广农民迫切需要的、切实可行的、容易掌握的、周期短见效快的农业实用技术，包括种植业、养殖业、农副产品加工、饲料工业、农药植保、林业、水利、绿色环保等多领域的成熟新技术。[1]其受众主要定位为初中以上文化程度，从事农业生产经营的农业人口，从事农业开发的涉农人员和农村基层工作人员，以及关心农村、农民、农业的相关人士。如中央电视台《科技苑》《农广天地》，河北电视台《科技兴农》《博士在行动》，山西电视台《黄土地》等。

4．农村综艺娱乐节目

本书前文中提到，在当今社会，电视作为一种重要的媒介，其作用有很多，但是农民看电视的动机主要是学习相关农业知识和娱乐消遣。据了解，在农村，大多数农民偏爱影视和综艺娱乐节目，然后是农村政策类节目和文化知识类节目。农民喜欢影视和综艺娱乐节目的原因在于它们有潜移默化的功能，对于农村受众而言，影视艺术和娱乐性节目更易影响其观念。此类节目大多是以娱乐形式给农村受众提供优秀的大众文化节目，使其逐渐从农村文化进入大众文化状态，并使其接受城市文化，包括现代化的观念。[2]如中央电视台《乡村大世界》、吉林电视台《农村俱乐部》等。

5．农业气象预报节目

农业电视节目中，还有一类特殊的节目——农业气象预报。农业气象预报是根据气象条件与农业生产之间的关系，针对农业生产的需要而进行的专业性气象预报。与普通的气象节目相比，这类节目不仅预报天气情况，同时还结合农业生产需要和未来天气变化趋势，对未来农作物、牲畜等的生长发育状况、产品产量和质量、主要农事活动以及一些重要的农业气象条件进行预报，其作用是为农业部门、农民以及涉农人员合理利用有利天气条件、防御不利气象条件提供依据，估算农业生产量，并协助有关部门制定经济计划，为农民合理安排贮藏、运输、供销等工作服务。如中央电视台

---

① 董擎辉：《农业电视栏目的分类及定位》，《北方园艺》，2010年第14期。
② 马晨：《浅析对农电视节目现状和未来发展》，东北师范大学硕士论文，2006年。

《农业气象》、吉林电视台《乡村气象站》等。

三、农业节目主持人的基本要求

农业电视节目从设立、推广到发展，要获得长久的生命力，离不开精心的组织策划，离不开节目工作人员的精诚合作，更离不开涉农对象的支持。当然，将农业电视节目与涉农受众联系在一起的纽带不外乎是农业节目主持人。

农业节目主持人是农业节目的引导者，农民朋友是否对节目感兴趣，除了农业节目本身的定位、内容、形式等因素外，农业节目主持人的形象、语言、主持风格至关重要。我们时常看到一些农业节目主持人用都市化的形式表现乡土化的内容，用冷峻漠然的语调介绍农业科普知识，与农民群众的需求格格不入，结果大大影响了节目的播出效果，让观众感到疏远、陌生，这种主持风格无疑和农业节目的定位大相径庭。[1]

作为农业电视节目主持人，除了具备电视节目主持人的基本能力之外，还应该对自己有一个清醒的定位，使自己能够适应农业电视节目主持的需要，用主持人独特的风格去参与、影响农业电视节目主持、采访的全过程，从而给农业电视节目以鲜活的东西，达到农业电视节目和农业电视节目主持人的和谐统一，使农业电视节目充满生机和活力。

那么，农业节目对主持人有哪些基本要求呢？

1．贴近农村受众

农业节目主持人面对的大多是农村受众。此类受众群体有着特殊的审美观念和思想。面对农村受众，主持人首先需要考虑这类受众的审美，他们喜欢什么，讨厌什么，因此，在主持节目时，主持人应该尽量贴近农村受众，让自己成为他们的朋友。

（1）外形要求

主持人第一时间展现在受众面前的就是其外形，因此，主持人首先应该根据受众的需求进行正确的外形定位。农业节目主持人要让受众喜欢，首先，服装款式不能太潮流、太前卫、太时尚，不能太薄太露太透，因为大多数农民的思想观念依旧较保守，因此主持人应该穿着简单大方的服装，或是具有当地特色的服装。主持人妆容应以淡妆为主，让农民看了就感到亲切，就像面对自己身边的朋友一样。但是，妆容根据节目内容需要可做稍许变化，比如农村娱乐节目主持人的妆容就会比新闻节目主持人的妆容略浓一些，但是切不可浓妆艳抹，否则受众会反感（图6-27）。

另外，如果主持人要进行外景采访或主持，更需要针对实际环境进行外形的定位。比如需要主持人到田间地头进行采访，那么肯定不能穿着西装、皮鞋和裙子、高跟鞋，这样一是不利于主持人的行动，另外还会使主持人和农民产生距离感，使对方感到紧张，从而不能很好地和主持人交流。

---

[1] 邵建鑫：《电视农业节目主持人的风格定位》，《青年记者》，2014年2月。

（2）语言要求

农业节目主持人除了外形上要符合受众的审美观念，语言上同样要符合农村受众的语言习惯。农业节目主持人面对的大多是农民。农民的生活水平、视野、接触的人群、所看到的面孔等都离不开特定的经济、生活圈子。在主持这类节目时，特别是在与他们交流、进行采访报道的时候，主持人的语言显得尤为关键。要想快

图6-27　农业节目画面

速地进入采访角色，在采访中充分挖掘有用的信息，农业节目主持人要以一颗真诚的心，加上朴实的语言去融入、打动自己的主要采访对象——农民。在实际主持、采访工作中，要想受农民欢迎，主持人就要贴近农民，真诚面对他们，语言朴实、平和、通俗。就好比在家里与亲人沟通，语气轻松，语言生动感人。

有些农业节目主持人在主持过程中忽略了与农民的交流，用高高在上、冷峻严肃的姿态去表现乡土内容，结果做出来的节目让受众感到疏远陌生。

由此可见，农业电视节目主持人的外形定位和语言能力必须符合受众的视听习惯，如此才能获得受众的认可。

案例分析

中央电视台农业节目主持人肖东坡在主持节目中过程中追求朴素、平易、亲切、和善的形象气质，坚持以道理说服人、用事实启发人、以情感打动人的原则，深受农村受众的喜爱。他从不刻意追随潮流，冬天穿棉衣，夏天穿衬衫，讲农家事，说农家话，爽直坦诚，实实在在。

拍摄主持农村节目经常要翻山越岭、走乡村、钻大棚，需要较强的敬业精神。有一次，肖东坡跟随山东农机手去河南采访，他乘坐着联合收割机，往返几千里，住十块钱一天的车马店，一连十几天没有洗澡，没有桌椅就在腿上写稿子，及时报道了长达18分钟的新闻专题《麦客跨省作业记》。

因此，很多农村受众称赞肖东坡形象定位准确，与农民朋友没有距离感，同时他质朴、平实的语言引导着农民致富奔小康，更好地体现了栏目宗旨，充分发挥了沟通与引导作用（图6-28）。

图6-28　肖东坡

2. 深入农村，了解农民需求

农业节目主持人，心里一定要装着农民，把农民当作自己的家人对待，急他们所急，想他们所想。要深入农村，了解农民现状，了解农民的需求，把他们最想知道的事，最想说的话反映出来，切实为农民朋友服务好。

要想做好农业节目主持人，首先在思想上要"以农为本"，要深刻领会做好"三农"工作的重大现实意义，深刻领会"三农"工作对我国发展的重要影响，只有具备了这种思想，在主持农业电视节目中才会有一种责任感和使命感，才会以一种平等、共同的心态去对待节目中遇到的各类涉农采访题材，自觉地从农民的角度去了解农民，反映农民的需求，从而在大众传播中起到导向性的作用，促进政府、涉农企业和农民之间的沟通，为农民朋友带来致富信息、致富经验，带来经济效益。

采访前认真做好准备是主持人节目创作流程中的一个重要环节。通常，在采访前要把与农业有关的基本信息、相关政策了解清楚，拟定采访提纲，从农民关注的角度，在农民能够接受的环境、农民习惯的表达方式下完成采访。采访前主持人必须做到心中有底，有备而来。

作为农业节目主持人，应该时刻提醒自己要以一颗真诚的心去打动自己的采访对象。采访环境就是农民劳作的田间地头，如果他们在劳作，主持人也应该弯下身子，参与到被采访对象的劳动中，边劳动边拉家常，了解有效信息，在不耽误农民劳动的情况下，完成采访。这样做不会让农民朋友与主持人有距离感，可避免因被采访对象紧张而影响采访效果。[①]

另外，农民的文化水平参差不齐，面对不同的人群需要采取不同的方式。农业节目在为农民朋友带来致富信息、致富经验的同时，必须帮助农民改变传统观念，科学引用新技术，带来可观的经济效益。某农业栏目曾经做过一期苹果纺锤形管理的节目，这是一项新技术，与原来的苹果管理技术有很大不同，如果管理到位的话，增收幅度很大。但是，节目播出后，经调查发现，大多数农民朋友对于节目中倡导的新科技和新方法只是简单有所了解，具体怎么操作还不是很清楚，或者说不愿意、不习惯运用，还在使用传统的方法劳作。为了真正帮助广大农民朋友实践这一新技术，让他们尽快受益，该栏目策划推出了系列节目，主持人与农业专家一同走进果园里，从树形结构到枝条分布，一一道来，农民有不明白的地方就直接提出来。现场主持人还用一根小木棍，根据专家的讲解，在树上划出虚拟的线条，便于农民直观掌握。节目播出后农民兴趣高涨，打电话咨询的络绎不绝。其实，农民有非常高涨的学习热情，只要合理引导，就会收到事半功倍的效果。

---

① 邵建鑫：《电视农业节目主持人的风格定位》，《青年记者》，2014年2月。

案例分析

案例一

节目主持人丛丽先后在吉林电视台、中央电视台主持农业节目，可以说是最有农民缘的主持人之一。有一次，她下乡采访，发现自己的采访对象正在劳作，于是她也跟到菜地里和农民一起聊天一起搬菜，进屋就在炕上和农民嚼着大葱拉家常。正是带着这份对农民的真正热爱，带着农民对她的无限厚爱，她始终战斗在农业节目的第一线，不离不弃，取得不菲成绩（图6-29）[1]。

案例二

2010年开播的会昌电视台《三农新风》栏目，播出过一期介绍如何预防有水稻"癌症"之称

图6-29 丛丽

的水稻黑条矮缩病的节目，当时的节目主持人为了让观众更直观全面地认识这一水稻之"癌"，没有采用简单的图片介绍的方法，而是坚持下到田里找出病患水稻，并在现场采访和解说。节目一经播出，许多农户都打来电话，说总算看清了水稻之"癌"的危害，弄明白了防控的办法；农业部门也反映，节目宣传效果很好，对做好防控工作起到了事半功倍的效果。[2]

这期节目之所以能够取得成功，与主持人深入农村实地采访，站在农民的角度思考问题密切相关，所以，农业节目主持人必须从受众角度出发才能取得成功，成为农民的朋友。

3. 具备扎实的农业知识

要想做好农业节目主持人，还应该具备扎实的农业知识，对农业、农村、农民有所了解，成为这个领域的"专家型主持人"。因为，农业节目中通常会涉及大量的农业生产方面的专业技术内容，如果主持人自己都不懂这方面的知识，就难以将节目内容传达给受众。例如在给农村受众讲解、宣传新的技术时，主持人本身对内容就不理解，只是照着稿件见字出声，那么农民朋友又怎么能够理解和接受呢？又例如主持人在介绍一种新的种植技术时，面对稿件上的专业术语不能用通俗易懂的语言将其表达出来，又怎么能让受众学会这门技术呢？而针对他们提出的问题根本无法回答，那让农民如何能够信服该节目呢？[3]

所以，了解农村的生产、生活，了解农业相关知识和技能，才能和农民做有效的交流，才能成为农民的朋友。

---

① 马晨：《浅析对农电视节目现状和未来发展》，东北师范大学硕士论文，2006年。

② 何建平：《农业节目主持人思想定位》，《今传媒》，2011年3月刊。

③ 张巍巍：《农业节目主持人要成为农民的朋友》《记者摇篮》，2010年5月。

中央电视台《农业气象》节目中，主持人不仅会播报当天的天气预报，还会根据天气情况给农民朋友一些建议，比如连续的降温天气，主持人就会提醒农民给牲畜进行保暖；如果是连续降雨，主持人会提醒农民及时排涝；到了白露节气还提醒农民"白露种葱，寒露种蒜"；如果天气寒冷伴随降雪天气，则会提醒农民雪后天晴，需要晚揭草帘子，防止光照太强造成植物萎蔫。总之，主持人在节目中，除了单纯播报天气预报外，还会结合农业相关知识提醒受众进行相关安排。

因为农村受众大多文化程度偏低，单纯地预报气温对于很多农村受众来说并不能起到很好的效果，但是通过主持人的专业的解释和建议后，这个节目真正起到了服务于农民的效果。可见，主持人的农业知识在节目中十分重要（图6-30）。

图6-30 《农业气象》

四、农业节目主持易出现的问题及对策

一个优秀的农业节目主持人不仅要在节目中展现良好的形象气质，还应该在屏幕外保持稳重大气、诚实可信的气度，展现个人魅力和修养。主持人虽然是通过屏幕与观众沟通，但是走出去和农民朋友实际接触，可拉近观众与媒体间的心理距离。可是，现在某些农业节目主持人容易出现一些问题，导致节目质量受到影响。

1. 脱离受众

在农业节目当中，一些主持人过分"注意"自己的外形，比如在节目中浓妆艳抹、穿着华丽的礼服，或是让自己看起来非常优雅、大气地去与农民朋友交流；再者就是把其他节目类型的主持风格千篇一律地带入农业节目中，认为这样才是主持人应有的职业素养，殊不知这正是没有搞清楚农业节目受众的需求而出现的问题。

还有些农业节目主持人在主持过程中找不到与农民沟通的"感觉"，往往用都市化的形式去表现乡土性的内容。在介绍某项技术的时候，言谈风格冷峻，使观众感到疏远陌生。也有节目主持人洋味十足，脱离了农村受众，语言过于书面化，解说带着新闻播音腔等，让受众产生距离感。如果农业节目的主持人说话拿腔作调、嗲声嗲气，媚态、轻佻，说话带有港台腔调，滑头滑脑、油头粉面，将让农村受众感到疏远，从而达不到节目想要的效果。

农村受众有着自己的特殊性，本书在前文中已经进行了阐述，因此，主持人应该根据此类受众的特点进行调整。

（1）解决对策

主持节目使用口语，才能换来亲切感。语言表现形式上也应该百花齐放，侃、谈、说、评、播、讲都可以。由于节目受众是农民，在服务的同时更要说理。可是单靠说教，靠灌输肯定不行，时间长了节目受众还会有逆反心理。针对这种情况，要想受农民欢迎，主持人就要像在农民家里主持节目一样，到什么地方说什么话，真诚地面对他们，语言平和、通俗，像唠家常一样亲切自然。

农业电视节目还有个特色，那就是有大量的外景内容，主持人不仅在演播室做节目，同时还必须走到大自然中，与受众面对面接触。如何才能拉近主持人与受众的心理距离？除了本书前文提到的内容，在拉近与农村受众的心理距离的过程中，还可采用体验式主持的方式，即主持人将演播室搬到农村，身体力行地去体验农民劳动的艰辛、工人操作的技巧、匠人的技艺等，这不仅可让观众从主持人或记者的体验中看出细节和门道，同时会让节目更加生动有趣，让受众感到节目的真实性，从而拉近主持人与受众的距离。

（2）主持人拉近与受众的距离实训

①根据指定稿件内容，主持人进行外形定位，达到让农村受众接受的程度。

②按照这个定位深入农村，通过与农民的交流，选择一个农民需要的农业节目选题，并策划、主持这档节目，要求采用体验式主持和采访。

2. 缺乏专业性

农业节目是相对比较特殊的一类节目，受众具有特殊性，他们需要专业的农业节目，更需要专业的农业节目主持人。因为，农民在土地上耕耘了一辈子，往往都有比较多的经验，如果节目不专业、节目主持人不专业，不能够给自己提供权威、实用、及时的指导，那么农民还不如自己摸索，这样节目就没有意义了。

但是，当前一些农业电视节目主持人还是出现了在节目中照本宣科的现象，有些甚至连最基本的农业知识都不了解，不要说很好地完成节目主持，就连和农民对话的能力都已丧失，闹出"驴唇不对马嘴"的笑话。

另外，农业节目中，主持人还应该通过自己的农业专业知识将一些农村受众不太熟悉的专业术语转变为通俗、易懂的口语，比如在说杀虫用二甲基磷酸钾时，可以换成"敌敌畏"，说到高锰酸钾时可以换成"PP粉"，这样，农民朋友们一听就能够明白。当然，主持人还可加一些服务性的内容，比如这样的药品在哪可以买到，价格是多少等，让节目能够切实为受众服务。同时，可以通过使用一些道具或是实际操作的方式来讲解一些农业技能。

（1）解决对策

此前我们已经提到过，农业节目主持人必须要做"专业型、专家型主持人"，也就是说必须具备农业专业领域的相关知识。现今一些农业"专业型、专家型主持人"中，不乏曾经主修过此专业的主持人，但是还有很多是"半路出家"，也就是在主持的过程中，为了成为节目的"专家"而去进行专业学习，比如主修播音主持专业的中央电视台农业节目主持人杜云、刘栋栋；主修民用建筑专业的中央电视台农业节目主持人肖东坡等。那么，这些从农业的"门外"到"门内"的主持人又是如何修炼的呢？其实无外乎两点，第一，通过自身学习。现在网络、平面媒体都较发达，农业节目主持人可以在平时多通过这些渠道进行农业知识的学习，同时，还能报名参加一些相关专业的培训班进行学习，提高自己的农业专业知识水平；第二，多请教农业方面的专家、学者。因为不少农业节目主持人在主持节目的过程中，都能或多或少地接触、采访到农业专家和学者，或是有着丰富农耕经验的农民，主持人可以利用此机会多向这些人请教和学习，让自己熟悉并喜欢上此学科的专业知识。

（2）主持人增加专业知识实训

①主持人根据平面媒体上的农业小贴士内容，将其改成通俗易懂的口语化内容，要求简单清楚，并且采用多种方式来表达其中的专业信息。

②主持人策划一档农业节目，邀请相关农业专家、学者或农民朋友作为嘉宾参与节目，要求节目内容实用，表现形式符合受众群体需求。

附 录 节目欣赏

一、优秀节目推荐

1. 中央电视台少儿节目《智慧树》

女：小朋友们！谁想成为智慧宝宝呀？

小朋友们：我！我！我！

男：好！我们出发！

（开场歌舞）

吉祥物：哈哈哈哈！小朋友们！智慧树里有好多好玩的游戏呐！小朋友们！和我们一起做游戏吧！

齐：智慧树上智慧果，智慧树下你和我。智慧树前做游戏，欢乐多又多！

男、女：小朋友，大家好！欢迎来到智慧树乐园！

小朋友们：耶！

男女：宝贝2+1，快乐做游戏！

女：亲爱的小朋友大朋友，大家好！我是你们的红果果！

男：嗨，你们好！我是你们的好朋友，绿泡泡！没错！欢迎你们来到我们的（女合）智慧树乐园！

男：好的，首先让我们认识一下现场的红黄蓝三个方阵的朋友们！你们好！

女：你们好！好，现场的观众真是太热情了。那让我们请出他们各自支持的三个家庭吧！

男：有请！

（各组宣传片+出场舞）

女：到"我们的宝宝闯关"这个环节了。

男：今天三个宝宝要来做一个好玩的逻辑游戏。在他们身边有一个题板，题板上面有我和红果果最喜欢的动物——火烈鸟！旁边有这个，鸟妈妈生的一颗蛋。

女：哇，小宝宝出生了。

男：小宝宝就要出生了。那小宝宝出生的过程分为很多步骤的对不对呀？

女：嗯。

男：我们看到，在右边的数列当中，有不同数量的圆点。其实，这代表的是火烈鸟宝宝从蛋里面出来的一个过程。

女：破壳出生的过程。

男：你们看看，第一步应该是哪个放到第一个圆点的旁边，第二步放在第二个圆点的旁边。

女：以此类推。

男：对。

女：好！那答对一道题就可以得到一颗智慧星。

男：希望你们能够认真、仔细地观察。准备好，计时，开始！

男：电视机前的小朋友们，让我们一起来玩这个好玩的逻辑游戏吧！快看，一只火烈鸟宝宝就要出生了！让我们一起来排列一下这些图片的顺序吧！首先，火烈鸟宝宝出生前，应该待在一个完整的蛋里。那第一步，应该对应哪个图片呢？

吉祥物：让我找找看。啊，找到啦。这里有一枚完整的蛋，所以，绿色按钮应该放在第一个圆点的旁边，对吗？

男：太棒了，答对了！后来有一天，火烈鸟宝宝长大了，它把蛋壳儿挤裂了，现在，小朋友们，你们知道哪个按钮对应的图片是第二个了吗？

吉祥物：嗯！蛋壳上有裂缝，我找到了，是橙色按钮对应的图片。所以，橙色按钮应该放在第二个圆点旁边，对吗？

男：真聪明，答对啦！再后来，火烈鸟宝宝长大了一点，把蛋壳儿顶开了一个小洞。

吉祥物：哈哈，我看到啦！蓝色按钮对应的图片上，蛋壳破了一个小洞，所以，蓝色按钮应该放在第三个圆点的边上，对吗？

男：答对啦。下面，火烈鸟宝宝马上就要钻出蛋壳啦。

吉祥物：嗯，是的。你看，黄色按钮对应的图片中，火烈鸟宝宝探出了头，所以，黄色按钮应该放在第四个圆点的旁边。

男：那第五个圆点应该对应哪张图片呢？

吉祥物：这一步，火烈鸟宝宝该探出身子了吧？嗯，我看看，紫色按钮对应的图片中，火烈鸟宝宝半个身子都露出来了，所以，紫色按钮放在第五个圆点的旁边。

男：你观察得真仔细啊，又答对了。那第六步应该对应哪个图片呢？

吉祥物：我知道我知道！红色按钮对应的图片中，火烈鸟宝宝已经完全撑开了蛋壳，站在了妈妈面前，所以，红色按钮应该放在第六个圆点的旁边。

男：太棒了，都答对了。电视机前的小朋友们，你们都答对了吗？还有五秒钟的时间！5，4，3，2，1！

女：好，我们先来看看红队宝宝的成绩啊，绿色、橘色、蓝色、黄色、紫色、红色，速度很快而且全对，很棒。

男：全对了，给自己鼓鼓掌。好我们来（女合）看看黄队宝宝。

女：也很聪明啊，她做的这四道题都对了。

男：4个，也很棒。

女：很棒，为自己鼓鼓掌。好，最后是我们的蓝队宝宝。绿色，橘色，蓝色，黄色，紫色，红色，哇哦。

男：来为自己鼓鼓掌吧！祝贺你。通过今天的游戏啊，我想小朋友们对小动物出生的过程可能有了一个更直观的了解。

女：是的，而且她们的表现很出色，让我们一起来看看她们的成绩吧。

男：来。

女：到"亲子大比拼"这个环节啦。

男：今天我们要做一个有趣的运送气球的游戏。在运送过程中，你的双脚不可以离开这个赛道。还有，如果气球不小心掉到地上，那你的这个轮次就要取消。

女：是的。

男：你的下一个大朋友或者小朋友再继续进行。

女：最后我们来看看哪个队运送的气球最多。

男：是的。

女：好，首先进行游戏的是我们的红队苹果家庭，喊出你们的家庭口号吧！

男：来。

女：三二一！

红队家庭：新宝新宝，勇夺第一！

男：好啦，"勇夺第一"是我们每个家庭的目标。来，我们的苹果家庭，开始做准备吧。

男：好的，接下来要上场的是我们的黄队菠萝家庭。期待他们也有精彩的表现！

女：喊出你们的家庭口号。

男：来。

女：三二一，开始。

黄队家庭：菠萝菠萝，奋勇拼搏！

男：还是宝宝说得最好啊。

女：对！奋勇拼搏！

男：他们的思绪可能已经飘到游戏里面去了。

女：对。

男：脑子稍微有一点点短路，究竟怎么样，我们来看你们游戏当中的表现。来，黄队，请准备！计时开始！

女：看来红队和黄队成绩是一样的啊。

男：看来他们两个家庭之间总体实力差不多。

女：嗯。

男：那不知道我们的蓝队蓝莓家庭，在总体实力上能不能够更胜一筹呢？

女：一起来看看他们的表现吧。

女：喊出你们的家庭口号。三二一，开始！

蓝队家庭：全家齐上阵，今天我最棒！

男：准备，计时，开始！

女：这个游戏过后，我们一起来看看他们的成绩吧！

男：一起来看。

男：好的，激动人心的时刻马上要来了，我们现在要给大家公布一下今天获得冠军的宝宝，猜猜他究竟是谁。

女：嗯。

男：在三位可爱的宝宝当中，究竟是我们红队苹果宝宝略胜一筹呢？

女：还是我们可爱的菠萝宝宝？或者发型很像哪吒的蓝莓宝宝呢？

男：现在要为大家宣布，今天我们智慧树"宝贝2+1"获得冠军的是我们的蓝莓宝宝！

女：当然了，其他两位宝宝的表现同样出色，三位宝宝都是我们的智慧宝宝！恭喜你们！好，接下来欢迎我们的好朋友小咕咚为她们颁奖。

男：好，欢迎小咕咚为她们送上证书，还有奖牌。

男：电视机前的小朋友们，如果你也是一个喜欢交朋友或者热爱游戏的小朋友，不要犹豫了，赶快报名参加我们的节目吧！

女：是的，我们的地址是北京市100038信箱，123分箱，《智慧树》栏目，咕咚收。邮政编码是100038。

男：如果电视机前还有大朋友或者小朋友想了解关于《智慧树》栏目的更多精彩内容，或者说大家有什么好的意见和建议的话，都可以通过屏幕上打出的方式和我们进行互动交流。

女：赶快来参与吧！好，最后，大朋友小朋友们，让我们一起喊出我们的口号！

男：来，让我们一起说！

合：宝贝2+1，快乐做游戏！

女：再见！

男：再见！

2. 湖南电视台金鹰卡通卫视少儿节目《童星撞地球》

女：欢迎来到（男合）童星撞地球！

男1：欢迎大家！各位好，这里是由果汁多健康多滨崎果汁糖果为您独家冠名播出的《童星撞地球》，本节目由好吃又好玩的和路雪麦酷狮为您特约播出。我是王乔哥哥，问候小朋友们！

女：大家好，我是小燕子姐姐。

男2：电视机前的观众朋友们，你们好，我是E哥。又在这个美丽的周末跟小朋友们相聚在这里，实在是太开心了。

男1：是的，五一小长假已经过完，春天的脚步好像悄然离我们而去，这意味着夏天已扑面而来。

女：因为刚刚过去的五月六号就是立夏，这个立夏当中的"夏"，就是很"大"的意思，就是指在春天里播种的种子已经直立长大了。

男1：立夏就是立大的意思，夏就是大，就是我是"吓大的"。

女：对对，厦门大学的。

男1：是这个意思。

男2：通俗地讲，这个跟小朋友有什么关系呢？就是小朋友从一颗小种子，已经慢慢地茁壮长大了，长成一朵小花了。

女：是的，E哥说的没错。那一个种子长成一朵花，倾注了播种人的心血和呵护。过几天呢，是一个播种人的节日，妈妈的节日——母亲节。

男1：所以，我们在这里要代表《童星撞地球》全体栏目组所有的哥哥姐姐献上衷心的祝福。

合：母亲节快乐！

男1：是的，祝福所有可爱的母亲们。那说到母亲节，其实我们要跟小朋友分享的是，你不需要给妈妈准备一个多贵重的礼物，但是一定要记得在那一天跟妈妈说声节日快乐。

男2：是的，最后再附送上一个吻的话，那就圆满了。

男1：接下来又要到暑假了，所以就可以让爸爸妈妈带着我们出去旅行。

男2：当然了，我们《童星撞地球》也会带着电视机前的孩子们出去旅行。

女：说到旅行，因为我们今天要带给大家的这部剧叫作《摩尔庄园》，大家都非常喜欢。那今天带给大家的是《摩尔庄园》大电影当中的《魔幻列车大冒险》。这场冒险会带大家去到各种不一样的地方。

男1：那这一集节目当中我们会和摩乐乐一起去到哪里？接下来马上开始我们今天的节目。

女：欢迎回来！

男1：各位好，您现在收看到的是由果汁多健康多的滨崎果汁糖果为您独家冠名播出的《童星撞地球》。

女：是的，没有想到一个人的旅行还会发生这么多奇幻的事情。

男1：是的。

女：太奇妙了，比我们一个人的旅行要精彩多了。

男2：对，我都迫不及待地想看下一集了。

女：是的，我们要给大家介绍一下，刚才在《摩尔庄园》大电影当中，演技非常非常好的两位小演员，他们是多多和少少。

男合：欢迎两位。

女：来让他们自我介绍一下。

小朋友1：大家好，我叫刘意涵，我今年十岁了，我来自湖南省一师一附小。

男2：你饰演的是？

小朋友1：我饰演的是布多多。

小朋友2：大家好，我叫颜子涵，今年六岁，来自长沙师范附属幼儿园。

女：你在剧里饰演的是谁？

小朋友2：布少少。

女：到底少不少？不多也不少，刚刚好。好，那我们的多多少少将获得果汁多健康多滨崎果汁糖果提供的大礼包。到我们的糖果屋来拿礼包啰！

男2：快跟果汁糖果打个招呼。哈喽！好，每人一份。当然了，我们的礼物是非常非常丰厚的，我们也为孩子们准备了永高人提供的童装和童鞋。怎么样？

男1：恭喜两位！每人一份！

男2：开不开心？

小朋友们：开心！

男1：当然了，我们的节目是由好吃又好玩的和路雪麦酷狮为您特约播出的。所以接下来，礼物当中怎么少得了我们麦酷狮送出的BOBO旋风冰淇淋，喜不喜欢？

女：你看人家少少手都伸到这儿了你还不给人家。

男1：喜不喜欢？哇，他眼睛已经发光了。

女：看看，好想吃，我们现在就吃好不好？

小朋友1：好，好。

男1：真的吗，就这样给人家拆开吗？

男2：没错没错，电视机前的孩子们看到没，来到我们的舞台会有这么丰厚的礼物等待着你们，而且有这么多好玩的剧集陪伴着你们，所以还等什么，赶紧到我们这个快乐的舞台上来吧！

女：如果你也想登上我们童星撞地球的舞台，记得根据屏幕下方的联系方式跟我们取得联系，说不定，下一个站在舞台上的人就是你！

男1：在这边我们还要提醒电视机前所有的小朋友们和家长朋友们。记得每周五晚的七点钟，锁定金鹰卡通卫视跟我们一起分享来自《童星撞地球》的精美奖品和好看的剧集！

女：是的，下周五晚的七点钟我们不见不散！

合：下周见！拜拜！

3. 中央电视台《新闻联播》

2014年10月28日，播音员李修平完成了近16分钟的口播稿件。

各位观众，现在播发中共中央关于全面推进依法治国若干重大问题的决定。《决定》于2014年10月23日中国共产党第十八届中央委员会第四次全体会议通过。

《决定》说，为贯彻落实党的十八大做出的战略部署，加快建设社会主义法治国家，十八届中央委员会第四次全体会议研究了全面推进依法治国的若干重大问题，做出如下决定。

一、坚持走中国特色社会主义法治道路，建设中国特色社会主义法治体系

依法治国，是坚持和发展中国特色社会主义的本质要求和重要保障，是实现国家治理体系和治理能力现代化的必然要求，事关我们党执政兴国，事关人民幸福安康，事关党和国家长治久安。

我国正处于社会主义初级阶段，全面建成小康社会已进入决定性阶段，改革进入攻坚期和深水区，国际形势复杂多变，我们党面对的改革发展稳定任务之重前所未有，矛盾风险挑战之多前所未有，依法治国在党和国家工作全局中的地位更加突出，作用更加重大。

全面推进依法治国，总目标是建设中国特色社会主义法治体系，建设社会主义法治国家。这就是，在中国共产党领导下，坚持中国特色社会主义制度，贯彻中国特色社会主义法治理论，形成完备的法律规范体系、高效的法治实施体系、严密的法治监督体系、有力的法治保障体系，形成完善的党内法规体系，坚持依法治国、依法执政、依法行政共同推进，坚持法治国家、法治政府、法治社会一体建设，实现科学立法、严格执法、公正司法、全民守法，促进国家治理体系和治理能力现代化。

实现这个总目标，必须坚持以下原则。

（1）坚持中国共产党的领导。党的领导是中国特色社会主义最本质的特征，是社会主义法治最根本的保证。把党的领导贯彻到依法治国的全过程和各方面，是我国社会主义法治建设的一条基本经验。我国宪法确立了中国共产党的领导地位。坚持党的领导，是社会主义法治的根本要求，是党和国家的根本所在、命脉所在，是全国各族人民的利益所系、幸福所系，是全面推进依法治国的题中应有之义。党的领导和社会主义法治是一致的，社会主义法治必须坚持党的领导，党的领导必须依靠社会主义法治。

（2）坚持人民主体地位。人民是依法治国的主体和力量源泉，人民代表大会制度是保证人民当家做主的根本政治制度。必须保证人民在党的领导下，依照法律规定，通过各种途径和形式管理国家事务，管理经济文化事业，管理社会事务。必须使人民认识到法律既是保障自身权利的有力武器，也是必须遵守的行为规范，增强全社会学法遵法守法用法意识，使法律为人民所掌握、所遵守、所运用。

（3）坚持法律面前人人平等。平等是社会主义法律的基本属性。任何组织和个人都必须尊重宪法法律权威，都必须在宪法法律范围内活动，都必须依照宪法法律行使权力或权利、履行职责或义务，都不得有超越宪法法律的特权。

（4）坚持依法治国和以德治国相结合。国家和社会治理需要法律和道德共同发挥作用。必须坚持一手抓法治、一手抓德治，大力弘扬社会主义核心价值观，弘扬中华传统美德，培育社会公德、职业道德、家庭美德、个人品德，既重视发挥法律的规范作用，又重视发挥道德的教化作用，以法治体现道德理念、强化法律对道德建设的促进作用，以道德滋养法治精神、强化道德对法治文化的支撑作用，实现法律和道德相辅相成，法治和德治相得益彰。

（5）坚持从中国实际出发。中国特色社会主义道路、理论体系、制度是全面推进依法治国的根本遵循。汲取中华法律文化精华，借鉴国外法治有益经验，但决不照搬外国法治理念和模式。

二、完善以宪法为核心的中国特色社会主义法律体系，加强宪法实施

法律是治国之重器，良法是善治之前提。建设中国特色社会主义法治体系，必须坚持立法先行，发挥立法的引领和推动作用，抓住提高立法质量这个关键。要恪守以民为本、立法为民理念，贯彻社会主义核心价值观，使每一项立法都符合宪法精神，反映人民意志，得到人民拥护。要把公正、公平、公开原则贯穿立法全过程，完善立法体制机制，坚持立改废释并举，增强法律法规的及时性、系统性、针对性、有效性。

（1）健全宪法实施和监督制度。宪法是党和人民意志的集中体现，是通过科学民主程序形成的根本法。一切违反宪法的行为都必须予以追究和纠正。完善全国人大及其常委会宪法监督制度，健全宪法解释程序机制。

将每年十二月四日定为国家宪法日。在全社会普遍开展宪法教育，弘扬宪法精神。建立宪法宣誓制度，凡经人大及其常委会选举或者决定任命的国家工作人员正式就职时公开向宪法宣誓。

（2）完善立法体制。加强党对立法工作的领导，完善党对立法工作中重大问题决策的程序。凡立法涉及重大体制和重大政策调整的，必须报党中央讨论决定。

健全有立法权的人大主导立法工作的体制机制，发挥人大及其常委会在立法工作中的主导作用。

加强和改进政府立法制度建设，完善行政法规、规章制定程序，完善公众参与政府立法机制。

明确立法权力边界，从体制机制和工作程序上有效防止部门利益和地方保护主义法律化。

（3）深入推进科学立法、民主立法。加强人大对立法工作的组织协调，健全立法起草、论证、协调、审议机制，健全向下级人大征询立法意见机制，建立基层立法联系点制度，推进立法精细化。

（4）加强重点领域立法。依法保障公民权利，加快完善体现权利公平、机会公平、规则公平的法律制度，保障公民人身权、财产权、基本政治权利等各项权利不受侵犯，保障公民经济、文化、社会等各方面权利得到落实，实现公民权利保障法治化。增强全社会尊重和保障人权意识，健全公民权利救济渠道和方式。

三、深入推进依法行政，加快建设法治政府

法律的生命力在于实施，法律的权威也在于实施。各级政府必须坚持在党的领导下、在法制轨道上开展工作，创新执法体制，完善执法程序，推进综合执法，严格执法责任，建立权责统一、权威高效的依法行政体制，加快建设职能科学、权责法定、执法严明、公开公正、廉洁高效、守法诚信的法治政府。

（1）依法全面履行政府职能。完善行政组织和行政程序法律制度，推进机构、职

能、权限、程序、责任法定化。

（2）健全依法决策机制。把公众参与、专家论证、风险评估、合法性审查、集体讨论决定确定为重大行政决策法定程序，确保决策制度科学、程序正当、过程公开、责任明确。

建立重大决策终身责任追究制度及责任倒查机制。

（3）深化行政执法体制改革。根据不同层级政府的事权和职能，按照减少层次、整合队伍、提高效率的原则，合理配置执法力量。

推进综合执法，大幅减少市县两级政府执法队伍种类，完善市县两级政府行政执法管理，严格实行行政执法人员持证上岗和资格管理制度，健全行政执法和刑事司法衔接机制，实现行政处罚和刑事处罚无缝对接。

（4）坚持严格规范公正文明执法。依法惩处各类违法行为，加大关系群众切身利益的重点领域执法力度。严格执行重大执法决定法制审核制度。

建立健全行政裁量权基准制度，全面落实行政执法责任制，惩治执法腐败现象。

（5）强化对行政权力的制约和监督。加强党内监督、人大监督、民主监督、行政监督、司法监督、审计监督、社会监督、舆论监督制度建设，努力形成科学有效的权力运行制约和监督体系，增强监督合力和实效。

（6）全面推进政务公开。坚持以公开为常态、不公开为例外原则，推进决策公开、执行公开、管理公开、服务公开、结果公开。各级政府及其工作部门依据权力清单，向社会全面公开政府职能、法律依据、实施主体、职责权限、管理流程、监督方式等事项。

涉及公民、法人或其他组织权利和义务的规范性文件，按照政府信息公开要求和程序予以公布。

四、保证公正司法，提高司法公信力

公正是法治的生命线。司法公正对社会公正具有重要引领作用，司法不公对社会公正具有致命破坏作用。必须完善司法管理体制和司法权力运行机制，规范司法行为，加强对司法活动的监督，努力让人民群众在每一个司法案件中感受到公平正义。

（1）完善确保依法独立公正行使审判权和检察权的制度。

（2）优化司法职权配置。

（3）推进严格司法。

（4）保障人民群众参与司法。

（5）加强人权司法保障。

（6）加强对司法活动的监督。

五、增强全民法治观念，推进法治社会建设

法律的权威源自人民的内心拥护和真诚信仰。人民权益要靠法律保障，法律权威要靠人民维护。必须弘扬社会主义法治精神，建设社会主义法治文化，增强全社会厉行法治的积极性和主动性，形成守法光荣、违法可耻的社会氛围，使全体人民都成为社会主义法治的忠实崇尚者、自觉遵守者、坚定捍卫者。

（1）推动全社会树立法治意识。

（2）推进多层次多领域依法治理。

（3）建设完备的法律服务体系。

（4）健全依法维权和化解纠纷机制。

六、加强法治工作队伍建设

全面推进依法治国，必须大力提高法治工作队伍思想政治素质、业务工作能力、职业道德水准，着力建设一支忠于党、忠于国家、忠于人民、忠于法律的社会主义法治工作队伍，为加快建设社会主义法治国家提供强有力的组织和人才保障。

七、加强和改进党对全面推进依法治国的领导

党的领导是全面推进依法治国、加快建设社会主义法治国家最根本的保证。必须加强和改进党对法治工作的领导，把党的领导贯彻到全面推进依法治国的全过程。

（1）坚持依法执政。依法执政是依法治国的关键。各级领导干部要对法律怀有敬畏之心，牢记法律红线不可逾越、法律底线不可触碰，带头遵守法律，带头依法办事，不得违法行使权力，更不能以言代法、以权压法、徇私枉法。

（2）加强党内法规制度建设。党内法规既是管党治党的重要依据，也是建设社会主义法治国家的有力保障。《党章》是最根本的党内法规，全党必须一体严格遵行。

党规党纪严于国家法律，党的各级组织和广大党员干部不仅要模范遵守国家法律，而且要按照党规党纪以更高标准严格要求自己，坚定理想信念，践行党的宗旨，坚决同违法乱纪行为做斗争。

（3）提高党员干部法治思维和依法办事能力。党员干部是全面推进依法治国的重要组织者、推动者、实践者，要自觉提高运用法治思维和法治方式深化改革、推动发展、化解矛盾、维护稳定的能力，高级干部尤其要以身作则、以上率下。

（4）推进基层治理法治化。全面推进依法治国，基础在基层，工作重点在基层。

（5）深入推进依法治军、从严治军。党对军队绝对领导是依法治军的核心和根本要求。

（6）依法保障"一国两制"实践和推进祖国统一。坚持宪法的最高法律地位和最高法律效力，全面准确贯彻"一国两制""港人治港""澳人治澳"高度自治的方针，严格依照宪法和基本法办事，完善与基本法实施相关的制度和机制，依法行使中央权力，依法保障高度自治，支持特别行政区行政长官和政府依法施政，保障内地与香港、澳门经贸关系发展和各领域交流合作，防范和反对外部势力干预港澳事务，保持香港、澳门长期繁荣稳定。

运用法治方式巩固和深化两岸关系和平发展，完善涉台法律法规，依法规范和保障两岸人民关系，推进两岸交流合作。运用法律手段捍卫一个中国原则，反对"台独"，增进维护一个中国框架的共同认知，推进祖国和平统一。

（7）加强涉外法律工作。适应对外开放不断深化，完善涉外法律法规体系，促进

构建开放型经济新体制。

《决定》号召：全党同志和全国各族人民要紧密团结在以习近平同志为总书记的党中央周围，高举中国特色社会主义伟大旗帜，积极投身全面推进依法治国伟大实践，开拓进取，扎实工作，为建设法治中国而奋斗！

4. 中央电视台《新闻1+1》

白岩松：您好观众朋友，欢迎收看正在直播的《新闻1+1》。2014年，有很多演艺圈里的人，因为与毒品粘连，进了看守所和监狱，难怪有人黑色幽默地说，现在在看守所和监狱里头拍一部电影的阵容是绰绰有余，这其中有导演，有编剧，有歌手，还有演员，并且不止一位。你看今天又添加了一位演员，他打算在这部和毒有关系的大戏里头扮演什么样的角色呢？看看他被抓时的镜头。

（插片）

在现实中，台词的工夫一般，因为这样的一个词说了好几遍，他的戏我没有看过，这是演员高虎。但是今天傍晚的时候，就开始听到有很多人在谈论他，因为涉毒的案件。针对这个案件，我们独家采访了办案的民警，给我们讲一讲其中的来龙去脉，来，我们一起听一下。

（插片）

他是几天前被抓到的，今天傍晚的时候公布了，我刚才说了，我说以前没有看过他的戏，第一次看就是他演他自己，而且演得很狼狈。

今年有很多娱乐圈里的人，都因跟毒沾上了边，而以一种不同的方式出现在了公众的面前。我们来看一看，3月份开始是李代沫，最后他一审获刑9个月，然后导演张元、编剧宁财神，还有演员张耀扬、何盛东、张默，今天在这样一个演职人员大表格当中，又加了一个高虎。接下来我们要连线北京市公安局禁毒总队的张副总队长，因为他现在依然在一线进行相关的工作，所以就不贴出他的照片了。张副总队长您好。

张副总队长：您好主持人。

白岩松：我刚才拉了一个单子，光大家知道名字的，从导演到演员的就这么多，究竟反映的是现在娱乐圈里吸毒现象非常严重呢，还是社会上的吸毒现象也在呈现上升的趋势？

张副总队长：是这样，今年北京连续查获了多名涉毒演艺人员，一方面反映出禁毒部门加大了打击力度。北京警方对吸贩毒的行为一直都保持零容忍的高压打击态势，今年以来查获了一大批的吸毒人员，其中就包括一些演艺界的吸毒人员，比如刚才您说的张元、李代沫等。另一方面从演艺界人员涉毒这个角度，也可以看出当前禁毒形势的严峻。如今北京市的吸毒人员持续增长，现在登记在册的已经有26 000多名了，根据我们的统计数字，北京每年吸毒人员的增幅在10%以上，吸食毒品的人群也比较广泛，滥用毒品，特别是滥用冰毒等合成毒品现象在快速增多，从这些情况看，毒情形势依然是很严峻的。

白岩松：GDP的增速在下降，吸毒的人数却在上涨，这是一个非常糟糕的消息。据您在一线工作的经验，这一方面体现了打击的力度，另一方面，从每一个线索的角度来说，是我们主动出击呢，还是举报人明显在增多？

张副总队长：这一年我们针对复杂严峻的毒情形势，在大力的加强禁毒工作。一方面是广泛发动群众，公布了举报电话，建立了举报奖励的制度，群众可以通过拨打电话，登录北京禁毒在线网站，联系北京禁毒微信等多种形式举报。这两年举报的数量和质量都远超以前了。我们还组织发动了近万名的禁毒志愿者参与禁毒工作，形成了禁毒人民战争的良好局面。另一方面，我们也建立了跨部门、跨警种的禁毒情报交流共享机制，加大了对缉毒专业力量的建设，提升了缉毒打击能力，使禁毒工作迈上了一个新的台阶。

白岩松：我听出您的意思来了，对于很多存在侥幸心理的吸毒者来说，要想人不知，除非己莫为。这个渠道，包括周围监控，包括周围会看到你这种行为的人也会越来越多是吧？

张副总队长：对。

白岩松：好，接下来我们要从源头上关注，如何避免很多的人走上这样一条道路。接下来我们透过一个短片，看看张元、李代沫谈自己是如何接触到毒品的。

（插片）

接下来我们继续连线张副总队长。张副总队长，一方面，对于这些涉毒的明星包括其他的一些人员，你会加大办案力度，但另一方面，如何从源头上切断它的链条呢？

张副总队长：是这样，毒品具有商品的属性，毒品从制造、运输到吸食有很多的环节，存在着链条，毒品有供应，也有需求。我们北京的禁毒部门，按照源头打击的思路，按照打团伙、摧网络、断通道、追毒源的工作思路，从毒品交易的各个环节着力，加大打击力度，努力切断整个链条。特别是今年，我们通过不断落实全警禁毒的责任，包括抽调将近400名精干警力，参与禁毒打击工作，通过积极发动群众参与禁毒等措施，今年以来取得了显著的打击战果。

截至目前，北京共破获毒品案件1 600多起，抓获涉毒人员7 200多名，同比分别上升了47%和63%，北京今年的缉毒战果已经达到历史同期的最好水平。下一步我们将采取更有力的措施，将更多的吸毒人员纳入视线，依法处理更多的违法犯罪人员，有力打击、震慑毒品违法犯罪，遏制当前毒品快速蔓延的态势。

白岩松：好，非常感谢张副总队长给我们带来的相关介绍，谢谢，辛苦了。其实在刚才连线过程中，有两个数字和两个说法让我非常感慨。第一个是吸毒人员年增幅在北京超过了10%，想想看我们现在的GDP已经要接受新的常态化增速，那就是7%左右，7.5%、7.4%这样一个数据，可是吸毒的增幅却在10%以上。接下来，今年又抓了7 200多名涉案人员，而且是成效最"好"的，这个好字应该加引号，因为我们的心情将因此变得不好。

其实从某种角度来说，今年很多演艺圈的人都在给反毒当形象代言人，只不过这次当形象代言人不仅不拿钱，反而以自己进看守所和监狱作为代价。希望这样的人越少越好，千万别忘了，就像我们今天标题说的，你不该"毒"来"毒"往，这个"毒"既是吸毒的毒，也意味着你要考虑到自己的公众人物身份，你不该"毒"来"毒"往，这10%的增幅里或许也有你的因素。

（插片）

宁财神因为涉毒进去的时候，一位著名的女演员非常仗义地说，等你出来的时候要狠狠踹你一脚。现在看来踹一脚太少了，应该踹两脚、三脚，因为他完全不后悔这件事，并且还有一个感觉说，只要活做好了，其他都无所谓。这会产生一种什么样的误导？应该再踹他第二脚和第三脚。

针对这方面的问题，接下来我们要连线一位专家，中国人民公安大学侦查学院禁毒教研室的主任李文君，李主任您好。

李文君：您好主持人。

白岩松：您怎么看待很多吸毒的明星和青少年吸毒人数在增长之间的关系？

李文君：明星是公众人物，他的一言一行确实会影响到普通人，特别是把明星当作榜样的青少年，因为很多年轻人把明星当作自己的偶像，也把这个明星的行为当作自己的行为准则，甚至有很多年轻人因为追星而荒废学业甚至倾家荡产。一旦他们喜爱的明星吸毒，他们可能就会受到引导，甚至认为沾染毒品也不是什么违法犯罪的事儿，更有可能会把吸毒当作一种时尚来效仿。比如有的青少年就说了，你看谁谁谁吸毒，我照样喜欢他，因为他唱得好，我会永远支持他，他虽然吸毒了，我还是他的粉丝。所以在涉毒事件上，娱乐圈对青少年的负面引导作用，往往会发挥最大效应。

主持人：还有一些明星，可能是刚刚从看守所出来，或者从监狱出来的时候，出于危机公关的考虑，立即写道歉信等，但是没隔几天，可能由于"个性"，加引号的这种个性就展现出来了，开始玩，比如回答说我完全不后悔。您怎么看待这样的一种反应？而且他有一种感觉是，我只要在舞台上歌唱得好，只要剧本写得好，这个事很快就会过去。

李文君：我觉得作为一个公众人物，他们缺乏最起码的社会责任感和起码的道德。我觉得目前来讲，艺人涉毒事件确实太多了，有一些人在商品社会包装下，应该说一夜成名了，一夜暴富了，这个时候他面对突如其来的这么多掌声、鲜花和数不清的金钱和名望，一些人就完全迷失了自我，道德也缺失了，甚至把吸毒当作一种时髦，当作彰显他名人和富人地位的一个象征。

在演艺事业上，我不认为这些人能走得长远，因为我们觉得真正的艺人，要靠知识的储备和生活经验的积累。如果说靠毒品来支撑他们，或者对吸毒不屑一顾的话，这个确实不应该。

主持人：就像一位老艺术家说的那样，其实拼到最后都是人格的拼争，很多的明星演员应该仔细去琢磨一下这件事。但社会也要琢磨，有的时候"宽容"是一个好词，但是对于一而再再而三的犯错者，这个"宽容"是否要有限度呢？

（插片）

看看网民的意见，对于二次吸毒被抓的明星，你的态度是应该封杀（69%），看后续表现决定（16%），还是再给他们机会？（15%，明显已经不是一个很多的数据了）。

接下来我们还是要连线中国人民公安大学侦查学院禁毒教研室主任李文君，李主任，您怎么看待一而再再而三复吸的公众人物，我们对他的宽容的界限应该是什么？

李文君：无论明星还是名人，一旦发现他沾染毒品，除了对他们进行法律惩罚之外，公众舆论一定要抱有一个明确的谴责态度，这样就能对明星形成必要的道德约束。因为毒品一沾难戒，它的成瘾性就是本质性的特征，戒起来很困难，不能让他们当成一个炒作自己的手段，这样对社会的影响太恶劣了。如果整个社会对毒品的态度模棱两可，那么很多人就会认为吸毒并不违反社会道德风尚。所以对明星的吸毒问题我们还是要严肃认真对待。

白岩松：好，非常感谢您带给我们的解读。的确，在我们的生活中，有的时候对该宽容的不宽容，不该宽容的又过分宽容，这个时候就应该集体思考一下，明星们不是独来独往的，你影响着很多的年轻人，我们又该如何看待他们这样的行为呢？

5. 凤凰卫视《锵锵三人行》

窦文涛：有人说汪国真是鸡汤鼻祖，其诗没什么文学价值。可惜这个汪国真，他就活了59岁。

马未都：1956年的。

窦文涛：肝癌。所以真得注意肝的健康。而且汪国真，我曾看到他一个很小的事情，很有意思。有一次他跟他的一个朋友在一个小酒吧里，旁边桌上有个女的要抽烟，后来汪国真上去跟这个女的说，说你不要抽烟，然后这个女的说这是吸烟区，就是在酒吧里，说可以吸烟，然后汪国真说我对烟敏感。

然后这女的过了一会儿又走过来，说汪老师，你是不是汪国真，就是我看你像，能不能给我签个名？然后汪国真给她签了名，签了名的同时，还给她写了几句话，告诉她吸烟有害健康。汪国真应该吸过烟，后来他戒烟了，听说是因为他发现自己肝有问题。汪国真曾经有多么火，这个咱们都知道吧？可是你发没发现，非常奇怪，你对于他几乎一无所知。

李菁：他的个人生活，是吗？

窦文涛：对，我才发现当时他那么火，但是我怎么对他一点八卦的兴趣都没有，我当时只知道汪国真的诗。

李菁：那时候也没有什么八卦的。

马未都：没八卦的那些事儿。

李菁：对。

马未都：因为他最火的时候是上个世纪90年代初。

李菁：80年代末，90年代初。

马未都：对，正好是我离开文学界的那一段。

窦文涛：你那个时候是文学编辑。

马未都：对，因为那时候是文革以后吧，我们就说诗歌界是朦胧诗先热闹一阵子，朦胧诗的普及度远不如汪国真的诗。所以，汪国真的诗正好赶上了80年代末、90年代初那批大学生，那批都是新鲜的大学生，不是77级、78级那些老炮大学生。那批大学生什么人都有，都是社会尖子。

窦文涛：渣子。

马未都：尖子，都是尖子，而且从某种意义上讲，还是社会油子，就是他的社会经历特别多。所以他不大看这些东西，但恰恰是后来这一批，大概是1987年以后入学的这些人、从学校到学校的这部分人，他们正好走向社会，在看到一个纷杂的社会的时候，赶上了汪国真的诗，所以汪国真的诗在那时红是有一定道理的。

窦文涛：现在他这一去世，有点不安宁，就是文坛开始争论，很多人开始争论。比如有一派说汪国真是鸡汤鼻祖，写的诗太浅显，没有太大的文学价值。但是另一派的人就认为，他在当年影响过自己等，反正就是这种争论。你还能记得他写的诗吗？

马未都：不认为汪国真的诗歌浅白毫无价值，白居易的诗更大白话。

李菁：那天我一看新闻，有个反应，就是觉得很多人，像我这个年龄的人，所谓的70后，很可能第一个反应就是回忆到初中时代，或者高中时代。

我记得当时我上学的时候，有一本很火的杂志，叫《辽宁青年》，我不知道你们那时候看不看，很小的一本，但是发行量很大。然后它就经常刊登汪国真的诗，完了正好是我们看，我们特别愿意抄，那天我的同事还开玩笑说，那叫贺年卡叫什么诗人。他那诗很适合同学之间送，朋友之间送。那个时候我们就一初中生，朦朦胧胧，对文字有一点感觉，但思想又没有达到那种程度。同学之间写贺卡，我的第一个反应，就是那句"既然选择了远方，便只顾风雨兼程"，我当时特别喜欢这句话，你知道吗？

窦文涛：你喜欢这句话？

李菁：对，初中生嘛。

马未都：我认为就是今天看也不过时。

李菁：不光是我喜欢，习大大还读过，是吧？

窦文涛：对，就是什么"没有比脚更长的路"。

李菁：没有比人更高的山。

窦文涛：对，没有比人更高的山。

李菁：名言警句这种。

马未都：这是习大大引用过的话，就是刚才那句话，其实你今天看，其实我不认同他。

李菁：一点价值都没有。

马未都：他这个诗浅显。刚才说什么心灵鸡汤鼻祖，那白居易也浅显，那更浅显。白居易写的诗全是大白话，你知道吗？有包子写包子，有饺子写饺子，都是大白话。

窦文涛：那你看白居易写的《琵琶行》呢？

马未都：那是因为，《琵琶行》在这里算力作了，他大量的诗歌都是大白话。你比如说他自个儿做一书柜，他说：破柏作书柜，柜牢柏复坚。收贮谁家集，题云白乐天。那不都是大白话吗？

窦文涛：是。

马未都：汪国真正好是改革开放的初期出现的，因为改革开放最初期人是禁锢的，有点像笼子里放出来的雀，根本不往远处飞，直接落笼子旁边观望。但是，等十年改革结束的时候，大概就是80年代末、90年代初的时候，价值观刚开始有所变化的时候，汪国真的诗开始起作用。他刚才说的那句话，我既然选择了远方，就只顾风雨兼程。这话说得很好。

窦文涛：我不去想是否能够成功，既然选择了远方，便只顾风雨兼程。

马未都：说得多好啊。

窦文涛：还有就是说，要输就输给追求，要嫁就嫁给幸福。

马未都：这话有点鸡汤，但是前面那个不鸡汤。

窦文涛：汪国真曾参加央视主持人大赛，与许戈辉搭档。人生并非只有一处，缤纷烂漫，那凋零的是花，不是春天。所以我说我知道他当年有多么火，但是非常奇怪的是，我对他这个人怎么可以毫不关心，以至于他死了，我才知道很多我过去完全不知道的事儿。比方说他参加过中央电视台组织的那个主持人大奖赛。

李菁：我好像有印象。

窦文涛：他进了前几名。

李菁：他跟许戈辉在一起，是吧？

窦文涛：没错。

李菁：我有印象。

窦文涛：许戈辉拿了第一名。

李菁：他俩搭档吧。

窦文涛：他俩搭档，他跟许戈辉搭档，许戈辉拿了第一，他好像拿了第八。

李菁：对，你一说我想起来了。

窦文涛：我觉得这从某种程度上说，也挺没价值的，是不是？中央台当年那么火了。

李菁：跟余秋雨老师在文坛的地位差不多，是吧？

窦文涛：现在我跟你说，这两天都有人说了，说这个汪国真走了，你们就炒成这样，这要是余老师，评价一下，你们会争议成什么样呢？

马未都：我觉得汪国真的存在是有价值的，因为他擅长的文学体裁叫诗歌。我们老说我国是诗的国度，但后来突然发现诗歌没有标准了，谁出来都另立一派，咱们现在不点名，一点名马上就有人攻击我。就是说各种派别，什么话都可以随便拿一菜单子摆上去说我这是诗，以后我们叫菜单子诗，你可以朗诵。有人直接就可以拿着菜单子朗诵了，是不是？红烧肉片六块八，也可以朗诵。

从民国新诗开始，大家就试图找到一个诗歌标准，但是这一百年来都没有找到。古诗是有标准的，我们说的唐诗宋词都是有标准的，那个标准大家很清晰，今天是因为丢失了标准，所以诗歌就被误认为没法评价。

窦文涛：我先给你看看几张照片，我觉得今天的年轻人未必知道他是谁了。

马未都：这不就是汪国真先生嘛，这个大概30来岁。

窦文涛：再看汪国真当年的。

李菁：就是说他是被盗版盗得最厉害的。

马未都：诗集里最多的。

窦文涛：这是参加那个电视大奖赛。

马未都：对。

窦文涛：他不是第八，他是第六名，许戈辉是第一名，他跟许戈辉搭档。

马未都：对，前面那个穿病号服的是谁？

窦文涛：温文尔雅的汪国真曾为呼格吉勒图说了唯一一句脏话。

窦文涛：这不是电视大奖赛，这是诗歌比赛。但是你知道，他的这个诗集加上盗版的得有两三千万，但是他自己讲，好像他自己也挺生气，就是这么多的盗版。但是他就说，正版的得有六百万，六百万册，你知道当年，你知道在他之前最火的就是那个朦胧诗集，就是顾城，北岛不也编过一个《朦胧诗选》，那个算是盖帽了，销量大概是20多万。然后再后来，汪国真一出来，六百万，所以有人说汪国真的诗是纯真的记忆，有人说是鸡汤的毒药。

马未都：什么叫鸡汤的毒药，鸡汤也是好东西。

窦文涛：对。他就是说，你看这就有几种观点，"倒汪派"认为鸡汤诗歌是文化贫瘠的反映，他们在怀念汪国真，实际是在玩青春自恋，而不是青春纪念，对吧。还包括有朱大可，说鸡汤诗人谢世所引发的超常赞美说明文化贫瘠时代的中国人对鸡汤的记忆、嗜好和依赖已经到了令人心痛的程度，这话就说得非常过分了。

但是也有挺汪的，"倒汪派"说你们骂汪国真的人还是给自己留点人道主义的底色吧，不要因为没有人愿意顺着你们去牺牲，就去诅咒书写热爱生命的人，他们认为汪国真的诗歌是个人主义的，他没有作恶，喜欢过他的人也没有因为读了他的诗而作恶。我觉得这争的有点火药味。

还有人说，那个年代的人们崇高质朴的情怀、崇高的理想、纯净的为人，说汪国真给当时的年轻人带来了全新的人生体验和价值观，客观上也助推了当时诗歌热的兴起。而且我现在想起来，汪国真就像他的一个诗里说的，既然目标是地平线，那留给世界的只能是背影。

你觉不觉得现在咱们想他，他就像是一个背影。这个人是什么性情，是什么性格，你很陌生。我要跟你讲一些，有些你会吃惊，就是他跟一个，比如说他会跟一个记者，一个年轻人成为忘年交，为什么，因为这个年轻人能够背下他全套的诗集。然后比如说当他得知自己患肝癌的消息之后，他跟这个年轻人讲话都像咏诗一样，就是在念他的诗，就是说我的肝有点小毛病，你还记得我写的那首诗吗？这个年轻人就背一遍，他就很高兴。

所以我觉得他是不是属于当年的那个年代，我开始揣测，这个人是不是当年的那种所谓理想崇高年代的一种映像，真的他心里有挺纯真的一面。比如说那会儿他向这个记者问呼格吉勒图的事儿，你知道呼格吉勒图他很关心，他一直打电话，最后他就打电话问这个年轻人，说制造"呼格吉勒图冤案"的那几个坏家伙有没有被抓起来，然后那个年轻人跟他说，还没有。然后记者说，温文尔雅的汪国真说了他听到的唯一一句脏话。我一想这些，汪国真在我心里又多了一点印象。

马未都：很多人写一套做一套，汪国真是难得的人如其诗。

马未都：我觉得汪国真，因为我跟他见过，见过、聊过，简短地聊过天。

窦文涛：你对他什么印象？

马未都：他基本上算是一个表里如一的人，就是他写的诗歌跟他的人是对得上的。

窦文涛：就是他是可信的。

马未都：因为我看到大部分人都是写跟人对不上，就比如这人写一套、做一套，有的人就是写得特别温文尔雅，私底下却脏话连篇，两方面完全不吻合。他是一个行为跟作品比较吻合的一个人，他比较内向。包括他的诗歌受到热捧和恶评，这事儿很麻烦，这是公众自发的热捧。那时候还真没有现在什么"粉丝经济"这种词，也没有谁给你做局、充当水军，什么都没有。它是真实的存在，真实的热了。

因为我那时候还跟文学比较近，所以能看到文学界有些人嗤之以鼻，觉得这事儿太浅。但是他不知道，对于当时的高中生，乃至刚上学的大学生来说，我老觉得这种东西特别适合他。今天你翻个头，从他90年代到现在25年过去了，你到今天还真找不出这样的诗歌，最近引起轰动的像余秀华，余秀华的那个你恨不能让全中国的大学都说我穿过大半个中国去睡你，成天说这个肯定是不行的，对不对？

窦文涛：但是余秀华今天这个能火，她有她的一个劲。

马未都：有她一个劲。

窦文涛：她反映了某种肮脏性。

马未都：余秀华她再火，她跟汪国真当年的火完全不在一个等级上，余秀华的书，在今天出版界这么不景气的情况下卖个几万册，你觉得非常火，跟他当时的那种手抄状态完全是两个状态。当时的手抄可没谁逼着你去抄，是吧？都是自发的。

李菁：而且我还记得他跟那个庞中华，不知道怎么弄到了一起，完了庞中华字贴上都是汪国真的诗，还记得吗？我们一边练字一边等于默写汪国真的诗。

马未都：你仔细看他的这些诗，我认为起码它们对当时在校的学生们，不管初中、高中还是大学，是有利而无一害的，或者说利远大于害，有人会认为这种心灵鸡汤是有害的，对不对？比如你刚才读的不就是这个，他认为是有害的。但我认为这一类东西今天我们都看不见了，你还能看见什么？

窦文涛：这类东西看见了也会被认为是虚假的。

马未都：不，一点都不虚假，你像那个刚才说的，只要你选定了远方，就风雨兼程，那都是很真诚的。今天你选定了任何一个你想达成的目标，一定要风雨兼程，对吧？

马未都：朦胧诗是由上及下的火，汪国真是反向的。

窦文涛：是，从来没有人否定汪国真诗歌的真理性，他说的都是那种不可否认的。

李菁：他诗歌里面的审美趣味现在来看比较浅显，比较简单。

马未都：那远比这么说话强。

窦文涛：就是说像中学生日记。

马未都：现在它使用这样一种说话方式，可能大家觉得深奥，比如有的人出来就说，我那历史的沧桑穿过我思想的永远什么，你听懂了吗？他大概是这么个说话方式，这东西深奥，猛一听，"历史""沧桑""思想""永远"这些词全捏在一块了，听着挺费劲的。其实他有些诗里是富有哲理的，这个谁都不能否定。

窦文涛：其实我有一个感觉，我觉得汪国真的诗歌大概在1990年、1991年的时候火爆全国，你得结合当时的时代看。我觉得，他是诗歌文学开始走向大众的一个标志，为什么我这么说呢，你看80年代的时候，最火的诗人是北岛、顾城、杨炼、江河，我记得就是所谓的朦胧诗派。说实在话，要今天拿出来评价，他们文学界的人也会认为北岛、顾城的诗比汪国真的高多了，对吧，会这么说。

但是实际上，那个时候的我觉得它有一种精英的气氛。说实在的，他们后来的朦胧诗，不是一般中学生能看得懂的，不知道在说什么，但是它成了一个现象，那个时候很多人都是知识青年，对文学感兴趣。包括你看80年代那个星星画展，都是最后搞的现代艺术，甚至在这个美术馆你知道吗，都开枪了，就是这种东西它特别火，但广大人民群众并不能真的理解他们在干些什么。

可是你看，汪国真的诗就变成了当时的大学生和中学生，几乎人人会抄送的，会互相勉励的诗歌，而且要说90年，他们那一拨刚刚过去，有点真空，所以汪国真也有应运而生的性质。

马未都：不是，我觉得他最重要一点还是刚才你说的朦胧诗派，咱们就说诗歌，其他咱不涉及。朦胧诗是从内部，就是诗歌界由上及下的，先是评论界认可，由上及下的火。汪国真是反向的，他是由下及上的，上面人肯定是看不上的。我觉得他的诗再浅显，再易懂，再鸡汤，他不妨碍这些人将来依然可以读深奥的诗，读唐诗。

李菁：对，这是一个成长的阶段。

窦文涛：绝对是一种很好的食粮，而且你还是要看到当时的时代。

马未都：鸡汤在当时为什么会火，因为这个国家大病初愈。

马未都：别说当时，今天也是这样，今天的人也应该先读一些这种浅显、能够理解的，别上来都读那些连我都看不懂的，他们怎么能看懂？

窦文涛：但是为什么今天开始聊鸡汤，为什么鸡汤这词在汪国真的时候不说，因为汪国真那个时代就是个鸡汤的时代。不光汪国真，你还记得有个《读者文摘》吗？

李菁：《读者》。

窦文涛：后来改成《读者》，那时很火，当时有几个杂志能发行几百万册。

马未都：那为什么鸡汤那时候火？

窦文涛：《读者文摘》你要今天看也是鸡汤，是鸡汤文摘。

马未都：鸡汤那时候火，是因为这个国家大病初愈，鸡汤什么时候喝，一个是产后，一个是大病初愈，你大病初愈就得用鸡汤喂着，慢慢养过来。

窦文涛：我知道，那用今天时髦的词形容都是治愈系的。

马未都：什么词？

李菁：治愈。

窦文涛：你看老了吧，治愈，有些玩意儿就是能抚平你内心的创伤。

李菁：但是你知道吗？我不同意一种观点，就是现在我看有人在评论汪国真的时候，说他是现代的某某某，比如某人现在拍一部小清新的电影，因为很符合粉丝的心理，拍了一系列，赚了很多的钱。

窦文涛：这个我也不明白，他们有人说汪国真是那个时候的郭敬明，这俩有什么关系呢？

李菁：对，我就不同意这个观点。

马未都：我不知道，我没听说过，不知道。

李菁：我是想说，你看就是刚才马老师也说，他表里如一，我相信就是他当时写这个完全是发自内心的真诚，你可以说比如他的审美趣味，没有什么沉重的历史感。如果我们做一个技术分析，他的流行有他的一些道理，比如时代性，比如他的诗的长短，不长不短，正适合抄，是吧，你背也行，抄也行，太长的诗不方便传诵。

所以，我觉得我们反过来分析的话，你能分析出几点，当然我不相信汪国真那时候是出于揣测大众的需要，我故意一遍一遍地制造，这跟现在的导演或者某些导演完全不一样。现在一些人就是我知道你是什么，我知道你想看名牌，你想看美女，我就给你制造，我不断地复制这个产品。

窦文涛：一句话，汪国真不是感情骗子。

李菁：对。

窦文涛：咱们缅怀汪国真先生，还可以用他的经典语录缅怀一下，而且你可以了解那个时候的年轻人曾被什么东西打动。你看他的句子，"你若有一个不屈的灵魂，脚下就会有一片坚实的土地。然后天还未黑，云怎敢灰；雨还未下，风怎敢吹；瓜还未熟，秧怎敢枯；花还未落，树怎敢死；你还未嫁，我怎敢老"。你看他有他的情怀。

汪国真自己评价说，我的诗虽然通俗，但可以流传。其实他对文学界对他的一些恶评也是有点耿耿于怀的。有时候在一些公开场合，他说这个事儿也被人议论。他说我的这个诗集六百万册，他说这个销量，不是说销量，就等于说票房还是什么，就是这东西本身就用这个来说明人民群众对我这个诗的接受。某些文学家不能接受他用这个标准来说明自己的诗好。

马未都：那当然，公众接受肯定是第一位的，你是否容易理解是最重要的，尤其是诗歌，诗歌对于一般公众来说，还是一个高高在上的创作题材。汪国真的诗我觉得不仅仅是一个浅显就能打动人，写浅显诗的人多了，它还蕴含着一些道理，刚才你念那个我都没听说过。刚才说你还没嫁，我怎敢老，我觉得这话说得太有意思了。

李菁：席慕蓉比较适合情诗，但汪国真可以跨界。

李菁：你知道当时跟他比较相似的就是席慕蓉，两人那时候都很红，席慕蓉比较适合情诗，我觉得汪国真是那种，就是跨界，友情也行，爱情也行。席慕蓉有印象吧？

窦文涛：席慕蓉是汪国真火之前的先导，先有的席慕蓉。

李菁：他俩有前后吗，我都不记得了。

窦文涛：有前后，而且你知道这个东西还真是有关系，就是北岛、顾城他们那个时候，老实说有点批判现实、反思历史的色彩，刚从"文革"那个时候过来。

李菁：我不相信。

窦文涛：汪国真那个时候他批判现实，但是他提出了一种好像"理想""希望"这些东西。

李菁：正能量。

窦文涛：正能量，而且就是你刚才提到，当时李燕杰、曲啸到处去演讲，讲的都是这种正能量，对吧。一直讲到溱口。

李菁：跟那个时代是有关。

马未都：他那个正能量跟这个有点不一样，他那个就是我刚才想，就你刚才说这个。

窦文涛：见过汪国真。

马未都：不，不是这意思。

李菁：跟曲啸那个正能量不一样。

马未都：对，他是有点励志，你看他这里好多词，你看今天不是老提创业、励志，某些句子很对今天的年轻人的口味。我觉得人类成长，包括我们每个人都有幼稚的一面，对不对，你年轻的时候都幼稚过，谁也不是生下来就是成熟的。所以我觉得他对由幼稚走向成熟的学生们，其实是一个不错的过渡。

李菁：我同意这一点，比如以我所受的诗歌影响为例，我们以前在学校里学的诗歌就是一提起就是大堰河什么的。对，《大堰河——我的保姆》，还有柯岩《周总理在哪里》等，这种革命诗特别长。

后来就开始接触这种朦胧诗，但是那时候我还是高中生或者刚上大学，朦胧诗那些东西对我来说，比如他们那些对社会历史的反思对于一个高中生来说，又不是很能明白。其中有一些句子可以流传，但有一些你又不知道怎么来理解它，正好这时候来了这么一组诗，一种风格，很容易接受。

窦文涛：就是说它是鸡汤，但是就像马先生说的一样，鸡汤不也有营养，鸡汤它不是毒药。

马未都：对，尤其对大病初愈的人，对产妇。

李菁：在那个时代，对。

窦文涛：对，所以你既然这么说，这个年代，还有人管于丹叫鸡汤的，但是于丹也有于丹的价值，是不是？你什么表情，什么表情啊？

6. 中央电视台《农业气象》

主持人：各位好，欢迎收看这一时段的《农业气象》，我是泰源，受到寒冬天气的影响，今年黑龙江一些地方的大棚蔬菜生长缓慢，甚至当地蔬菜的上市时间比往年推迟了15到20天左右，这个时候，许多菜农朋友对于未来的天气情况格外关注，那我们赶紧来看一下。

预计今天黑龙江北部，将会有小雪飘落，到了明天，黑龙江出现降雪的地方会扩展到全省大部，气温方面呢，今明两天，黑龙江不会出现明显的降温，但是大部分地区的最高气温仍将不足零下10摄氏度。所以在这里提醒农民朋友们，要加强大棚作物管理，保证蔬菜正常生长。

说完了黑龙江，我们再将目光扩展到全国其他大部分地区。随着今天冷空气影响的结束，未来三天我们国家整体来看雨雪稀少，气温呈现逐渐回升的态势。具体来看一下，今天全国大部分地方都是晴或多云的天气，气温也将出现不同程度的回升，但是值得注意的是，在浙江大部、福建的中北部、江西的西部、湖南的南部、广东的北部，一直到广西南部，云南东部等地会普遍出现阴雨天气，好在量级不大，主要以小雨或阵雨的天气为主。到了明天，江南华南大部降雨将会彻底停止，迎来久违的阳光。与此同时，北方大部地区将会继续维持晴或多云的天气，全国的气温也会出现持续的回升，预计这种晴朗升温的天气格局至少将会持续到元宵节。所以提醒农民朋友们，一定要趁着雨雪少，气温回升的好时机抓紧开展春耕春播的工作，在这里也预祝大家能够有一个丰收年。

7. 河北电视台《家政女皇》

程成：蜂蜜好坏难分辨，《家政女皇》巧用筷子水瓶，轻松挑出优质蜂蜜。

方琼：蜂蜜里面的有机物越多，它起的泡就会越多。

程成：烧烤好吃，可烤盘上的污渍难去除。《家政女皇》发觉可乐新用途，变身清洁烤盘新武器。

方琼：你看，看到没有？

程成：香蕉奶昔美味又营养，《家政女皇》DIY小课堂，教你在家轻松制作美味的香蕉奶昔。好喝吗？

小男孩：好喝。

程成：里面有香蕉的那种香味，还有香蕉的那种青涩感觉。

方琼：没错。

程成：家政女皇生活宝物天天送，杨初一手中的话筒竟然是厨房的妙法宝。还等什么，马上进入增进生活便利的《家政女皇》吧！

方琼：大家好我是方琼！

程成：大家好我是程成，欢迎大家收看三奇堂《家政女皇》。

方琼：我们的栏目由三奇堂养身健肝茶冠名播出。

程成：大家好，你不觉得现在主持咱们的节目，非常的幸福吗？人家说看咱们的节目觉得生活那么美好，就像每天喝蜜一样甜。

方琼：说到喝蜜，我跟你说，现在这个天气比较干燥，很多人都会说冬天要多喝一点水啊！

程成：是。

方琼：而且呢，尤其是小孩子，可以让他喝一点蜜水，可以祛火。

程成：没错，这个蜂蜜的好处，那真是太多了。

方琼：对，但是你知道吗？现在你只要往超市一走，我的妈呀，蜂蜜的品种太多了！

程成：真的，一大架子上全是蜂蜜啊！

方琼：所以很多朋友呢，在选购蜂蜜的时候，就会有这样的困惑，究竟什么样的蜂蜜才是好蜂蜜呢？

程成：对，什么样的蜂蜜是真蜂蜜，什么样的蜂蜜才是假蜂蜜呢？

方琼：好，今天呢，我们就跟大家来说道说道甜蜜蜜的蜂蜜。

程成：好。

方琼：哎呀！

程成：好甜。

方琼：这个蜂蜜啊，往这儿一放，说心里话尝哪一个都觉得特甜。

程成：是。

方琼：有的甜得恨不得齁嗓子。

程成：对。

方琼：但是，怎么来判断面前的蜂蜜是好的，还是不好的？

程成：那还不容易啊！你让我尝一下不就完了嘛。

方琼：尝？

程成：对啊。

方琼：尝你就能尝出来哪个是好的，哪个是坏的？

程成：太能了！

方琼：哎哟，那如果你要是站这儿一尝，那以后卖蜂蜜的门口不用摆别的，就摆上你，只要程成一尝，说不错，一等、二等、三等，你就都给辨别分级了吗？

程成：你不知道我有一个绰号吗？

方琼：你叫什么？

程成：因为善于品尝而得到的绰号。

方琼：叫什么？

程成：尝虫。

方琼：尝百草老爷爷呢！这个鉴别好蜂蜜跟坏蜂蜜的方法，有很多种。

程成：嗯！

方琼：假蜂蜜商人他最常用的伎俩是什么？

程成：是什么？

方琼：兑水。

程成：还有一种伎俩。

方琼：还有一种是？

程成：那就是加糖。

方琼：对，我们在喝蜂蜜的时候，真的不能喝那种掺了水的、加了糖的。

程成：对！

方琼：要不营养一点都没有了。

程成：是的。

方琼：好的，我们现在拿出三瓶蜂蜜，我们先教大家几种辨别的方法。

程成：好。

方琼：我们可以找一根筷子，把筷子插到蜂蜜当中，然后提起来。

程成：哇，这好稀啊！

方琼：你会觉得它同样也往下滴蜂蜜啊！

程成：对。

方琼：但是你看它滴的速度很快。

程成：对，说明这里面太稀了，你知道吗？

方琼：就觉得这没有什么黏性。

程成：那这是好蜂蜜还是坏蜂蜜？

方琼：这样，我先不下结论，我们再来看这根儿，哇！插下去的感觉就不一样。那么这个就觉得很浓稠。

程成：对，你看。

方琼：还有很多挂在了筷子上。

程成：对。

方琼：我跟你说手感都不一样，这筷子下去的时候，都会感觉有阻力。来，拉起来，你看哦。

程成：天啊！你看。

方琼：你看它这个有好多的蜂蜜，挂在了你的筷子上。

程成：对，说明这比较浓。

方琼：对，来，这是我们检测的第二种。我们再来看这一瓶蜂蜜。

程成：嗯！

方琼：这瓶插下去之后，也会觉得有一些阻力，你会看到它也会有蜂蜜挂在筷子周围，你看。

程成：但是我觉得，这个比刚才的那个还要黏。

方琼：对，我觉得它有这种拉粘的感觉。

程成：而且这个蜂蜜有弹性，好！

方琼：好，刚才通过筷子测试，我们就能感觉到，这边这个瓶子当中的蜂蜜很稀。

程成：比较稀。

方琼：对，搅起来都没什么阻力，筷子下去以后，你拿上来一看，很快，这个筷子壁旁边的这些呢？你看，这个蜂蜜再往下滴的时候远不像刚才那两种蜂蜜，有一种拉黏的感觉。

程成：那说明这个就是真蜂蜜吗？

方琼：这说明，这个蜂蜜当中肯定掺水咯，它的黏稠度，不如其他的两款蜂蜜。

程成：那就说明这两个蜂蜜可能偏假，假一点。

方琼：嗯，对，它掺水了，那么这两个都比较黏稠的蜂蜜，我们还可以用另外一种方法来判断哪个蜂蜜是好蜂蜜。现在呢，我们找了两瓶同样的水。然后，用两个量杯，倒一样多的蜂蜜，都倒10毫升吧。

程成：好。

方琼：我把它加到我这个杯子里。

程成：加到这个矿泉水瓶子里面。

方琼：好，接下来我们就要做一个动作——使劲摇。

程成：我这里怎么这么多泡沫啊！

方琼：你再看我这个。

程成：没有沫，那我断定，我这是假蜂蜜。

方琼：你那掺洗衣粉了。

程成：对呀，我这里怎么这么多沫啊？

方琼：来，再来使劲摇。

程成：你看，这里怎么这么多沫啊！

方琼：你会发现，我这瓶蜂蜜，无论怎么摇，它停下来之后上面都没有一点沫。

程成：你会发现，我这个蜂蜜稍微一摇就是一层沫。

方琼：接下来，我们来跟大家说一下，究竟哪瓶蜂蜜是好的蜂蜜呢？蜂蜜里面的有机物越多，它的起泡就会越多，也就是说，我们喝到的蜂蜜越有营养。

程成：哦，原来如此，那就说我这瓶蜂蜜是好蜂蜜。

方琼：对对对，好蜂蜜我就先收走。

程成：别别，你先别收拾了，早说我就多倒一点。

方琼：干嘛呀？

程成：好喝，有营养。

方琼：哎哎哎，别！

程成：怎么了？

方琼：这是道具，你不能喝。

程成：怎么不能喝啊！

方琼：因为这蜂蜜我们都说了要给孩子沏蜂蜜水。

程成：给孩子沏蜂蜜水，对，这还不容易嘛——妈妈，我要喝蜂蜜。

方琼：你是谁啊！

程成：我是杨初一，妈妈。

方琼：你管我叫妈，你是我谁啊？

程成：我是你儿子，妈妈。

方琼：儿子他说是你。

程成：啊？谁，哪儿呢？

方琼：儿子，她说是你。

（方琼儿子杨初一出场）

杨初一：大家好，我叫杨初一。

程成：这真儿子来了。

方琼：你看他是谁啊？

程成：哥哥，我是你弟弟，我杨初二。你妈不让我喝（蜂蜜）。

方琼：其实这样，你既然是妈妈的儿子，就要服务于电视机前的观众朋友，来，你坐好了，你来给做一个鉴定。

程成：我跟你说，你要以身试毒。我跟你说，你这妈妈，这当的什么妈。没关系，妈妈，让杨初二喝吧。

方琼：来你先尝尝，你尝尝这蜂蜜好不好喝，给。

程成：好喝吗？

方琼：你先别说，你再尝尝这个。

程成：觉得这么样？

方琼：甜吗？

杨初一：嗯，很甜。

程成：来，再尝尝这个，怎么样？

方琼：你觉得这三个当中哪个好喝？

杨初一：这个更好喝一些。

方琼：这个更好喝一<u>些</u>？

程成：我尝一口。

方琼：天啊！儿子，你又有工作了，以后哪儿卖蜂蜜，你也站在门口免费品尝，告诉人家哪个是好的。

程成：弟弟，那咱俩一起去吧。

杨初一：不像我。

方琼：不像你？

程成：那这是谁，我想问一下，你是谁？

杨初一：笑的不比我好看。

方琼：你笑的好看是吧？

程成：我给你说，其实我觉得像杨初一，还是能够尝出来，但是有时候蜂蜜的好坏你不见得能尝得出来。

方琼：关键是人家卖的时候，不让你随便尝。

程成：对！所以买回家之后，咱们实验一次，吃一堑长一智。

方琼：这点小蜜水你就拿着喝吧。

程成：妈妈，你愿意让他喝吗？

方琼：你愿意让他喝吗？

杨初一：喝一口吧，喝一口。

程成：我得摘了面具喝，没有关系，给你喝，我不跟你抢。

方琼：其实说到这个蜂蜜啊，不仅沏水比较好喝，有时候我们在做一些烧烤的时候也会用到它。

程成：千万不要提烧烤。

方琼：怎么了？

程成：因为有时候，特别是烤鸡翅，咱们上面会刷这个蜂蜜对不对？

方琼：对。

程成：但是，刷蜂蜜固然好吃，在家里烤完了之后，洗这个蜂蜜时，尤其是烤盘上的蜂蜜，简直是，我跟你讲，比洗任何东西都难！

方琼：哦，对。

程成：刷不掉，对不对？

杨初一：听不懂。

程成：听不懂，听着就行了。

方琼：那我知道了，你说的是我们在烧烤的时候，你刷上蜂蜜之后，烤盘上会结嘎巴儿是吗？

程成：跟你说，蜂蜜干了本来就很难清洗，刷一下，再加热之后，它就散得到处都是。

方琼：程成太没有生活经验了。

程成：我怎么没有生活经验了？

方琼：这么简单的一个事情，你还提出疑问，简直是太可笑了。

程成：你不要再说了，我知道那两个老太太，又教你什么东西了。

方琼：哦真的吗？你知道吗？来看看今天的《老方琼叨叨》！

《老方琼叨叨》

画外音：烧烤好吃，可烤盘上的污渍难去除。《家政女皇》发觉可乐新用途，变身清洁烤盘新武器。

女1：石门嫂，石门嫂，出大事儿了，你知道不？

女2：又出什么事儿了？庄里嫂。

女1：哎呀！你不看报也不听广播，明天的天气预报出来了。你知道不？

女2：怎么？

女1：明天下雨，哎呀真是！

女2：我看了天气预报，下雨就下雨呗，有什么呢？

女1：俺们一家子都计划好了，明天去汉河吃烧烤，这下可麻烦了，这咋去？下雨了！

女2：烧烤有啥好吃的？我就不愿意吃烧烤，太麻烦了，烧烤完以后还不好收拾。

女1：哎呀，就你们家那经济条件，你家吃过烧烤啊？

女2：当然，不就弄个炉子，弄点儿煤，然后烤那个鸡翅，我上次烤翅时在上面放了好多蜂蜜，把烤盘都粘上了，现在都没法收拾。

女1：看不出来，你家还挺讲究。

女2：讲究人。

女1：讲究什么啊？会吃不会收拾才不讲究呢。你那烤盘上弄了什么弄不下来？

女2：蜂蜜。

女1：蜂蜜啊，这个简单，我告诉你，请教专家会带给你丰收和富裕。专家不但会吃还会收拾。你不就是蜂蜜搁烤盘上弄不下来吗，告诉你，倒点可乐。

女2：倒可乐干嘛？

女1：你把那可乐，放到那个烤盘上，然后用刷锅那个布。咔咔，烧糊的蜂蜜两下就去掉了。

女2：原来是这样，你怎么不早说啊？

女1：哎呀，什么都告你啊。

画外音：下面播出重要通知，本台天气播报员刚才看错稿子，本市明天将会是大晴天。

女1：哎呀，真是苍天有眼啊，帮助俺明天一家子去烧烤。哎呀，俺得去准备了。

女2：晴天怎么又变了，我白买伞了。

画外音：可乐巧去烤盘污渍，将可乐倒在烤盘上，一定要没过烤盘的底，然后用去污布一擦，烤盘上的污渍就除掉了。

8. 中央电视台《天天美食》

主持人：名厨教做家常菜，窍门一点就明白。今天李杰师傅要给孩子们贡献一道菜，叫作番茄珍珠汤，其实就是咱们老一辈吃的疙瘩汤。怎么做呢？这回做法不一样，做得非常讲究、细致。有请李杰师傅。

画外音：细心的李杰师傅最擅长儿童营养餐，今天他将告诉您如何巧妙做出这些小身材大营养的珍珠疙瘩。

厨师：介绍一下咱们的主料、辅料：鱼肉、番茄、鸡蛋、蘑菇、青豆、面粉、盐、味精、胡椒粉、香油、料酒。

主持人：我从小就爱吃疙瘩汤，到现在这辈子就想着这口，到哪儿出差都得点这个疙瘩汤，但是你让我做，技术含量还挺高，不信您就往下看。

厨师：先把这个鱼加工一下，孩子们要吃，我们就尽量选择一些刺少的鱼来做。我们把它去皮，留下肉就可以。

主持人：现在真高级。

厨师：疙瘩汤用鱼做，又有营养，孩子还爱吃。我把它切碎，整成鱼蓉。

主持人：说实在的，这以前是给皇上弄的，据说这皇上爱吃鱼蓉疙瘩汤。今天我可知道这鱼蓉疙瘩汤怎么做了。

厨师：您在家里给孩子做，孩子若喜欢吃牛肉、鸡肉，都可以做。

主持人：手法都是一样的，举一反三。

厨师：接下来呢我们就像剁馅儿一样，把它剁碎。

画外音：鱼肉剁成蓉，不但口感好，而且还会把遗留的小刺给剁碎，孩子吃起来更加安全。

主持人：好，然后可以再压一压，您看这就不一样了。下面我们把这西红柿、香菇给它切一下。说到这儿西红柿我要特意说说。给孩子做菜，要选这红的、成熟的。青的西红柿里面有一种物质不太好，要选熟透了的。

厨师：我们把它切成粒，香菇、番茄，让孩子多吃一点。

主持人：老年人吃疙瘩汤也好，特别是胃不好的老年人，可以多吃点面食。

厨师：这个时候丁都切好了，我们把鱼肉打成糊，还有鸡蛋。

主持人：我们打完鸡蛋，先不往里倒，加入底味。

厨师：加一点点胡椒粉，去去肉腥；加点盐，入点底味；加点料酒；点点味精。

主持人：好了，这个时候我们的蛋液再往下下。

厨师：把打好的鸡蛋一起放在里面，让它更滑。

主持人：这疙瘩汤，可不是一般的疙瘩汤，所以它叫珍珠汤。珍珠是怎么形成的呢？现在就给您演示一下。

厨师：一个方向，打上劲，抓点面放在里面。

主持人：这个时候加点面，这个比例大家来掌握，手里抓上劲，抓出花来，千万记得是一个方向，顺时针方向。

主持人：我给您坐上水。我们先使劲用力搅，搅上劲，待会儿快入锅的时候再倒点水，再澥它一下，这个过程要记住！

厨师：一定要多搅，来一点儿水就好了。

画外音：面糊调到均匀上劲儿就可以了，这时候董老师提出了关键性的问题。

主持人：这个珍珠上哪儿去了？

厨师：珍珠在这儿。

主持人：噢，漏啊。

厨师：没错，这是咱们家里常用的笊篱。

主持人：大珠小珠落玉盘。

厨师：来，这个您帮我。

主持人：给您压一压，这个很有趣。太棒了，这完全是珍珠啊，这太好了。

厨师：随着多少，您往里压就可以了。

主持人：而且一点不粘连，太漂亮了。来，我就爱吃这一口，咱多压点。这过程可以让孩子看，以后哪怕到国外留学，到那儿给老外演示一下，吓他们一跳。想吃疙瘩汤了，中国人的学问就在这儿。

厨师：我们把这切好的北菇丁，给它放进去一点。

主持人：而且色彩的对比也非常雅，然后青豆，真是一点不粘连，非常均匀。

厨师：大火催一催，我们就可以先出锅，关火。炒好的我们就可以出锅。

主持人：观众朋友们，您往这看。锅二次点火，烧热了，我给李师傅打下手，您看倒多少油呢？一点点就可以，润润锅，咱们给它炝炝锅，给孩子做饭嘛。

厨师：热了以后我们就可以撒点姜末，一嗞锅，咱就走，加水。

主持人：一次给它倒足。

厨师：好了，加点盐，入点底味，加点底味，放一点水淀粉。

主持人：稍微地让汤浓一点，推推，好了，你看，多漂亮。

厨师：这时候我们就可以把番茄下到里面。

主持人：好，这时候大火催，你看汤，很清亮，而且非常透亮。

厨师：我们把珍珠迅速地放进去。

主持人：随放随推，好极了。

厨师：出锅的时候可以稍微加点味精。

主持人：可以了，我们关火。点点味精，再来点麻油、香油。少加点香油。

主持人：当然了，您要是北方人，想找点色，可以适当地搁点老抽。

厨师：也好，我们可以出锅了。

主持人：给孩子做饭，不光味道要好，从色彩、视觉上要把他的胃口调起来。有鱼、有蛋、有菜，营养丰富，不知不觉都让他吃进去了。

画外音：再来回顾一下番茄珍珠汤的制作要点：鱼肉剁成蓉，调味后加入鸡蛋、面粉调成糊，用漏勺将鱼面糊淋入开水中煮熟，加入香菇、青豆、番茄等您喜欢的时令蔬菜做成汤就大功告成了。

主持人：明天老朋友、老时间、老地方，还是那句老话：不见不散，再见！

二、学生作品

1. 《生活帮》

主持人：虎文、刘轲（附图1）

附图1　《生活帮》

虎文：居家过日子，得有好法子。

刘轲：生活大看台，有招您就来。

虎文：大家好欢迎收看今天的《生活帮》，我是小虎。

刘轲：我是小轲。在上期的节目当中，咱们教大家用废弃的可乐瓶做一些精致的花篮，给不少朋友带来了福利。那么本期，咱们来教大家做些什么呢？

虎文：本期咱们的主角儿依然是可乐瓶。

刘轲：又是它！您说它除了装饮料，做花篮，增加wifi信号，还能做什么呢？

虎文：你说它把这好事都干完了，总得干点坏事吧？最近啊，湖南长沙的一个张女士，把刚冷藏过的可乐瓶拿出来，你猜怎么着？就在拉开拉环的那一刻，可乐瓶突然发生爆炸，整个瓶体直接迎面穿腮，导致张女士脸部毁容。

刘轲：天呐，这到底是什么原因，怎么好端端的可乐瓶就爆炸了呢？

虎文：可乐本身由液体组成，但在冷冻时会由液体转变成固体，而在这个转变过程当中会产生二氧化碳，这就是为什么可乐瓶会爆炸了。

刘轲：所以这个可乐之类的碳酸饮料都是不能冷冻的，否则会发生爆炸。

合：这是真的吗？

刘轲：这光说不练假把式，得做试验啊！不然观众朋友们怎么能相信呢？

虎文：当然了，在场外我已经做了这个试验。首先我们准备了两瓶可乐，两个气球。把两个气球分别套在可乐上，一个放在冰箱里一个放在室外，一个小时候之后，看看会发生什么变化。你猜怎么着？

刘轲：还能怎么着，虽然说可乐会爆炸，但是爆炸的几率还是很小的。

虎文：哎哟喂！你还不信，你自己看，放在冰箱里的气球明显膨胀了起来，而且随着时间的移动，气球越来越大，最终发生爆炸，所以可乐冷藏后，会发生爆炸，这是真的。

刘轲：看来，试验才会出真知，这回我信了。就像前段时间我在网上看到一篇帖子说，温水煮青蛙，青蛙不会跳出来，结果就有人不信邪，做了这个试验，把青蛙放在水中，慢慢加热，你猜怎么着，青蛙感觉到温度变化之后就跳了出来。

虎文：当然了，青蛙它又不傻，连蚂蚁都知道在热锅上乱蹦，更不用说青蛙了。所以说啊，实践才是检验真理的唯一标准。

刘轲：嗯，没错。而且我发现，可乐瓶上分明写着，不要放在0℃以下也不要高温加热，可乐之类的碳酸饮料都不能这样做。

虎文：是的，像这些有气体的碳酸饮料千万不要这么做，否则等危险来临的那一刻，可就晚了。好了，本期的《生活帮》，就到这里了，如果你的身边有什么小疑问，或者小妙招，请致电我们。

刘轲：你们的问题，我们将一一为你解答。生活帮，爱生活，我们下期再见！

2. 《快乐生活巧管家》
主持人：叶铮、陈鹏、刘瑶（附图2）

附图2 《快乐生活巧管家》1

叶铮：探索身边新发现。

刘瑶：美妙生活一点通，大家好，我是主持人刘瑶。

叶铮：大家好，我是主持人叶铮，欢迎来到本期的《快乐生活巧管家》。

刘瑶：叶铮，你们家在做饭炒菜的时候放酱油吗？

叶铮：这还用问？当然放酱油啦，这个酱油啊可是我家做菜的必需品，而且我知道啊，这个酱油除了老抽生抽，还有蘑菇味儿的酱油，韭菜味儿的酱油，海鲜味儿的酱油，品种啊，可多了呢！

刘瑶：看来你对酱油还真是非常了解，但是我这句话，绝对不是废话。你知道吗？这个市面上有一种不正规的酱油是用我们的头发做成的。

叶铮：咱别开玩笑了，头发怎么可能做酱油呢？据我所知，这个酱油是由大豆发酵制成的，怎么会是头发呢？

刘瑶：这个你就不知道了吧，在我们的头发中呀，有一种物质叫作氨基酸态氮，这个物质就能用来制作酱油，而不法商贩们啊，就是利用这一点低价收购理发店的散发、碎发来制作加工酱油的（附图3）。

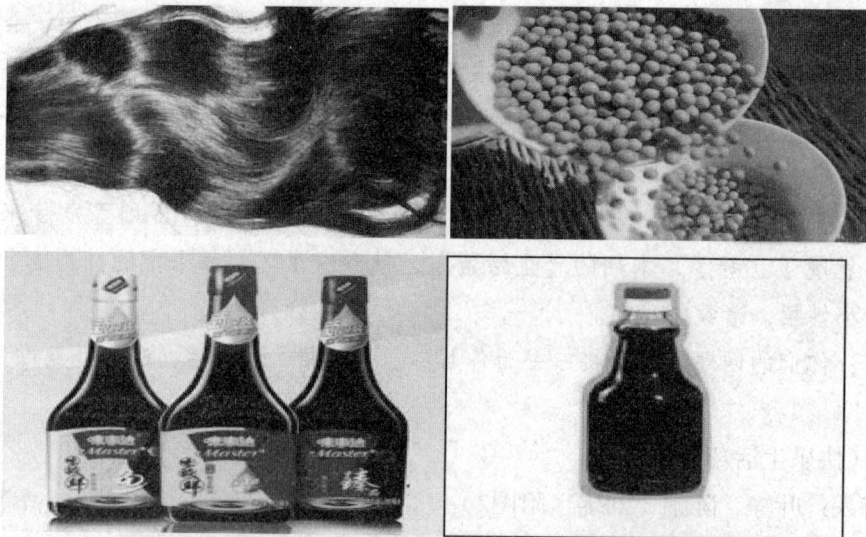

附图3　《快乐生活巧管家》2

叶铮：不会吧？但我知道现在很多头发都是染过的、烫过的，上面附着了很多化学物质，这样的头发制作出来的酱油真的能吃吗？

刘瑶：肯定不能吃啊，有专家说了，假酱油吃了会对人体造成很大的伤害，甚至还会诱发细胞癌变呢！

叶铮：那市面上有这么多的酱油，我们要怎样才能区分真酱油和假酱油呢？

陈鹏（万能博士）：真假酱油难分辨，万能博士来帮忙，"一望，二观，三闻闻"，真假酱油不难分。有的朋友可能会问了，这"一望"是望什么呢？很简单，这"一望"啊，就是望这个酱油瓶瓶身上的"QS"标志，这个"QS"标志是食品生产安全许可的标志，如果有了这个标志我们就可以放心购买了，因为这一定是正规产品，而如果没有这个标志就千万不要买了，它一定是假冒伪劣产品（附图4）。

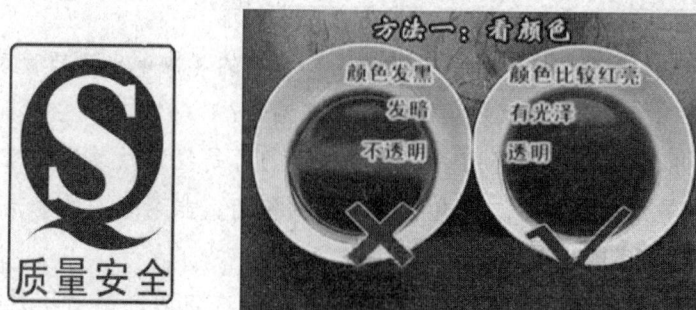

附图4　《快乐生活巧管家》3

那第二步"观",又是观什么呢?这个"观"的意思就是让我们看酱油的颜色,正规的酱油颜色呈红棕色,有光泽,而不合格的酱油,颜色发黑发暗,不透明。所以啊,通过颜色我们也可以分辨真假酱油。

这最后一步"闻闻",顾名思义,就是闻味道啦,真的酱油呢,闻起来可以说是浓郁香甜,而假酱油味道刺鼻而且闻起来带有酸味儿。

辨别酱油"三步走",电视机前的观众朋友们,你们记住了吗?打酱油有风险,小伙伴们需谨慎,"一观,二望,三闻闻",真假酱油不难分。

刘瑶:好了,咱们今天的节目到这里就要和大家说再见了。

叶铮:下周同一时间,《快乐生活巧管家》与您不见不散。

3. 《健康一身轻》
主持人:赵大棚(附图5)

附图5 《健康一身轻》

赵大棚:健康一身轻,走出健康来。观众朋友你好,欢迎收看正在播出的《健康一身轻》,我是赵大棚。大家伙儿可能听过这样一句话:饭后百步走,活到九十九。就是说饮食之后适量运动是有利于身体健康的,而散步算是最方便有效的,也是易于坚持的运动方式了。当然啦,活到九十九岁只是一个虚词而已,我想保养得当的话,没准爷爷奶奶都是百岁老人呢。那么今天的节目,我们就来看看简简单单的走路散步有什么学问。

眼下已经立夏,天气开始燥热。傍晚的时候,我们发现越来越多的大爷大妈们都会出门在公园滨河绿道等地方溜达一会儿。这确实是一个好的习惯。可仔细一看,不少人出门散步时脚上穿的鞋那是款式各异啊。那么,走得舒不舒服,健不健康,首先就是要选一双健康鞋。(双手各拿起两只鞋)您看,现在大棚手中就有两只不同材质的鞋子。相信不少大爷大妈都会选择其中一种来穿。先看我左手这只鞋,这是非常普通常见的布鞋,穿着确实挺透气,可您看这鞋底却是硬质紧实的材质,(一边双手试图卷曲鞋子)。您看,这样的话,不利于脚掌的弯曲舒展,从而也影响了我们的锻炼效果。因此,这样的硬底材质的鞋不适合走路散步时穿。如果您现在就在穿这样的鞋,建议您还是赶紧换了吧。那什么样的鞋才合适呢?马上告诉你。(拿起第二双鞋)您看,这双就是我们建议您散步时穿的气垫运动鞋。(同时弯曲鞋子来对比)

一二一二，瞅瞅这双鞋的鞋底多有韧性啊，变形度这么高，可见跟脚掌的贴合度是很高的。这下您明白该选什么样的鞋子散步了吧。

有了合适的健康好装备，还只是咱们"饭后百步走"的第一步。其次，走路的姿势对走路散步的影响也是很大的。据大棚观察，不少人走路的习惯是脚跟先着地，脚尖再落地。这样似乎走得潇洒痛快，可是带给腰椎的冲击也是持续的。您想，本来挺好的一个散步式的健身方式，就因为走路的姿势不对反而起了反作用，这不是得不偿失嘛。所以，今天大棚就告诉大家一个更健康的行走姿势，您试试，让脚跟先着地，脚尖再落地的习惯反过来，（边说边示范）我们提倡的是脚掌先着地，脚跟收一收。这样脚底对腰椎的冲击力会减小很多。

来，节目最后咱们一起来走一走刚学的健身步（走起来）。健康一身轻，走出健康来。

感谢您的收看，《健康一身轻》，明天同一时间，不见不散。

4. 《生活下午茶》
主持人：严镜灵、陈云芸（附图6）
陈云芸：生活不怕风大。
严镜灵：妙招行遍天下！
陈云芸：观众朋友们，欢迎收看本期的《生活下午茶》，我是云芸。
严镜灵：我是你们的老朋友镜灵。
严镜灵：今天，我给云芸带福利来了！来，云芸，尝一下我做的奶酪，看看和外面买的有什么不一样。
陈云芸：哎呀，做了这么久搭档，镜

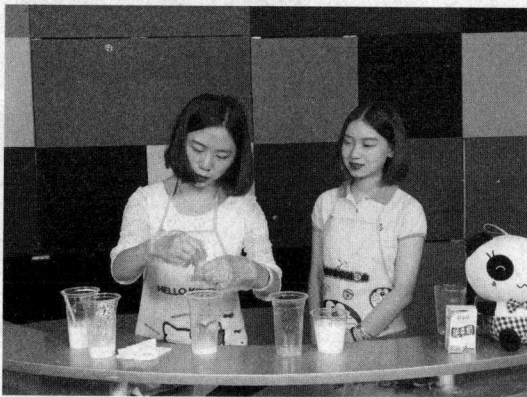

附图6　《生活下午茶》

灵还是第一次请我吃东西呢，太感动了！（边吃边说）这个味道真的很好，感觉比外面买的口感更好，更细腻！对了，这个是你做的？

严镜灵：那当然，干净、卫生、绿色环保无污染！哈哈，好吃吧？关键是这个奶酪做起来还不难，只需要热牛奶、柠檬、一块纱布就可以了！

陈云芸：哟，那我可得好好学学！以后吃奶酪就不用出去买了，不错！那赶快教教大家吧！

严镜灵：首先，我们需要把热牛奶倒进这个杯子里，大家注意了，这个牛奶只需要在微波炉里面打两分钟的时间就行。

陈云芸：嗯，不能太烫了！

严镜灵：然后把这个柠檬切开，然后把柠檬汁挤到牛奶里面。大家要边挤边搅拌牛奶。

陈云芸：哎呀，镜灵，你看，牛奶结块了！

严镜灵：是的，这就是为什么要加柠檬汁到牛奶里的原因了。因为热牛奶里面的蛋白质只要遇到酸性的东西就会慢慢结块。

陈云芸：哦，原来如此，我小时候喝牛奶喜欢在里面放橘子，里面就会生成一些小块，当时不知道为什么，现在知道原理了。

严镜灵：对对，你看，这就是我几个小时前做的，现在已经冷却好了的牛奶。

陈云芸：哟，都已经完全凝固了，那一般放多久才会凝固呢？

严镜灵：一般也就个把小时吧，天气越热凝固得就越慢。接着，把纱布盖在碗上，再把这个奶酪倒到纱布上面。

陈云芸：固体的奶块留在纱布上了，液体的奶流到杯子里了。

严镜灵：对，这样留下的才是纯正的奶酪啊，咱们再轻轻挤挤，把多余的水挤出来。

陈云芸：怪不得刚才觉得这奶酪吃起来这么香醇！

严镜灵：对，观众朋友们注意，挤的时候不要挤得太干，否则吃起来会觉得没那么顺滑。现在大家可以看到纱布里面的就是奶酪了。

陈云芸：这就是我开始吃的奶酪吗？

严镜灵：对啊，只是现在还没有装盘，我们只需要用模具塑型就好了。云芸，你平时喜欢吃什么味的果酱？

陈云芸：草莓味儿的。

严镜灵：那这样的话，我今天就给你加点草莓酱。观众朋友们也可以根据自己的口味加果酱或者水果在上面。

陈云芸：今天的节目真开心！一连吃了两个香醇的奶酪，关键还学会了自己做奶酪！

严镜灵：不知道电视机前的观众朋友们学会了没有呢？

陈云芸：那下期咱们做什么美食？要不就教自制"杨枝甘露"？我最喜欢吃那个了。

严镜灵：看你美的，行，咱们下期就教大家做"杨枝甘露"！好了，本期的《生活下午茶》到这儿就结束了，我们下期节目再见！

陈云芸：下期一起来做"杨枝甘露"！再会！

5. 《图说天下》
主持人：董柯旭（附图7）

附图7　《图说天下》

董柯旭：网罗时事热点，图说天下新闻！大家好，欢迎收看今天的《图说天下》，我是柯旭。随着时代的发展，科技与生活联系得越来越紧密了。现在大家出去吃饭、逛街都会遇到商家让你扫一扫二维码，对您的消费打折或者是送您一些精美的小礼品。这二维码打折是常有的事儿，可是这二维码用于追溯食品流通全过程您听说过吗？

最近市面上出现了不少带着二维码"身份证"的食品，号称可实现"全程可追溯"（附图8）。虽然其中一些食品的价格比普通食品高出一倍，但二维码背后所传递的内容非常有限，远远达不到"全过程可追溯"的标准。

食品安全形势不容乐观，一些企业为了在市场竞争中脱颖而出，试图通过二维码等新技术实现食品全程可追溯。按照企业宣传的说法，扫码便可知晓食品生产的地址、日期等相关情况，有的甚至还链接了生产视

附图8　二维码追溯体系

频，听起来确实"高大上"。科技改变生活，将二维码应用在食品流通领域的思路值得称赞，这样既有助于企业加强自身管理，也提升了消费者的安全感。您想想只要拿出手机扫扫这二维码，就能明确知道食品的包装时间、生产日期、企业电话、地址等信息，这样的食品与农贸市场中的"三无产品"比起来，确实更可靠一些。

然而，大伙儿有想过吗？这二维码技术以及全程可追溯体系可能并不像广告中描述的那么给力：我们随机扫描了15个二维码，仅有一个扫出了厂家的网站主页，其余要么弹出无法识别的链接，要么干脆就是乱码文本。不扫不知道，一扫吓一跳，原来号称高科技的二维码，大多只是个幌子而已。

说好的全程可追溯为什么实现不了？在我看来，厂家将原因归咎为成本太高只是托词。市面上号称能够实现全程追溯的蔬菜，价格比普通蔬菜贵出许多。消费者之所以愿意花高价，也就是看中了全程可追溯能提高食品的安全性。蒙在鼓里的老百姓为"莫须有"的高科技买单，商家却没有兑现承诺。有不少市民就说了，自己不会刻意去扫食品上的二维码。某种程度上，正是市民的大意给了不法商家钻空子的机会。食品安全关乎自己和家人的健康，购物买菜扫扫二维码既是对健康负责，也是对生产企业的督促。所以，遇到这种情况，除了食药监等部门要好好核查一下这些食品的安全性，工商等市场管理部门要调查这些企业是否涉及虚假宣传、欺骗消费者以外，更需要消费者维护好自己的权益。

6.《小周说事儿》

主持人：周倩（附图9）

周倩：观众朋友大家好，欢迎收看本期的《小周说事儿》。我是你们的老朋友小周。现在天气逐渐热起来了，转眼一学期又要结束了，此刻，初三、高三的学生朋友

们又将迎来一年一度的考试季，不知道电视机前的各位是否还记得自己当初在中学考试时的情形？

附图9　《小周说事儿》

我记得我们那会儿都是全年级名字混在一块儿，打乱顺序分出教室作为考场考试，一个考室最多也就三十多个人，还至少得有两个监考老师。

那会儿的考试啊，就两个字：严格！不过您知道吗？今天小周要说的这场考试的考场恐怕跟您之前见过的考场都不一样。这次的考场居然是在宽阔的露天操场上。

4月11日，宜川中学操场上，该校高一年级1700余名考生组成了硕大的考试方阵，不管是横看、竖看、斜看，一排排一列列座位整齐，井然有序。从高处俯瞰，考生方阵更是令人震撼。我们可以看到，在操场的正前方，悬挂着"高2017届第二学期阶段性自主调研阳光考场"的横幅，后方则是两幅"自主监考，坦然迎战，彰显完美人格"与"阳光考场，微笑面对，考验真才实学"的鼓励标语（附图10）。

附图10　考试现场

当天宜川的气温适宜，并伴着一丝微风。考生们都在阳光下聚精会神地做着考题，奋笔疾书。在考试期间，因为光照的原因，考生们会跟着广播的统一指挥改变座位的方向。

据介绍，本次室外考试是学校首次尝试。那么为什么会想到以这样的方式来考试呢？人家校方就说了，之所以会尝试这种形式的考试，一是考虑到学校的教室无法满足考试需要的客观因素，二是也算是学生自主管委会的一次锻炼与考验。以这样的方式考试，也是学生自己提出来的。

不知道这场考试的结果是否顺利，但是这样的考试方式引起了网友的热议。一部分网友觉得这么霸气的考试方式很不错，他们以前怎么没有呢？不过，还有一部分网友觉得这样的方法虽然不错——能看见广阔的天空，但有点缺乏安全感。当然还有一些网友觉得这样的考试不能专心，因为眼睛都去看飞机了，有这种想法的网友，看来您的注意力有待提高啊！

其实小周觉得，这样的一种方式不仅会让我们的同学体验到自主学习、自主检验的乐趣，也会大大提高同学对学习的热情，既然这样，那么何乐而不为呢？有时候，在我们的教育上采取一些有趣的方式，比如仅仅一个简单的室外考试，想必也能让孩子们体验到新鲜的学习方式，在小周看来啊，也是完全可行的嘛！

好了，以上就是本时段的《小周说事儿》，一段广告之后，咱们接着说。

7. 《文鑫说图》

主持人：王文鑫（附图11）

王文鑫：道家常小事，聊社会百态，观众朋友们早上好！欢迎在每天同一时间和文鑫一起聊聊社会百态。很多朋友应该都看过一部美国大片，叫作《蜘蛛侠》，电影中的蜘蛛侠攀岩走壁，可谓无所不能。最近，在河南新乡的太行九莲山上惊现两名蜘蛛侠，难道蜘蛛侠来中国了？

附图11　《文鑫说图》

看这图上啊，山岩十分陡峭，要是摔下去这可是有生命危险的（附图12）。难道他们真当自己是蜘蛛侠吗？事实上，他们都是这里的环卫工人，一个叫刘建成，一个叫张成青，他们每天都要挂在这160多米的太行山绝壁上摇来晃去的捡垃圾。这是因为游客们常常吃完喝完后就将垃圾随手一扔，却不想这随手一扔可真是苦了这些环卫工人。

附图12　太行山九莲山上"蜘蛛侠"

在国庆期间,九莲山上每天要清理两吨垃圾,而刘建成和张成清,每天都能在山路上和悬崖壁上分别捡到十五六袋的垃圾。景区管理人员为了改善这一现象,就给环卫工人们发了一套蜘蛛侠的服装,让他们到人多的地方去捡垃圾,这样来吸引游客的注意力,让他们不再乱扔垃圾。而事实上,刘建成和张成清就是山里的汉子,根本不知道什么是蜘蛛侠,也不知道到底是什么原因能吸引游客,只知道这就是自己的份内工作,而他们还常因穿这身衣服被别人笑话,说几十岁的人了,还穿这种奇装异服。但刘建成说:"如果游客真的能因此爱护环境不再乱扔垃圾,我被笑话笑话也没啥!"

听到这真诚而质朴的语言,我想大家应该都挺感慨的,希望这样的方式能够让在外旅游的人们真正做到保护景区环境,让景区保持干净整洁,同时让环卫工人不用太辛苦!好了,以上就是今天的全部内容,感谢您的收看,我们下期再会!

8. *Free Talk Show*
主持人:何威俊(附图13)。

附图13 *free talk show*

何威俊:(出场动感音乐+动感舞步,自信闪亮登场)大家好,欢迎收看一周一秀的*Free Talk Show*!(说完帅气得扔掉手中的卡片)

OK,现如今大家都知道,各行各业都没有好赚的钱,第一,竞争太大,第二,现在的用人单位要求应聘者多才多艺,用一句话就足以说明这个现状:"不想当歌手的演员不是好主持。"可见啊,现在用人单位的要求是越来越高了。尤其体现在一个行业上面——模特。

要想成为一名优秀的模特,也是非常不容易的。

首先,你要有一个好的身材,光高不行,比例还要好,那我们通常都讲这个9头身9头身,那如果你只是个两头身你还搞什么模特呢?那么问题来了,究竟谁是两头身呢?机器猫就是两头身。那么谁是9头身呢?我就是9头身。不信我可以给你们比一比(拿手比出一个头的距离),这是一个头的距离,往下比一头身、两头身、三头身,拐弯儿,四头身、五头身、六头身,七头身八头身九头身perfect(连贯快速地说出来)!

那如果你没有这么好的身材又想做模特怎么办呢？记住一句话——"任何困难都阻挡不了你梦想前进的脚步"。今天，我就要告诉你们，怎样成为一个顶尖的模特！

OK，那作为一个模特你首先要学会怎样在T台上走路，我们叫猫步，这个猫步怎么走？（从包里摸出一个事先准备好的栗子）举个栗子（说完把栗子放回包里），最开始练习你要多喝水，为什么？喝完水之后的感觉是——尿急！尿急要怎么样？找厕所，猫步就是这样一个行动路线，下面我就给你们示范一下，可以吗？music（此时没有任何音乐），走！动次打次……厕所呢？这边，没有，那边去，走，这边也没有，怎么办？回家尿！动次打次……当你学会走路之后，还不够，就比如说，你这身材比例的困扰怎么解决呢？有一个速成的办法，再举个栗子，我们都注意到，模特走到舞台中间时有一个亮相，叫pose，手要插个腰摆一下，所以说这个摆手很重要，那么怎么摆显腿长，再举个栗子好吗？（跟观众现场互动一句话，如"你们都是好样儿的"）OK，music，动次打次（依旧没音乐），叉腰（手插到胸部），嘿！手以下，都是腿！你如果还觉得不够长还有办法，这个可以调整，摆脱你对身材比例的困扰，music，动次打次，嘿（头）嘿（额头）。你妈妈都知道你有这么长的腿。OK，这只是一个表象，我们中国人讲究"由内而外"，所以，光有外在是不够的，内心一定要始终保持一种撒娇的状态，再给你们举个栗子，好吗？老师，放一下我的音乐好吗？（接已剪辑过的"撒娇歌"，自己根据这首音乐随机表演，但是不要说话，对口型即可）

这是一个速成的办法，但是有一点我觉得非常重要，是什么呢，作为一个专业的模特，你要知道what is fashion，什么是时尚。

OK，那同样，首先你要学会怎样说话！

（进入港台腔状态）

OK，就像这样，说话是一种feel, you know？其实很简单，一个单词就可以让你学会怎么样说话会变得fashion——will。

OK，大家跟我念"will will will"怎么样？是不是有不一样的feel呢？（回归普通话）那其实作为一个模特你只会这些话还是不够的，你不仅要关注最新的时尚走向，同时还需要关注当下的一些实事热门，再举个栗子来说，老师，请放一下我的music。（接社会摇的音乐，内容是我跟你什么愁什么怨、我跟你什么愁什么怨，100块都不给我，我项链两千多；我跟你什么愁什么怨、我跟你什么愁什么怨，你把我骗到这里来还叫人来打我；别拽我项链，我项链两千多；连100块都不给我还叫人来打我；我抢劫你什么，我是抢劫的人嘛；别拽我项链，上面挂着我钥匙；钥匙只有一把的，你配都配不来，你配配配配配配配配都配不来！）

你们这样让我有些害怕，记住以上这几点，你就能真正走上T台成为一个优秀的模特，下面我就让你们知道，什么叫作巴黎塔尖的感觉（找两个或者以上的美女走T台），music（一首动感音乐最后定格pose）！好了，感谢各位的积极捧场，一周一秀的*Free Talk Show*下期同一时间，不见不散！拜拜！

9. 《乐在其中》
主持人：冷熹（附图14）

带有说唱性质的歌曲

附图14　《乐在其中》

冷熹：这里是正在为您直播的音乐评论节目《乐在其中》，很高兴，VJ Air Leng
又和大家在节目中见面了。（特效：掌声）

其实啊，能够作为一名VJ，在节目中和大家一起分享音乐，靠的绝不仅仅是颜
值。（特效：嘘声）而是一项独家技能：算命。（特效：惊恐声）开什么玩笑？我可
是主持界的"冷半仙"啊！对于2015年什么音乐会火，我就特别算了一卦，发现，哎
呦，2015年，Hip-Hop音乐将引起全球风潮。（特效：心跳声）为什么敢这样讲呢？因
为2015年2月22日，第81届美国奥斯卡金像奖在洛杉矶举行，并且将最佳原创音乐奖颁
发给了一首带有说唱性质的歌曲，叫作*Glory*。那大家都知道，一般得到奥斯卡肯定
的歌曲，基本上都会全球大热，比如说去年那首被无数次翻唱的《冰雪奇缘》电影主
题曲*Let it go*，而这一次，这首*Glory*的卡司阵容同样不可小觑，它是由美国著名
灵魂乐歌手John Legend和说唱歌手Common联合演绎的。

同样是说唱音乐，在2015年开年的中国主流音乐节目《我是歌手》当中，一位
来自成都的女娃娃（四川话），歌手张靓颖也演唱了一首带有说唱性质的歌曲，这首
歌极富热情，而且全球大热，这首歌的名字叫作*Duang Duang*，噢！妈呀，那是成
龙大哥的单曲，咋说串了呢！这首歌的名字叫作*Bang Bang*。张靓颖凭借这首*Bang
Bang*，在当期节目当中拿下了第一名的好成绩，可这个说唱功力嘛，如果非得从专业
角度分析，那只能是：靓颖，你的唱功真的是……（特效：和谐音）和谐掉，是吧。
其实并不是针对靓颖，只是这样的说唱难免会让人觉得，为什么任何类型的歌手感觉
都可以随便驾驭说唱，而真正的职业说唱歌手却被排挤到了主流之外，这难道真的就
证明了，Hip-Hop音乐登不得大雅之堂吗？可如果真的是这样，我怎么记得第75届美国
奥斯卡金像奖还把最佳原创音乐奖颁发给了一首纯说唱音乐，叫作*Lose Yourself*
呢？而这首歌的原创，是美国一位极具个性的说唱歌手，叫作Eminem，而当年这首歌
曲，也是奥斯卡75年来第一次把最佳原创音乐奖颁发给说唱音乐。

其实不光是电影界，回到音乐界，无论是大家所熟悉的格莱美，Billboard，甚至

是台湾金曲奖，都特别为说唱音乐设立了奖项。所以回过头来看中国音乐市场，在我们听民谣音乐、摇滚音乐、蓝调音乐、民族音乐的时候，能不能留出一片天空支持下说唱音乐呢？要不然大家幻想一下，如果有一天大家打开电视发现，哎哟，《我是歌手》的踢馆赛上，那位唱着《老子明天不上班》的谢帝，和那位来自台湾的"差不多先生"热狗都能出现在舞台上，哇，那场面，那情节，那还是……让我继续YY下吧，《乐在其中》，下个礼拜见！

10.《娱乐18点》

主持人：祝梦一、泽仁拥章（附图15）

祝梦一：扫描娱乐热点。

泽仁拥章：解析娱乐动态。

合：娱乐就在每晚18点！

祝梦一：Hello，大家好，我是梦一。

泽仁拥章：我是拥章。这里是正在为大家播出的《娱乐18点》。

祝梦一：接下来我们就来看一下今天的娱乐圈又发生了哪些娱乐事件。

附图15　《娱乐18点》

泽仁拥章：昨日，一条题为"大S：遇到真爱就会离婚"的报道称，大S在录《奇葩说》节目时，被主持人马东问到"如果遇到挚爱是否会跟汪小菲离婚"时，她坦然回答说"会"，可能意识到自己失言，她立即补充道："但我今生的挚爱就是我老公了。"随之这被解读为她和老公的关系可能有问题。面对越来越走偏的舆论风向，她昨天中午再次专门在微博澄清，称当时正在讨论一道辩论题，自己说"会离婚"只是为了节目效果："这只是一个假设的辩论题！我可是非常爱老公的。"她还一并晒出一家三口的甜蜜生活照，对此网友发表"阴谋论"说："难道你在这里（微博）洗白是害怕被打吗？"有人则表示同情："很理解你的心情，现在有些事情，你不加'备注'，就会拿来当成话题。"

明星在借助微博晒生活、秀恩爱有时难免会显得奇葩、无聊和莫名其妙，所以明星说话做事还得尽量谨慎一点，一不留神就会被人拿去进行各种解读，甚至惹来反感、猜忌，最终闹不清你到底是在塑造形象，还是在毁形象。

祝梦一：所以啊，对明星来说，作为舆论导向，一举一动都得万分小心。就比如说接下来的这位。

昨天，一封某杂志记者致汪峰的公开信在网上流传，文中记者称自己做完对汪峰的专访并发表了一篇《汪峰的成功学》后，汪峰直接打来电话聊了半个小时，质问具体报道，并表示自己很伤心，汪峰团队也多次打来电话，要求修改稿件。记者公开回应不要企图控制媒体，并称汪峰偶像包袱太重。汪峰工作室最新回应则称："报道中所发布的文字与采访内容大相径庭。"报道一出，迅速引起了网友们的热议。

其实，在正常情况下，明星和媒体的关系是一种基于信任的合作。明星接受采访和报道，转化为曝光度、点击率，为自身增值。媒体获得报道素材，为读者提供信息。当互信消失，这种合作打破，就会开始掐架和相互指责，陷入双输的境地。互信消失的原因很多，起码有一种就是对彼此职业规则的漠视和不理解。所以矛盾是难免的，化解的基础就是尊重彼此的职业规则。汪峰不喜欢"上头条"的梗，那就多跟他聊诗和远方。现在的娱乐报道需要爆点，所以汪老师你不妨也放松一些，陪大家娱乐一下，逗笑一下也不会掉块肉。

泽仁拥章：毕竟大家爱的，还是真实的汪老师。在娱乐圈内，想要保持本真，还是得看个人。就像不老女神刘晓庆一样。

现年59岁的刘晓庆经常分享靓照，造型靓丽，气质优雅。尽管刘晓庆即将进入花甲之年，但她对皮肤的保养十分注重，甚至还出演了18岁少女。近日，她到香港与友人相聚的照片曝光后，尖尖的下巴被指是"做出来的脸"。今日，刘晓庆在微博留言称"这段时间都在吃素，一不小心瘦了许多吧？"疑似回应整容传闻，也有忠实粉丝称赞她不论圆润或尖下巴，都是气质依旧（附图16）。

附图16　刘晓庆

祝梦一：看来啊，不管这刘晓庆老师整没整容，粉丝们依旧爱她如初。但是近日啊，就有一位红遍两岸的魔术师让不少粉丝小小地震惊了一番。

著名魔术师刘谦，日前宣布与内地知名"厉家菜"第三代千金王希怡领证结婚，相隔1周，马上传出他当爸的好消息，瞬间双喜临门。由于女方家世显赫，引起外界关注，刘谦也妙答："我也很有钱啊！"当时曾有媒体问女方是否怀孕，刘的经纪人表示不清楚。没想到，刘谦最近接受内地媒体专访时自曝妻子已经怀孕3个月，并说："与其被媒体乱写，不如早早投降。"他表示："怀孕是计划中的事，明年就40岁了，应该承担起家庭责任。"而今年下半年也将在大陆、台湾各办一场婚礼（附图17）。

泽仁拥章：我们在这里呢，也祝福刘谦与妻子婚后

附图17

生活幸福美满，早日生下宝宝。这刘谦啊，是双喜临门，这有人呢也是载誉而归。

昨天，福布斯中文版推出"2015年中国名人榜"，范冰冰连续三年摘得桂冠，准爸爸周杰伦列位第二，谢霆锋居第三。在今年首次上榜的15位名人中，李易峰、陈伟霆、林更新、鹿晗等"小鲜肉"占有绝对优势，共有9人上榜。电视剧《武媚娘传奇》的热播、电影《万物生长》的上映、综艺节目带来的高曝光，令女王范冰冰再次位居榜首，这也是她连续三年摘得福布斯中国名人榜桂冠。

看来，这范爷在中国娱乐圈的地位可真是无人能及了，实在是厉害啊。

祝梦一：这5月一到，相信不少观众朋友都知道意味着什么，母亲节就要来了。刚刚过去没几天的母亲节，在娱乐圈掀起了一阵热潮。

微博上，各路明星纷纷晒照片，祝福自己的母亲节日快乐。有不少明星晒出与妈妈的合影，而范玮琪、何洁等新晋妈妈也特别在微博上分享了人生第一次过母亲节的感受，浓浓爱意引发网友狂点赞。王祖蓝在微博晒出两张与母亲的合影并写道："母亲节快乐！想说你不是我母亲都不行……不，还有一个可能，你是我姐姐！她漂亮吗？青春吗？"第一张照片拍摄于王祖蓝婚礼现场，可以看出母子两人长得几乎一模一样，连神情都十分相似；另一张照片拍摄于王祖蓝少年时期，与母亲宛如一对姐弟。王宝强也晒出了自己与母亲的合影，还晒出了老婆与两个孩子的合影，并且感性留言："今天是母亲节，让我们怀着一颗感恩的心，祝我妈妈，我孩子的妈妈，天下所有的妈妈，母亲节快乐，永远爱妈妈。"（附图18）

附图18　明星与母亲

相对于男星晒妈，女星费的笔墨更多。佟丽娅母亲节这天在和妈妈学做新疆拉条子："看着美味吧。祝愿天下妈妈都能健康快乐！""华妃"蒋欣直呼自己的母亲为

"丽姐"："丽姐！妈妈节快乐！天天快乐！心由我来操，乐由您和牛哥享！"海清长得完全随母亲，她在晒出合照后留言："最爱的女人，节日快乐！"（附图18）

泽仁拥章：其实，有一句话说得好：树欲静而风不止，子欲养而亲不待。人生是只能出发一次的旅程。对你我如此，对母亲也如此。好好孝顺好好爱，趁母亲还在。珍惜身边人，才是最重要的。

祝梦一：好了，今天的《娱乐18点》就是这样，感谢您的收看。

合：我们下期再见！

11. 《新说新闻联播》
主持人：赵大棚等（附图19）

附图19　《新说新闻联播》节目画面

赵大棚：各位观众，晚上好。

女：晚上好。

赵大棚：今天是12月21号星期天，农历十二月初一，欢迎收看"新闻联播"节目。

女：今天节目的主要内容有……

赵大棚：综艺节目主持班汇报忙，各类节目在班长杜建豪的细心指导下……（女播侧头插话：是威逼利诱！）威逼利诱下坎坷录制。

女：我班成员李星帅、夏岩、李蝶分别获得吉"李"斯世界最小脑容量、最高巨人以及最妩媚女人的……（男播侧头插话：是汉子！）汉子的最高纪录。

（男女播抢话）：下，下面！（勾心斗角互相鄙视对方的眼神当中进行快速猜拳决胜负后女播胜出）

女：下面请看详细内容。（此时听到男播玻璃心碎掉的声音）

昨天四川电影电视学院2012级综艺节目主持班的成员们在学院各演播厅进行了期末专业汇报的成带录制。在录制过程中，曾获得金酸莓奖最浮夸演技奖的班长杜建豪一直在现场指导拍摄，他表示……（男播忍不下去立刻插话抢镜）

赵大棚：下面插播一条紧急消息！（女播心口正中一刀声）（附图20）

附图20　《新说新闻联播》节目画面

　　就在节目播出两分钟前，三川省成通市建设中路因一条十千伏电缆线路突发故障引起变电所内设备起火。（女播故作惊讶：哇）导致的结果是附近大片房屋着火并大面积停电，目前抢险工作正在进行当中。

　　女：（缓缓说出）这不是你家么（附图21）。

　　（男播心头一震，二胡声响起……）

　　（完）

附图21　《新说新闻联播》节目画面

　　12. 《今夜九零后》

　　主持人：李星帅（附图22）

　　李星帅：大家好，欢迎收看今天的《今夜九零后》，我是主持人星帅，我猜你们肯定会问星帅怎么今天一开始就放这么多长得帅、身材又好的男模，这是要做啥子？你以为我想这样呀，导演非要这么做，把我衬托得又挫又丑！其实这只是为了引出我们今天的话题——"男色营销"。那什么是男色营销呢？就是突出男性的相貌、语言、行为、风格和气质等，将男性置于被欣赏地位，来发挥营销功能。说了这么多我觉得大家肯定还是不懂，那接下来我们先通过一段视频来看一下将男色营销发挥到淋漓尽致的企业案例。

附图22 《今夜九零后》

将男色营销发挥到淋漓尽致的非最近刚刚入驻成都的Abercrombie&Fitch莫属，这个品牌每到一个城市都会邀请一大群帅得不讲道理的男模进行宣传，不仅长相要超帅，身材需要有大胸肌、六块腹肌、人鱼线，还要有阳光海滩的健康感觉，满足女人们的任何幻想。

这个A&F确实靠着这些性感帅气的男模迎来了开业当天火爆的场面。那为什么越来越多的企业开始重视运用男色营销呢？张朝阳为了宣传他的搜狐，曾经赤裸上半身拍摄杂志的封面，他说："存在决定需求。现在的女人已经和过去不一样了，她们有充盈的消费能力，大到房产、汽车，小到洗发水、快餐面，所有的销售商都把女人当作他们的救星，一个女性消费时代已经来临。面对女人的消费目光，谁不想吸引她们的目光？而花样男色无疑是非常具有杀伤力的。"可是又有人提出来了，让一个大老爷们儿出卖色相这不太合适吧。其实我觉得没什么，这都多先进开放的一个时代了，再说了，在营销界，在合理合法的前提下，只要取得效果就算成功，况且，在我国，男色也不是一个新鲜事物了，古代就有推崇男色的案例啦。

男性对于"美"或时尚的追求，抑或世人对男性美的推崇，古已有之。中国的魏晋南北朝时期便是个男色盛行的年代，这一时期的男性对于"时尚"的理解通常体现为三点：剃须，敷粉，薰香。他们对于精致生活的追求，远远超过了如今的绝大多数男性。当时既有横行疆场"才武而面美"的兰陵王，也有创造了"掷果盈车"这一典故的"天下第一男色"潘安；有走起路来"飘如游云、矫若惊龙"的王羲之，也有

"弃经典而尚老庄，蔑礼法而崇放达"的竹林七贤；更有因生得美而被路人活活"看死"的卫玠。

由此看来男色的流行不是偶然，它像时尚一样轮番上演，而如今中国的电视媒体也开始抢占男色市场。比如说最早的，湖南卫视的快乐男声，还有今年大火的安徽卫视的《超级先生》，以及广东卫视即将推出的《中国好男儿》。

这种种迹象只能说明一个道理，那就是现场的帅哥们，我们的时代到来了！好，一段广告后，精彩节目继续！

参考文献

[1] 於春. 中国电视节目主持三十年研究［M］. 北京：中国传媒大学出版社，2013.

[2] 陈一鸣，张亮. 三个电视人的十年［J］. 南方周末，2008（12）.

[3] 俞虹. 节目主持人通论［M］. 北京：中国广播电视出版社，2004.

[4] 赵群. "七巧板"与鞠萍［J］. 当代电视，1988（9）.

[5] 张聪. 主持人节目研究会宣布成立［J］. 中国广播电视学刊，1990（4）.

[6] 江怡平. 谈话节目的娱乐与教化——《艺术人生》与《超级访问》之比较［J］. 视听界，2005（1）.

[7] 陈虹. 论电视节目主持人的非语言传播［J］. 新闻界，2006（5）.

[8] 孙卉. 论电视节目主持人的非语言传播手段［J］. 新闻界，2007（6）.

[9] 李丹. 节目主持人实用技能训练教程［M］. 重庆：重庆大学出版社，2014.

[10] 陈斐. 深度访谈的障碍及其引导原则［J］. 新闻爱好者，2009（1）.

[11] 王立进，张治磊. 刍议电视新闻访谈节目话题的挖掘［J］，新闻传播，2014（2）.

[12] 崔亚卓. "解放天性"——开启主持人专业素质培养的大门［J］，吉林艺术学院学报，2011（5）.

[13] 李鹏召. 浅谈谈话类节目主持人的沟通技巧［J］. 丝绸之路，2010（20）.

[14] 刘凤芹. 沟通能力训练［M］. 北京：科学出版社，2014.

[15] 薛飞. 中国播音主持艺术［M］. 北京：测绘出版社，2013.

[16] 张颂. 中国播音学［M］. 北京：中国传媒大学出版社，2003.

[17] 吴洪林. 主持艺术［M］. 上海：上海三联书店，2007.

[18] 陆锡初. 节目主持人导论［M］. 北京：中国传媒大学出版社，2013.

[19] 陆锡初. 节目主持人的点评议论艺术［J］. 中国传媒大学学报，1998（4）.

[20] 郝抒雁. 浅谈电视节目主持人与电视记者的现场采访技巧［J］. 赤峰学院学报：哲学社会科学版，2010（1）.

[21] 赵玉明，王福顺. 广播电视辞典［M］. 北京：中国传媒大学出版社，1999.

[22] 孙宝国. 中国电视新闻节目形态研究［M］. 北京：新华出版社，2008.

[23] 周勇. 电视新闻编辑教程［M］. 北京：中国人民大学出版社，2007.

[24] 张君昌. 超媒体时代——新世纪电子传媒经营与创新［M］. 北京：新华出版社，2003.

[25] 胡欣. 主持人采编实务［M］. 武汉：华中科技大学出版社，2005.

[26] 陈虹. 节目主持人概论［M］. 北京：高等教育出版社，2013.

[27] 吴郁. 当代广播电视播音主持［M］. 上海：复旦大学出版社，2008.

[28] 赵淑萍. 综艺节目：独放异彩的电视娱乐艺术奇葩——美国电视综艺节目的创

新、风格、模式及其主持人个性、素质分析［J］．现代传播，1991（3）．

[29] 胡波．2004年电视节目收视解析［J］．中国广播影视，2005（1）．

[30] 魏南江．节目主持艺术学［M］．北京：中国广播电视出版社，2006．

[31] 罗莉．当代电视播音主持教程［M］．北京：中国传媒大学出版社，2011．

[32] 曾鸿．论少儿电视节目主持人的特征［J］．电视研究，2005（1）．

[33] 董擎辉．农业电视栏目的分类及定位［J］．北方园艺，2010（14）．

[34] 马晨．浅析对农业电视节目的现状和未来发展［D］．长春：东北师范大学，2006．

[35] 邵建鑫．电视农业节目主持人的风格定位［J］．青年记者，2014（2）．

[36] 何建平．浅谈农业电视节目主持人的定位与思考［J］．今传媒，2011（3）．

[37] 张巍巍．农业节目主持人要成为农民的朋友［N］．记者摇篮，2010（5）．